JN124453

新版 北欧学のすすめ

Introduction to Nordic Studies. The Second Edition

新版 北欧学のすすめ

東海大学文化社会学部北欧学科 編

Introduction to Nordic Studies, The Second Edition

東海大学出版部

装丁：中野達彦

Introduction to Nordic Studies.
The Second Edition.
edited by Department of Nordic Studies, School of Cultural and Social Studies, Tokai University.
Tokai University Press, 2020
Printed in Japan
ISBN978-4-486-02181-0

「新版」の刊行に当たって

　東海大学北欧学科編『北欧学のすすめ』の刊行から10年目を迎えました。この10年の間に世界の状況も大きく変化し，北欧も日本もさまざまな課題に直面しました。同時に，東海大学北欧学科も2017年に設立50周年という節目を迎え，さらに2018年には，それまで所属していた文学部を離れ「文化社会学部の北欧学科」として生まれ変わることになりました。このような状況の中で，『北欧学のすすめ』も新たな装いのもと刊行することになりました。

　新版の刊行に際しては全体に加筆・修正を施し，索引を加えました。また，第8章と第12章は次の新しい原稿に差し替え内容を一新しました。

　　第8章　北欧における教育の特徴─「競争」ではなく「共生」による社
　　　　　　会をめざして
　　第12章　北欧のこどもと文化─こどもの権利と文化芸術

　さらに，次に挙げる6つのコラムを追加しました。これにより，北欧のさらに多様な姿に触れていただけることになったと思います。

　　ノルウェー風景画の父　ヨハン・クリスティアン・ダール
　　北欧の先住民族サーミ人の文化─伝統工芸とヨイク
　　スウェーデン人と「アルソング」
　　山室静と北欧神話
　　デンマーク語のボーンホルム方言
　　アイスランド語への誘い─寄り道は語学の楽しみ

　新版の刊行が実現したのは，ひとえに編集を担当してくださった東海大学出版部の稲英史さんのご尽力のおかげです。北欧学科の教員一同，心より感謝申し上げます。

2020年3月
編集幹事　吉田欣吾

まえがき

　北欧とは一般的にデンマーク，スウェーデン，ノルウェー，フィンランド，そしてアイスランドの５ヶ国のことを指しています。近年では北欧の取り組みや文化について雑誌などで特集が組まれることもあり，日本語で読むことのできる書籍もかなり増えてきました。その背景には「実験国家」という語で表現される北欧の姿があります。北欧諸国はいずれも小国ながら，さまざまな分野で先駆的な取り組みをおこない「実験」をくり返してきたと考えられています。そのことは福祉に加え環境保護や男女平等，あるいは外交や教育の分野についても当てはまります。そのような取り組み・実験をおこなってきた結果として，北欧は私たちの住む日本とは多くの点で異なる社会となっています。だからこそ，北欧は私たちに多くのことを教えてくれる可能性があるのだと思います。

　北欧の文学，とくに児童文学や絵本なども日本語に数多く翻訳されるようになってきました。そして「北欧デザイン」ということばも最近ではよく耳にします。それは，北欧の文学やデザインが私たちに訴えかける何か独特なものを持っているということを示しています。おそらく，文学やデザインの背景に潜む北欧の人々の考え方や価値観の中に，私たちが共感できる何かがあるのでしょう。北欧の児童文学や絵本，あるいはデザインの中に表現されている世界が，現代の日本のような社会に暮らす人間に何かしらの安らぎや心の落ち着きを与えてくれるのかもしれません。

　以上のように多くの分野において北欧に対する関心が高まっているように思われますが，その北欧を専門に研究・教育する場として存在するのが東海大学文学部北欧学科です。最近になってやっと関心を集め始めているようにも感じられる北欧ですが，北欧学科が日本に誕生したのは実は40年以上も前のことです。現在の北欧学科の前身である北欧文学科は1967年に

開設されました。北欧文学科を開設する目的については次のような記述が見つかります。

> 西ヨーロッパの文化圏とならぶ北欧文化圏の研究が，当時日本ではいまだ個人の研究の域にとどまり，組織的な研究機関が皆無という状態であった。このような状況の中で，北欧文化の基礎である北欧諸国語のみならず，社会・文学の分野をも渉猟する研究と教育を目的として北欧文学科は設置されたのである。（東海大学文学部三十五年史編集委員会『東海大学文学部三十五年史』東海大学出版会1981 : 107）

　北欧の研究・教育を組織的におこなう重要性を認識し，そのために北欧を専門に扱う学科を大学に設置すべきだと考える人々が，すでに40年以上も前の日本に存在していたという驚くべき事実が伝わってきます。そして，その人たちの思いは1967年に北欧文学科が設立されたことにより現実のものとなったわけです。北欧文学科は現在では「北欧学科」と名前を変えましたが，依然として北欧を研究・教育の対象とする日本で唯一の学科として活動を続けています。

　もうひとつ驚くべきことは，北欧文学科開設の目的が「北欧文化の基礎である北欧諸国語」に加え，北欧社会と文学を「渉猟（しょうりょう）」すること，つまり北欧社会と文学をはじめとする文化について広く深く研究・教育することだったということです。この考え方は40年以上を経た現在でもまったく変わることはありません。北欧社会の取り組みを検討することで日本社会について考えるための新たな視点を手に入れること，北欧社会を作り出してきた人々の価値観を探るために北欧文化に目を向けること，そしてすべての基礎となる北欧の言語の学習を重視すること。現在の北欧学科も，これら3つのことを柱に据えて教育活動をおこなっています。そして，そのようにして北欧という独特な地域の特徴を探ろうとする試みを「北欧学」ということばで表したいと思います。

　それでは，なぜ北欧を専門に扱う学科がほかでもなく東海大学に設置されたのでしょう。その芽は東海大学の創立者である松前重義博士（1901〜

1991年）の中に見出すことができます。松前博士は「デンマーク国の話」という文章を執筆した内村鑑三に大きな影響を受け，それを通じて北欧の教育思想に深い共感を覚えるようになりました。その結果，松前博士は実際にデンマークへも出かけています。なかでも，戦争により荒廃した19世紀のデンマークにおいて，その復興につくした教育者であるグルントヴィ（1783〜1872年）の影響は計り知れないほど大きなものでした。グルントヴィの影響については，創立者本人のつぎのことばから明確に読み取ることができます。引用の中で「グルントウィ」とあるのが「グルントヴィ」のことです。また，「逓信省」というのは郵便や電話・灯台業務を担当していた官庁のことです。

　　一九三二年たまたま私は逓信省よりドイツに留学を命ぜられた。当時，私は少なからずデンマークについて心を引かれていた為にドイツのほかデンマークに滞在する了解を得て，前後二度にわたって約二ヵ月デンマークの国民高等学校と農村協同組合，社会機構，青年運動等について青年や生徒と起居を共にして，つぶさにその実情を探った。そして日本の真の建設もこのニコライ・グルントウィのデンマーク再建の精神とその教育運動に礎を置くべきであることを私は確信するに至った。（松前重義『東海大学建学の記』東海大学出版会1995：6‐7）

　創立者が北欧の考え方にこれだけ強く影響を受けていたということは，東海大学の誕生そのものが北欧と深く結びついていたということを意味しています。そして，以上のような背景を持つ東海大学北欧学科が新入生や在学生を「北欧学」という世界へ導くために編集したものが本書です。一般の読者の皆さん，とくに高校生にも読んでもらえるような本を作り上げることも本書を企画した重要な目的のひとつでした。その目的を果たすために，東海大学において北欧に関する研究・教育にたずさわる教員を中心に，北欧出身者も加わり執筆を担当しました。
　本書は大きく第1部から第5部に分かれています。第1部では北欧に関する基本的な情報を提供するとともに，北欧について考える上で重要だと

思われる価値観について説明します。そして，現在の北欧を理解する上でも欠かすことのできない歴史的な歩みについて解説するのが第2部です。第3部では「共生」という考え方に基づく北欧のさまざまな取り組みを取り上げます。福祉や環境政策，あるいは教育政策などについて北欧の特徴を探ろうとするのが第3部の目的です。一方，第4部は「想像」と「創造」という観点から北欧について検討していきます。そこでは，文学や神話，あるいは建築といった分野における想像と創造の活動を見ることを通じて，北欧の人びとの価値観に迫ります。そして最後の第5部のテーマは言語です。北欧の言語に関する概略的な解説と「デンマーク語入門」「スウェーデン語入門」「ノルウェー語入門」「フィンランド語入門」から構成されています。

　本書を通じてぜひ「北欧学」の世界へ足を踏み入れてください。そして，とくに興味を抱いた章があれば，第5部の後ろにある「各章の推薦図書」を参考にして「北欧学」の世界へより深く分け入ってください。さらに，巻末には日本語で読むことのできる北欧関係の図書を「図書案内」としてまとめてありますので，ぜひ活用してください。

　本書を出版する上で重要な役割を果たしているのが東海大学出版会です。東海大学出版会は，やはり松前重義博士自らの考えにより1962年に学内組織の一部門として誕生しました。出版会の役割については次のことばの中に簡潔に，そして明確に表現されています。

　　大学と社会を結ぶ絆としての出版会の存在意義を自覚し，一層の充実と発展を期している。（東海大学四十周年史編纂専門委員会『東海大学建学史』東海大学出版会1982：286）

　本書を通じて東海大学北欧学科が読者の皆さんと結びつくことができれば，執筆者一同にとってこれ以上の喜びはありません。そうなれば，本書はまさしく「大学と社会を結ぶ絆」としての役割を果たすことになるからです。

　最後になりますが，編集をご担当いただいた出版会の三浦義博さんには，北欧学科の研究・教育に対する深いご理解に関して心より感謝を申し上げたいと思います。

　ひとりでも多くの方にとって，本書が北欧と出会うきっかけとなることを願いつつ。

　2010年2月

神奈川県平塚市の研究室にて
執筆者全員を代表して

編集幹事　吉田欣吾

グリーンランド

レイキャビク
アイスランド

フェーロー諸島

大 西 洋

シェトランド諸

オークニー諸島

イギリス

フラン

ノールカップ

ローフォーテン諸島

ラップランド

ノルウェー海

スウェーデン

フィンランド

カレリア

トロンハイム

ノルウェー

ボスニア湾

タンペレ

ベルゲン

トゥルク/オーボ

ヘルシンキ

オスロ

ストックホルム

フィンランド湾

サンクトペテルブルク

ウップサーラ

オーランド諸島

エストニア

海

ヨーテ
ボリ

ゴットランド島

ラトビア

オーデンセ

オーフス

エーランド島

デンマーク

カルマル

バルト海

リトアニア

ユラン半島

マルメ

ボーンホルム島

ロシア

コペンハーゲン

シェラン島

ポーランド

フューン島

ドイツ

「新版」の刊行に当って………v

まえがき………………vii

第1部　「北欧」とは何か？

第1章　北欧とは（池上佳助）………3

はじめに—3
1. 北欧は小国か—4
2. 北欧は酷寒の地か—5
3. 特有の自然現象—7
4. 北欧各国の概観—7
　　⑴デンマーク（自治領のグリーンランドとフェーロー諸島を除く）／⑵ス
　　ウェーデン／⑶ノルウェー／⑷フィンランド／⑸アイスランド
おわりに—13

第2章　北欧文化を支える価値観
　　　　—「共生」と「想像」「創造」—（吉田欣吾）……15

はじめに—15
1. 「北欧」というまとまり—16
2. 北欧文化を語る鍵—「共生」と「想像」「創造」—17
3. 北欧の文化協力—22
おわりに—24

第2部　北欧のあゆみ

第3章　統合と分離—デンマーク・スウェーデン・ノルウェー
　　　　（清原瑞彦・佐保吉一・池上佳助）………………31

はじめに—31
　Ⅰ．バイキング時代—33
　Ⅱ．カルマル連合王国—40
　Ⅲ．北欧の近代—45
　　1. 宗教改革—45
　　2. バルト海における覇権争い—47
　　　⑴北方七年戦争（1563～70年）／⑵カルマル戦争（1611～13年）／⑶
　　　トシュテンソン戦争（1643～45年）／⑷カール・グスタヴ戦争と絶対王
　　　制の導入／⑸スコーネ戦争（1675～79年）

Ⅳ．スウェーデンの衰退と新しい北欧— 53
1．大北方戦争（1700 ～ 21 年）— 53
2．19 世紀の新しい北欧— 55
(1)ナポレオン戦争／(2)新しい北欧のはじまり
Ⅴ．20 世紀の北欧— 59
1．第一次世界大戦—北欧の中立 60
2．ロシア革命とフィンランド独立— 61
3．第二次世界大戦—北欧の分かれ道— 62
(1)過酷な運命—フィンランド／(2)被占領・抵抗・解放への道—デンマーク・ノルウェー／(3)中立の試練—スウェーデン／(4)アイスランドの独立
4．冷戦—北欧の安全保障の模索— 67
(1)北欧の戦後政治／(2)冷戦下の北欧（西側との同盟—デンマーク・ノルウェー・アイスランド；中立の堅持—スウェーデン；ソ連との共存—フィンランド）／(3)福祉国家の光と影
おわりに— 71

第 4 章　フィンランドの歩み—「フィンランド」と「フィンランド人」の誕生（吉田欣吾）………75
はじめに— 75
1．フィンランド史の流れ— 75
2．「フィンランド」の誕生— 77
3．「フィンランド人」の誕生— 78
4．戦後のフィンランド— 82
おわりに— 84

第 3 部　共生の北欧

第 5 章　再評価されつつある北欧型福祉モデル（内藤英二）………91
はじめに— 91
1．福祉政策のルーツ—北欧諸国の福祉政策に活かされている厚生経済学の原理— 91
2．お金のかかる福祉政策— 92
3．北欧諸国がそれでも福祉政策を切り捨てない理由—デンマーク福祉政策に見る福祉の投資的側面— 94
4．福祉政策を維持するための大胆な改革の断行—スウェーデンの年金改革— 96
おわりに—再評価されつつある北欧型福祉モデル— 99

第 6 章　EU の環境政策をリードする北欧—「持続可能な社会に最も近い国」

　　　スウェーデンの環境政策（小澤德太郎）…………104

　はじめに— 104
　1. 環境問題— 104
　2. スウェーデンが考える「緑の福祉国家」とは— 107
　3.「緑の福祉国家」を実現する行動計画— 109
　　　⑴「気候変動防止」への対応(国際的な対応)／⑵「オゾン層保護」への対応
　　　(国際的な対応)／⑶「税制の改革：課税対象」の転換／⑷「エネルギー体系」
　　　の転換：原発の段階的廃棄と脱石油／⑸「新しい化学物質政策」の策定／⑹
　　　「廃棄物に対する製造者責任制度」の導入／⑺持続可能な農業，林業，漁業
　　　／⑻都市再生(都市の再開発)／「政策評価」のためのチェック項目
　4. これまでの成果— 114
　おわりに— 116

第7章　北欧の地域協力と国際貢献（池上佳助）………120

　はじめに— 120
　1. 北欧協力— 120
　2. 北欧の国際貢献— 123
　　　⑴北欧と国連／⑵平和維持活動（PKO）／⑶開発援助
　おわりに— 131

第8章　北欧における教育の特徴—「競争」ではなく「共生」による社会をめざ
　　　　して（上倉あゆ子・吉田欣吾）………135

　はじめに— 135
　1.「協同」と「分権」による創造性の育成—フィンランド— 136
　　　⑴協同／⑵教員と分権／⑶生きるために必要な創造性
　2.「包摂」と「参加」による権利の保障—ノルウェー— 139
　　　⑴包摂／⑵参加
　3.「差異」を肯定することによる「可能性」の追求—スウェーデン— 143
　　　⑴差異の肯定と子どもの可能性／⑵「進歩」が生み出す新しい問題
　4. 多様な学びによる「生活の質」の向上と「市民性教育」—デンマーク— 146
　　　⑴多様化・高度化する職業教育／⑵対話を通じた成人教育—フォルケホイス
　　　コーレ／⑶「生活の質」の向上と責任ある「市民」
　おわりに— 150

第9章　北欧における多言語・多文化共生—ことばの役割と環境・権利
　　　　（吉田欣吾）……152

　はじめに— 152
　1. 北欧の言語事情— 153

2. ことばの役割— 154

3. ことばと環境— 156

4. ことばと権利— 159

おわりに— 161

第4部　想像と創造の北欧

第10章　北欧文学の流れ—北欧5ヶ国を代表する作家たち（山崎陽子）…169

はじめに— 169

1. 中世— 169

2. 19世紀前半　ロマン主義の時代— 170

3. 19世紀後半— 172

4. 世紀末から20世紀へ— 177

おわりに— 180

第11章　北欧の児童文学—北欧5ヶ国の多彩な子どもの本（福井信子）…185

はじめに— 185

1. 子どもの本の大きな包容力— 186

2. 民族意識の高まりと子どもの本のめばえ— 187

　(1)アンデルセンのデンマーク／(2)昔話のノルウェー／(3)絵本のスウェーデン

3. 子どもの本の黄金時代— 191

4. 70年代から80年代— 192

5. 90年代以降— 193

おわりに— 195

第12章　北欧のこどもと文化—こどもの権利と文化芸術（上倉あゆ子）……198

はじめに— 198

1. こどもの本— 199

2. こどもと図書館— 201

3. こどもと舞台芸術— 204

　(1)北欧の舞台芸術環境／(2)こどものための舞台芸術の流れと現状

4. こどもとメディア— 208

5. 「子どもの権利条約」— 209

おわりに— 211

第13章　北欧の神々―北欧神話（森　信嘉）……213

　はじめに―比較言語学と神話学― 213
　1. 北欧神話の資料― 214
　2. 世界の始まりと世界樹― 216
　3. 巫女の予言― 217
　4. 主要な神々― 218
　5. その他の主要な神々― 220
　おわりに― 222

第14章　建築のデザイン―「北欧らしさ」の作られ方をめぐって
　　　　（伊藤大介）………226

　はじめに― 226
　1. 古い建築での「北欧らしさ」のあり方― 227
　2. 新しい建築での「北欧らしさ」の作られ方― 230
　3. 建築家アスプルンドとアールト― 233
　4. 2人の建築家のそれぞれの「自然」― 236
　おわりに― 241

第5部　言語の北欧

第15章　北欧におけるゲルマン語―北ゲルマン語（森　信嘉）………247

　はじめに― 247
　1.「北ゲルマン語」の誕生― 248
　2. デンマーク語― 249
　3. スウェーデン語― 250
　4. ノルウェー語― 250
　5. アイスランド語― 251
　6. フェーロー語― 252
　おわりに―「北ゲルマン語」間の類似点と相違点― 252

第16章　北欧におけるウラル語族の言語―フィンランド語とサーミ語
　　　　（吉田欣吾）……260

　はじめに― 260
　1. フィンランド語― 261
　2. サーミ語― 263
　3. フィンランド語とサーミ語の豊かな語彙の世界― 265
　おわりに― 267

第 17 章　入門北欧語……271

デンマーク語入門（福井信子）— 271
　1. デンマークにはアンデルセンさんがいっぱい／
　2. デンマーク語は見た目と違う？／3. 覚えておくと役立つ読み方／4. 簡単な
　自己紹介／5. 挨拶をもう少し／6. 名詞の既知形「‐エン，‐エズ，‐ネ」／
　7. 定冠詞は「デン，デ，ディ」の 3 つ／8. アンデルセンの童話の題名から

スウェーデン語入門（上倉あゆ子）— 277
　1. アルファベットは 26 ＋ 3 ＝ 29 文字／2. 簡単な自己紹介／3. 名詞の話を少し
　だけ／4. 疑問文ではひっくりかえる／5. 便利な言葉「タック」

ノルウェー語入門（森　信嘉）— 282
　1. 文字と発音／2. 簡単な挨拶—出会いと別れ／3. 知り合いになる／4. 数字／
　5. 北欧 5 ヶ国の名称

フィンランド語入門（吉田欣吾）— 287
　1. 挨拶と自己紹介／2. 簡単な質問／3. ムーミンはどこにいる？／4. ムーミン
　はどこから来る？／5. ムーミンはどこへ行く？／6. どこに・どこから・どこ
　へ

コラム：グルントヴィ■福井信子……26
コラム：ロンネビーの血浴—歴史に何ら影響を与えなかった大虐殺■清原端彦…73
コラム：フィンランドを読み解く鍵「3 つの S」■吉田欣吾……86
コラム：フィンランド人と結婚■橋本ライヤ……102
コラム：ノルウェー風景画の父　ヨハン・クリスティアン・ダール
　　　　　　　　　　　　　　　　　　　　　　■中村衣代……118
コラム：統計から見る北欧■池上佳助・佐保吉一……132
コラム：北欧の先住民族サーミ人の文化—伝統工芸とヨイク■山川亜古……163
コラム：スウェーデン人と「アルソング」■カール・アーネ　ヨンソン……182
コラム：レースのペチコート—私の素敵なクリスマスの思い出■奥田ライヤ…196
コラム：山室静と北欧神話■大沼郁子……223
コラム：ノルウェーの巨星—フリチョフ・ナンセン■池上佳助……242
コラム：デンマーク語のボーンホルム方言■リセ・スコウ……257
コラム：フィンランドに伝わる叙事詩集『カレワラ』■荻島　崇……269
コラム：アイスランド語への誘い—寄り道は語学の楽しみ■宮城　学……293

各章の推薦図書……296

図書案内…………301

索引………………341

執筆者一覧…………348

第 1 部
「北欧」とは何か？

第1章
北欧とは

池上佳助

はじめに

　北欧とはいったいどこを指すのでしょうか。日本では，北欧は「北ヨーロッパ」，「北(部)欧州」あるいは「スカンジナビア」と呼ばれることがありますが，それらを指し示す国／地域がいつも同じとは限りません。そこで議論の混乱を避けるために，本書では「北欧」をデンマーク，スウェーデン，ノルウェー，フィンランドおよびアイスランドの5ヶ国と定義して説明していきたいと思います。

　北欧は文字どおりヨーロッパの北部に位置する地域ですが，フィンランド語では「北の国々（Pohjoismaat）」，ノルド語（フィンランド語以外の北欧の言語）では単に「北（Norden）」と呼んでいます。英語ではNordic countries あるいは Scandinavia と表記されることが多いのですが，前者と後者では対象とする国が異なることがあります。また，「Northern Europe」という表記も使われますが，学問分野あるいは執筆者によっては北欧5ヶ国以外に英国，アイルランド，オランダを含む場合があり，さらにはバルト3国を加える場合もあります。

　これ以上深入りすると話が煩雑になりますので，冒頭の定義にしたがって北欧の説明を進めていきたいと思います。本章では，地域研究の第一歩として欠かせない地図を参照しながら，まず北欧全体の地理・自然環境の特色などを紹介し，つぎに北欧各国が置かれた地理・自然環境がその国の歴史や産業構造にどう関係しているのかを概観してゆくことにしましょう。

1．北欧は小国か

　小国とは何かを定義するのはなかなか難しいのですが，まず単純な指標として領土面積や人口などの規模／量による比較から見ることができます。では北欧各国の領土面積や人口を日本のそれと比べてみましょう。北欧で最も領土面積が大きいのはスウェーデンで，約45万平方キロと日本の約1.2倍の広さです。次はノルウェーで約38.6万平方キロと日本とほぼ同じ面積，さらにフィンランドは日本よりやや小さい33.8万平方キロとなっています。領土面積の大きさだけでみれば，これら3国はヨーロッパ諸国内でも上位にあり，決して小国ではありません。続いてはアイスランドですが，北大西洋に浮かぶ島国とのイメージから意外に思われるかもしれませんが，その領土面積は10.3万平方キロと北海道よりやや大きい面積を有しています。北欧で最も小さい国はデンマークで，約4.3万平方キロとほぼ九州と同じ面積です。しかしこの数字には但し書きが必要で，デンマークの自治領で世界最大の島グリーンランドの面積約217万平方キロが含まれていません。自治領とは主権を有する独立国家内において，その国の主権に属しながらも，通常の地方自治体よりも高度な自治権限を有している特定の領域のことをいいますが，グリーンランドの場合，デンマーク政府の統治権に属さない独自の自治政府・議会を有しています。このような自治領として，デンマークには他にフェーロー諸島，フィンランドにはオーランド諸島があります。

　つぎに北欧各国の人口をみていきますと，2017年統計で人口数の多い順にスウェーデンが約1010万人，デンマークが約580万人，フィンランドが約550万人，ノルウェーが約520万人，アイスランドが約35万人となっています。北欧の5ヶ国総計でも約2700万人と日本の総人口の約5分の1です。上述の領土面積の数字と組み合わせれば，北欧各国の人口密度は日本と比べ非常に低いことがわかります。このように人口規模の面からみれば，北欧各国はかなり小国であるといえそうです。

　つぎに，小国という概念を国家の力（パワー），つまり経済力や軍事力といった面から見ることができます。経済力を測る指標としてよく GDP

（国内総生産）が引き合いに出されますが，北欧で最大の工業国家である
スウェーデンの場合，GDP は約5350億ドル（2017年 IMF 統計）で，日
本の GDP 約 4 兆8700億ドルの約 9 分の 1 です。世界ランクでいいますと，
スウェーデンは第23位で，以下ノルウェーが第29位，デンマークが第36位，
フィンランドが第44位と，北欧各国は先進国の中では下位にとどまってい
ます。その要因は人口が少ないことによる国内経済市場の狭さにあるとい
えます。そして，こうした経済力の小ささは兵力や国防予算の規模といっ
た軍事力の面にもつながっていきます。つまり，北欧は他国の政策決定に
影響を及ぼすような大国のパワーは持ち合わせていません。

　しかしながら，北欧が持つ非軍事部門での国際社会への影響力（近年
それは「ソフト・パワー」と表現されています）という面からみるならば，
北欧は決して小国とはいえません。たとえば，北欧が先進的に取り組む福
祉，男女平等などの社会システム，環境，教育，平和・開発援助活動での
政策，あるいはライフ・スタイルやデザインなど価値観や文化の面では国
際社会に「北欧モデル」と呼ばれる新たな選択肢を提示しています。こう
した分野では，単に規模の面からだけ見た実体としての北欧をはるかに上
回る影響力を持ち，「自律・安定・信頼」といった北欧のプラス・イメー
ジに貢献しているといえるでしょう。こうした北欧の「ソフト・パワー」
の有り様については，第 2 章以下の記述を参照してください。

2．北欧は酷寒の地か

　つぎに北欧の地理・自然環境を見ていくことにしましょう。その地理的
特色として第一にあげられるのが高緯度地域であるということです。具体
的にいいますと，ノルウェー，スウェーデン，フィンランドの首都である
オスロ，ストックホルム，ヘルシンキはいずれもほぼ北緯60度に位置して
います。ヨーロッパ最北端の地はノルウェーのノールカップで，北緯71度
にあります。また，北欧で最も南に位置するデンマークの首都コペンハー
ゲンでも北緯55度となっています。こうした北欧の都市は，日本でいえば
どのあたりに相当するか想像できるでしょうか。

　日本の最北端は北海道稚内市ですが，その緯度は北緯45度にしかすぎま

せん。つまり北欧各国の首都がある緯度の地点は日本の領土内には存在しないのです。日本の地図上では北緯60度は北海道のはるか北，ちょうどオホーツク海とベーリング海の間に突き出したカムチャッカ半島の付け根あたりになります。同緯度にあるシベリア内陸部は冬季にはマイナス40度を記録する酷寒の地です。そうであるならば，北欧もさぞかし寒いところであろうと想像されるのはもっともなことです。

　しかしながら，気象庁データ（2017年）で比較しますと，1年で最も寒いといわれる2月の平均気温は，ストックホルムがマイナス1.3度，オスロがマイナス2.5度，ヘルシンキがマイナス5.7度，コペンハーゲンに至ってはプラスの1.4度です。ですから，北欧の冬は北海道とほとんど大差ない（たとえば札幌はマイナス3.1度），むしろ北海道の内陸部のほうが寒いといえるかもしれません。どうやら北欧は高緯度の割にはそれほど寒くない地域といえそうです。ときにスカンジナビア半島北部の内陸部でもマイナス20〜30度になることはありますが，シベリア内陸部ほどの厳寒になることはまれですし，北緯71度のノールカップの海岸部は冬でも凍結することはありません。では，なぜこうした現象が起こるのでしょうか。それはスカンジナビア半島の西岸沖合にある北海，ノルウェー海，バレンツ海にメキシコ湾で暖められた海流が流れ込んでいるからなのです。まさに自然の驚くべき力といえますが，北欧の冬は北極に近い高緯度にありながら，このメキシコ暖流のおかげで比較的に穏やかなのです。とはいえ，ストックホルムの7月平均気温は18.6度ですので，温暖な地域とはいえません。

　このメキシコ暖流は単に北欧の気候に影響を及ぼしているのみならず，北欧，とくにノルウェーやアイスランドに自然の恵みをもたらしています。メキシコ暖流はグリーンランド，アイスランドやノルウェーの周辺海域で北極海から流れ込む寒流とぶつかり，大量のプランクトンを発生させているのです。このため北欧の周辺海域は世界でも最良の漁場のひとつとして有名で，古くはバイキングや中世のハンザ商人の主要交易品はタラを中心とする魚でした。現在ではサーモン，甘エビ，シシャモ，サバなどが日本に盛んに輸出されています。

3．特有の自然現象

　北欧が高緯度地域に位置することで最も影響があるのは日照時間です。スカンジナビア半島の北部地域，より正確には北極ライン（北緯66度33分）の北側は，「北極圏」と呼ばれていますが，ここでは日本では経験することのできない自然現象に出会います。それは夏季には夜中でも太陽が沈まない白夜（5月中旬から7月下旬まで），逆に冬季には太陽が1日中昇らない極夜（11月中旬から1月下旬まで）という現象です。

　さきほど述べましたオスロ，ストックホルム，ヘルシンキの北緯60度付近では，夏至の頃でも日没があり暗くなるのですが，日照時間はとても長く，午後10時過ぎでも屋外で十分に新聞が読めるほどの明るさで，日没は午後11時過ぎになります。そして日の出は午前2時過ぎです。深夜の明るさに慣れない旅行者にとっては睡眠不足に悩まされることになります。逆に，冬至の頃は日照時間が極端に短く，日の出は午前10時過ぎ，日の入りは午後3時ごろです。このため朝の通勤・通学の時間，夕方の帰宅時間は真っ暗ということになります。北欧の冬は寒さより，この暗さがつらいとよく言われるのですが，長い冬の暗さが人間の身体や心理に及ぼす影響は少なからずあるといわれており，そのことは北欧の生活習慣や文化の特色にも表れているといえます。

　また，北極圏では冬の夜空によく幻想的なオーロラを見ることができます。オーロラは音もなく揺れ動く光のカーテンとも形容されますが，その正体は太陽の表面から放出された素粒子が地球の磁場にとらえられ，極点近くの上空で空気の分子にぶつかり発光する現象です。最近では日本からオーロラを見るため多数の観光客が冬の北欧を訪れています。

4．北欧各国の概観

　では，北欧各国ごとにその地理・自然環境の特徴を簡単に紹介し，それが各国の歴史や産業などにどのような影響を及ぼしたのか概観していくことにしましょう。

（1）デンマーク（自治領のグリーンランドとフェーロー諸島を除く）

　デンマークは大きく分けてヨーロッパ大陸につながるユラン半島，シェラン島，フューン島，その他多数の小島からなっています。デンマークの地理上の特徴は国土全体が平坦で，緩やかな起伏がところどころにあるにすぎないことです。国内最高地点の標高はわずか173メートルで，山がありません。現在，デンマークはこうした平坦な土地を利用した農業・酪農国として有名ですが，かつてユラン半島はヒースで覆われた不毛の荒地でした。それが19世紀以降の開墾や植林により土地が改良され，現在は総面積の約60％が耕作地となっています。日本はデンマークからハム用の豚肉や乳製品を多く輸入しています。

　さらに，この平坦な国土をうまく利用したものとして風力発電があげられます。デンマークは北海からの強い風が常に吹いており，石油の自然代替エネルギー源として風力発電の開発が進められました。現在，デンマークの風力発電は国内消費電力の約40％をまかなうまでになっています。風力タービン（風車）の輸出にも力を入れ，いまでは世界市場の約40％を占めるまでになり，日本では北海道にある風車の多くがデンマーク製です。

　デンマークはユラン半島の南部でドイツと国境を接しています。ドイツとはこの国境線地域のスレースヴィ・ホルシュタインの帰属をめぐり戦争が繰り返され，国境線がたびたび変更されました。このため国境線付近のデンマーク人とドイツ人が混在する地区では，そこがドイツ領であってもデンマーク語教育がおこなわれているところがあります。

　デンマーク最大の都市は首都であるコペンハーゲンです。首都圏の人口は約120万人と総人口の5分の1が集中していることになります。コペンハーゲンはシェラン島というデンマーク東端の小島にあります。その対岸は現在スウェーデン領ですが，デンマークはかつてその南部スウェーデンのスコーネ地方を領有していたことがあり，当時コペンハーゲンは地理的にデンマークの中心点に位置していました。第二の都市はユラン半島北部のオーフスで，人口は約33万人，第三の都市はフューン島にある，童話作家・詩人で有名なアンデルセン（1805～1875年）の生まれ故郷のオーデンセで，人口は約20万人です。

（2）スウェーデン

　スウェーデンは南北に長く，その距離は直線で約1600キロに及びます。東部はバルト海に面し，西部はスカンジナビア山脈が自然国境となってノルウェーと隔てられています。スウェーデンの自然は，北部のラップランド地方が不毛な高山地帯であるのに対し，南部のスコーネ地方は肥沃な平野地帯と対照的です。地理上の特徴としては，国土面積の53％が森林で，湖沼が大小合わせて約10万，面積にして全体の約9％を占めていることがあげられます。また，スカンジナビア半島全体に言えることですが，スウェーデンの地下は固い岩盤で覆われ，地震が少なく地盤が安定しています。

　ところが，スウェーデンの固い岩盤は近代国家を建設していく上で大きな障害となっていました。鉄道の敷設や道路整備などの土木工事にとっては厄介な存在であったのです。この難問に取り組んだのが科学者で実業家でもあったアルフレッド・ノーベル（1833～1896年）です。ノーベルは試行錯誤の末，大きな爆破力を持つダイナマイトを発明して，この岩盤を粉砕することに成功したのです。まさに「必要は発明の母」でした。ノーベルはこの発明により巨万の富を得て，ノーベル賞の創設を遺言に残すのですが，その背景には自分の発明意図とは裏腹に，ダイナマイトの技術が兵器に転用され，戦争によって爆発的な利益がもたらされるという歴史の皮肉がありました。

　スウェーデン最大の都市は，政治・経済の中心地である首都ストックホルムで，人口は約95万人と北欧最大を誇ります。ストックホルムはバルト海とメーラレン湖に挟まれた風光明媚な水の都で，「北欧のヴェネチア」とも称されています。13世紀頃から交易町として発展しはじめ，16世紀のデンマークからの独立を機にスウェーデンの首都となりました。第二の都市はスウェーデン南部のヨーテボリで，人口は約57万人です。ヨーテボリは港湾都市で，アムステルダムやハンブルクなどと並ぶヨーロッパ有数の国際貿易港として知られています。スウェーデンは北欧で唯一の自動車産業を有するほか，金属，電器，機械産業などが盛んですが，その代表的なボルボ，SKF，エリクソンなどはヨーテボリに本社を構えています。第三の都市はバルト海の入り口に位置するマルメで，人口は約34万人です。現

在，オーレスンド海峡を挟んだ対岸にあるデンマークのコペンハーゲンとは橋でつながっており，多くのマルメ市民がコペンハーゲンで働いています。

（3）ノルウェー

　国名のノルウェー（ノルウェー語で Norge ／ Noreg）は「北方への道」を意味しています。国土はその名のとおり南北に細長く，直線距離にして約1700キロにもなります。その長さはノルウェーの最南端を軸に国土を180度回転させると，その最北端はイタリアのローマに達するほどです。

　ノルウェーの西部沿岸はフィヨルドとよばれる氷河が創り出した複雑な地形で有名です。フィヨルドは氷河の侵食により形成されたＵ字谷に海水が入り沈水した峡湾のことをいいますが，代表的なソグネ・フィヨルドは湾口からの奥行きの長さが約200キロ，水深は最も深いところで1000メートルにも達し，断崖絶壁が迫る壮大な景観は観光名所となっています。こうしたフィヨルドが複雑に入り込んだ西部海岸線の全長は21000キロにも及びます。ノルウェーの東部はスカンジナビア山脈を挟んでスウェーデンと，北部ではロシアと196キロの国境を接しています。

　ノルウェーは平野部が少ない上に，全土の66％が不毛の荒地で，耕作地は全土のわずか３％にすぎません。このためノルウェーは伝統的に食糧，とくに穀物の国外依存度が高く，戦争などで物資の供給が途絶えると直ちに食糧危機を招来するという脆弱性を持っていました。一方，ノルウェーの国富は海からの恵みに大きく依存しています。伝統的に漁業や海運業が盛んで，北部ノルウェーでは水産業が依然として主要産業の役割をはたしています。そして海底からは石油・天然ガスの産出という幸運がもたらされています。1960年代に北海で油田が発見され，70年代に入って商業ベースでの操業が始まりました。油田の開発は北海からノルウェー海，バレンツ海へと北上してきていますが，国内市場が小さいこともあり，採掘した原油の多くをパイプラインでヨーロッパ大陸へと輸出し，2018年では石油・天然ガスをあわせ世界第三位の輸出額となっています。近年の石油価格の高騰は，ノルウェーにとっては国家歳入の増大を意味することになり，

財政黒字という恵まれた経済状況にあります。

　ノルウェー沖を流れる暖流は，先述した気候や水産業への影響だけにとどまらず，ノルウェーの軍事安全保障の問題にも大きく関わっています。ノルウェーの隣国であるロシアは国境線近くのコラ半島ムルマンスクに北洋艦隊の基地を設けています。ロシアは帝国時代から年間を通しての軍事活動が可能な不凍港を求め，アジア・中近東方面に向けた南下政策を進めてきましたが，意外にも極北の地に暖流のおかげで海が凍結せず，障害なく外洋に進出できる軍事拠点を見つけ出したのです。アメリカとソ連が対立した冷戦期には，ソ連はここに数多くの原子力潜水艦を配備し，活発な軍事活動を展開していました。このためノルウェーはNATO（北大西洋条約機構）の一員としてソ連北洋艦隊の動向を監視・偵察する重要な役割を担っていました。

　ノルウェー最大の都市は首都オスロで，人口は約63万人です。デンマークの統治下ではデンマーク王の名に因んでクリスチャニアと呼ばれていましたが，1925年の法改正により旧名のオスロに改称されました。第二の都市はノルウェー南西岸部の港湾都市ベルゲンで，人口は約27万人です。ベルゲンは13世紀にドイツのハンザ同盟の交易拠点として繁栄しましたが，ハンザ商人に貿易権を独占された上，市政権まで握られて衰退していきます。現在，切妻屋根が特徴のハンザ商館跡があるブリッゲン地区は世界遺産に指定されています。第三の都市はノルウェー中部にあるトロンハイムで，人口は約18万人です。トロンハイムはバイキング時代にノルウェー王国最初の都とされ，ニーダロスと呼ばれていました。11世紀に建立されたニーダロス大聖堂には大司教座が置かれ，そこは16世紀の宗教改革時代まで北欧最大の巡礼地でした。

（4）フィンランド

　フィンランドはよく「森と湖の国」と紹介されることが多いのですが，実際の自然地理からみてみますと，松，もみ，白樺を中心とする森林は国土全体の68％を占め，南部の湖水地方に集中する湖沼の数は約18万8000にも及び，その総面積は国土全体の10％に相当します。森と湖の総面積だけ

で国土の約8割を占めるのですから，冒頭の語句は決して大げさな表現でないことがわかります。このためフィンランドは木材・パルプ産業が伝統的に主要産業でした。現在はノキアに代表される情報技術分野で世界的な注目を集めています。

　ところで，フィンランドは古来独自の言語や文化を有していながら，国家として完全独立をはたすのは20世紀に入ってからでした。独立後も第二次世界大戦，冷戦期とフィンランドの苦難の歴史は続くのですが，その大きな要因として指摘されるのが，フィンランドの地理的位置です。「フィンランドは悪くない。フィンランドが置かれた場所が不幸なのだ」とよく冗談交じりに言われるのですが，フィンランドは西側にボスニア湾を隔ててスウェーデン，東側には約1300キロにもわたる国境線を共有するロシアという二大国に挟まれています。このためスウェーデン・ロシア両国に支配される時代が長く続きました。こうした歴史の名残として，フィンランドにはスウェーデン語を母語とする人が全人口の約5％おり，ムーミン・シリーズで有名な作家トーベ・ヤンソンはその代表です。公用語はフィンランド語とスウェーデン語が併用されており，道路標識などはこの二言語で表記されています。また，近代以降のロシア帝国・ソ連との関係の詳細については，第3章及び第4章を参照願いたいのですが，隣国としてのロシアの存在はフィンランドの政治・経済・外交・国防面での行動に制約を課す要因でした。

　人口が約63万人の首都ヘルシンキは，バルト海最奥部のフィンランド湾に面しており，「バルト海の乙女」とも呼ばれています。ヘルシンキは16世紀にスウェーデン人によって交易目的のために開拓された小さな港町でしたが，19世紀のロシア帝国の自治大公国時代に首都となり，1917年の独立によりフィンランド共和国の首都となりました。第二の都市はフィンランド内陸部にあるタンペレで，人口は約22万人です。19世紀に紡績業を中心とした工業化により労働者が急増し，フィンランド労働運動の拠点となりました。またロシア革命の指導者レーニンが亡命中に一時滞在し，スターリンと初めて出会ったのがタンペレで，ソ連史にも関係の深い町です。現在は，世界的情報通信企業のノキア本社があることで知られていま

す。第三の都市はフィンランド最古の町で旧都でもあったトゥルクで，人口は約18万人です。トゥルクは歴史的にスウェーデンとのつながりが強く，スウェーデン語ではオーボと呼ばれ，スウェーデン語系市民が全体の5％を占めています。

（5）アイスランド

　アイスランドは「火山と氷の島」と呼ばれますが，活火山が多く，これまで何度も火山の大噴火により大きな被害をもたらしてきました。国土は火山性の土壌で肥沃とは言えず，森林面積は全体のわずか0.3％しかありません。このため溶岩や火山灰に覆われた荒涼とした風景がいたる所で見られ，アポロ計画でアメリカの宇宙飛行士が月面着陸の訓練をアイスランドで実施したことはよく知られています。また，火山活動の影響で地熱エネルギーによる温水が豊富なため，国内消費電力の約20％が地熱発電でまかなわれているほか，一般家庭のほぼ全戸に温水が供給され暖房などに利用されています。観光スポットとしては間欠泉のゲイシールや露天温泉のブルーラグーンなどが有名です。

　一方，氷河が全土の約10％を覆っており，中でもヴァトナヨークトル氷河はヨーロッパ最大の規模で8100平方キロと，全土の約8％を占めています。

　レイキャビクは北緯64度にあり，世界最北にある首都です。その人口は約12万人ですが，周辺部を含めたいわゆる首都圏では約21万人を数え，アイスランドの全人口の約60％がここに集中していることになります。

おわりに

　ここまでは北欧の地理的な概観を見てきましたが，次章以下では北欧の文化や社会の具体像を探っていきたいと思います。そこでこれから北欧の研究を進めていく上で，つぎの2つの視点から考察していくことを常に心がけてもらいたいと思います。

　ひとつは北欧全体を1つの共同体として捉えていくというマクロの視点です。地域共同体としての同質性や共通性に着目して，北欧の文化や社会

の根底にある理念や価値観を学ぶ姿勢です。もうひとつは北欧を自立した個の集合体として捉えるというミクロの視点です。北欧各国間あるいは地域内の独自性や相違性に着目して，北欧の文化や社会の多様性を学ぶ姿勢です。

　北欧は決して理想社会ではありません。北欧の現実を多面的かつ批判的にみることは，日本の将来，個人としての生き方を考えていく上で大いに役立つと確信しています。

第2章

北欧文化を支える価値観
―「共生」と「想像」「創造」―

吉田欣吾

はじめに

　「北欧」ということばを耳にするとき，私たちは何らかの共通点を持った国々のまとまりを思い浮かべるのが普通です。その共通点は，たとえば「寒い」といったイメージである場合もあれば，「福祉の進んだ国々」といった認識である場合もあるでしょう。あるいは，北欧の人々は同じような考え方を持ち，似たような行動を取る場合が多いといった主張がなされる場合もあります。それでは，そのような共通点を持つと思われる人々が作り出してきた「北欧文化」というものについて考えていくことにしましょう。

　「文化」とは狭い意味では「文学」や「芸術」などを指しますが，広い意味では「農業」や「狩猟」なども含み，「経済活動」や「政治」など人間のあらゆる活動が「文化」だと考えられています。では，かりに日本の文化と北欧の文化の間に何らかの違いが見出せるとすれば，それはなぜなのでしょうか。文化の中には，それを生み出す人々の考え方，別の言い方をすれば「価値観」が反映されると考えられます。ある文化と別の文化の間に違いがあるとすれば，その背景には価値観の違いがあるのかもしれません。

　この章では「北欧文化」の背景にある価値観について考えていきたいと思います。それらのうちのひとつは「共生」という考え方です。そして，もうひとつは「そうぞう」，つまり「想像」と「創造」です。これらを取り上げたいと思うのは，北欧文化というものの背景にある価値観のうち，

とくにこれらが重要だと考えられるからです。ここでは「文化」を広い意味でとらえ，福祉や教育などにも触れていくことにします。

1．「北欧」というまとまり

　「北欧」という意味で「スカンジナビア」という語が使われる場合がありますが，スカンジナビア諸国と言うときにはデンマーク，スウェーデン，ノルウェーの3ヶ国を指すのがふつうです。スカンジナビア半島に位置するスウェーデンとノルウェー，そして長い間スカンジナビア半島に領土を所有してきたデンマークを含めた3ヶ国が「スカンジナビア諸国」です。北欧では「スカンジナビア」と区別して Norden［ノルデン］という語を「北欧諸国」という意味で使うことがあります。

　「スカンジナビア」という語は言語に関しても使われます。「スカンジナビア語」はデンマーク語，スウェーデン語，ノルウェー語などのことを指しますが，これらはたがいに近い親戚関係にある言語です。また，アイスランド語も「スカンジナビア語」の一員とされることがあります。ですから，言語は北欧をひとつに結びつける力になります。これらの言語を「ノルド語」あるいは「北欧語」と呼ぶこともありますが，さらにドイツ語や英語など多くの言語とも親戚関係にあります（これらの言語については第15章を見てください）。

　一方，フィンランド語はデンマーク語，スウェーデン語，ノルウェー語とは別のグループに属しており，それらとは大きく異なっています（フィンランド語については第16章で説明します）。したがって，言語の面で「北欧」は大きく2つのグループに分かれることになります。その結果，「北欧神話」はデンマーク語，スウェーデン語，ノルウェー語，そしてアイスランド語を話す人々の重要な宝ですが，フィンランド語を話す人々が自分たちの神話だと考えることはありません（「北欧神話」は第13章で扱います）。そのかわり，フィンランド語を話す人々にとっては『カレワラ』という叙事詩が重要な財産となっています（『カレワラ』については269ページのコラムを読んでください）。それでもなお，フィンランドも含めた「北欧」というひとつのまとまりが存在していると考えられる理由は，

何よりもまず歴史に求められます。

　現在のフィンランドはかつて600年近くに渡りスウェーデンの一部でした。その600年近くの間に，フィンランドにおいてはスウェーデン語が重要な地位を獲得していましたし，政治や法律などの面でもフィンランドはスウェーデンや他の北欧と近い関係を持つようになりました（北欧の歴史については第3章と第4章で詳しく扱います）。また，宗教の面でも北欧諸国ではキリスト教のルーテル派と呼ばれるプロテスタントの教えが主流となっており，これも北欧をひとつのまとまりにしている重要な要因です。

　さらに，「北欧」というまとまりが存在すると考えられるのは，北欧諸国が積極的に協力作業を積み重ねてきた結果でもあります。経済や国際貢献などの分野におけるものだけではなく，文化の分野においても多くの協力作業がおこなわれてきましたが，そこからは「北欧協力」ということばも生まれています。そのような作業を積み重ねることにより，北欧諸国は重要な価値観を共有するようになりましたし，そうして共有することになった価値観に基づいてさらに協力作業を発展させてきたのです。そのような価値観の代表的なものが「共生」を重視する姿勢，そして「想像」と「創造」を通じて精神的に豊かな社会を作り上げようという考え方だと言えます。

2．北欧文化を語る鍵 ―「共生」と「想像」「創造」

　北欧の人々が共有していると思われる重要な価値観のひとつを「共生」ということばで表現したいと思います。「共生」とはそのまま解釈すれば「共に生きる」ことが重要だとする考え方のことです。かつてフィンランドの大統領を務めたマルッティ・アハティサーリが2008年にノーベル平和賞を受賞しましたが，それは彼が世界の紛争解決に努力した功績が認められたためです。その背景には人々が意味のない争いを止め「共生」することが重要だという価値観があるのだと考えることができるでしょう。北欧諸国はいずれも小さな国々ですが，世界における紛争解決のための貢献という点では，非常に大きな功績を積み重ねてきた国々です（北欧の国際貢献については第7章を見てください）。

　そのような「共生」という考え方は当然のことながら「平等」という考え方に結びつきます。人々の間に「不平等」が存在していれば争いの原因になりますから，「不平等」は「共生」と対立するものになります。ですから「共生」とは「平等」な関係の中で共に生きていくことを意味します。その点でわかりやすいのは「男女平等」と言われるものでしょう。

　男女平等がどのくらい実現されているのかという国際的な調査をすると，必ず上位に並ぶのが北欧の国々です。たとえば，「世界経済フォーラム」という組織が2018年に発表した調査結果によれば，男女の間に格差の少ない国の上位にはアイスランド，ノルウェー，スウェーデン，フィンランドと並び，デンマークも13位に入っています（調査対象149ヶ国のうち日本は110位となっています）。また，北欧は福祉の進んだ地域だと考えられていますが，その前提にも誰もが平等にサービスを受け，そして幸福な人生を送れるべきだという考え方があります（福祉については第5章で扱われています）。

　日本を見たときに「平等」の実現がなされていないと考えられるものに「教育」があります。経済的に豊かな人々の中には子どもを小さな頃から塾へ通わせ，いわゆる「良い学校」へ入れようとする人もいます。一方で，大学へ進んで勉強したいと願いながら，学費があまりにも高額なため断念せざるをえない人々もいます。ですから，日本では教育における「平等」が実現しているとは言えません。それに対して北欧諸国では，大学まで学費は無料であったり，あるいは勉強したい学生にはさまざまな補助金が交付されるなど，教育における平等の実現度が非常に高くなっています（教育については第8章で扱います）。

　そのような「平等」の考え方は文学や児童文学の中でも表現されています。北欧の文学の特徴のひとつとして，社会の問題に対して積極的に発言するという点をあげることができます（北欧文学の流れについては第10章を見てください）。もちろん，社会に対して発信する中で「平等」といったことについて語る文学者たちも少なくありません。たとえば，フィンランドの詩人ペンッティ・サーリコスキ（1937〜1983年）はつぎのように述べています。

大臣や大学教授が使うことばや文章が，大臣の運転手や大学教授の家の
お手伝いさんが使うことばや文章よりも価値が高いというわけではない。

　いまでは運転手を使う大臣も少なく，お手伝いさんを雇う大学教授など
もめったにいないと思いますが，この詩はどんな人間の考えや発言も「平
等」に重要であることを訴えています。北欧を代表する作家であるトー
ベ・ヤンソンの書いた有名な「ムーミン」シリーズにおいても，「共生」
や「平等」という考え方が重要なものとして表現されていると解釈する人
もいます。このように文学や児童文学，それら以外の芸術分野も「共生」
や「平等」という価値観を表現することで，それらを支える重要な役割を
はたしています（北欧の児童文学や舞台芸術などについては第11章と第12
章を読んでください）。
　「共生」は人間と人間の間だけの問題ではありません。人間と自然との
「共生」という観点から「環境保護」「環境保全」の重要性が叫ばれてきま
した。環境政策は地球全体にとって緊急の課題ですが，いかに熱心に環境
保護に取り組んでいるかといった国際調査をすると，必ず上位に並ぶのは
やはり北欧の国々です（環境政策は第6章で取り上げます）。そして，「自
然」はさまざまな分野において芸術家たちの想像力・創造力を刺激してき
ました。そして，北欧の芸術が持つとされる特徴のひとつは「自然との近
さ」だと言われています。
　1800年代からフィンランドの芸術の世界では自然を表現することが重要
だと考えられるようになりました。たとえば「湖」がフィンランドの代名
詞のようになったのも，そもそもはルーネベリという詩人が湖のある風景
をフィンランド的なものとして表現したことに始まるとされています。美
術の世界でも北欧の画家たちは自然を重要な題材として扱ってきましたし，
ノルウェーのグリーグやフィンランドのシベリウスなど有名な作曲家たち
も音楽を通じて自然を表現しました。そして，「自然との共生」「自然との
調和」ということばで語られることが多いのが，日本でも人気の高い北欧
デザインの世界です。

　北欧デザインや建築と言っても幅広いものですが，食器や家具，あるいは建築などの中には自然に題材を求めたものが多く見つかります。世界的に有名なフィンランドの建築家・デザイナーであるアルバル・アールトのデザインしたガラスの器の中には湖の形を描き出したとされているものがありますし，彼が設計した「ラッピア・タロ」という有名な建築物は丘陵の姿を表現しています。あるいはムーミン谷博物館のあるタンペレという都市の市立図書館は上から見ると雷鳥の形をしていますし，同じ町にあるカレバ教会はやはり上から見ると魚の姿をしています（建築という面から北欧を読み解くのが第14章です）。

　「共生」という価値観は教育にも反映されています。北欧の教育について語るときには，しばしば「協同」ということばが使われます。「協同」とは「力を合わせて物事に向かい合う」といった意味ですが，北欧における教育は「競争」に基づくものではないということです。その「協同」が「共生」と非常に近い考え方であることは明らかです。たとえば，デンマークの思想家・教育家グルントヴィは人々が競い合うのではなく力を合わせるべきであることをつぎのように語っています。

　　どの階級であれ国民どうしをつなぐ心から離れてしまおうとすれば，頭も足も，そして手も愚かに勝手にふるまうだろう。そうすれば国は引き裂かれ，そして歴史は終わってしまう。人々は疲れ果て眠りに落ち，再び目覚めさせることはできないだろう。

　ここでは「階級」ということばが使われていますが，同じ国に住むすべての人間がつながり合うことが何よりも重要だということが述べられています。そして，そのような「協同」の精神に基づいた教育の中で育った北欧の子どもたちが，結果的には高い学力を身につけていることが日本でも大きな話題になっています。東海大学の創設者である松前重義博士が，グルントヴィの考え方に強く心を打たれ，教育活動に熱意を燃やして取り組んだことはよく知られています。

　「共生」や「平等」あるいは「協同」という考え方は，弱い立場に立つ

人々に手を差し伸べてあげようというものではなく，ある人々が不利な立場に置かれているとしたら，その原因は社会の側にあるという考え方です。人々を不利な立場に追いやっているのが社会であるのなら，その社会を変えることで皆が暮らしやすい社会を築こうというのが「共生」の思想です。たとえば，少数民族や手話を話す人々が不利な状況に置かれているのであれば，彼らが多数派の人々と同じように幸福な生活を送れる前提を作ることが社会の役割だと考えられています（北欧の言語や文化の共生については第 9 章を見てください）。

　「共生」に必要なことは，自分以外の人間がどのような立場に立っているのか，何を感じているのかといったことを想像する力です。ですから「共生」という考え方は必然的に「想像」することを要求します。そして，そのような「想像」の結果として創り出されるもの，つまり「創造」されるものが，文学や児童文学，あるいは建築やデザインです。さらには「共生」という考え方に基づく社会が「想像」と「創造」の力によって作り上げられていくのです。

　ここまで「共生」「平等」あるいは「協同」，そして「想像」「創造」などということばを使って北欧文化の特徴を見てきました。それらは支え合うことを意味しますが，しかしながら，甘え合うことを意味するわけではありません。皆が支え合いながら，しかも各自の自由や自立を大切なものだと考える姿勢は，フィンランド人作家トーベ・ヤンソンの書いた「ムーミン」シリーズの中でも表現されていると考えられます。ムーミンパパが自分の子ども時代の冒険を思い出しながら次のように語る場面があります。

　　やらなければならないことなど何もありませんでしたし，今までのやり方でできるようなことも何一つありませんでした。なぜなら，何もかもがまったく新しいことばかりだったからです。こんなに気分の良いことはありませんでした。[Tove Jansson "Muminpappans memoarer" 1968：24]

　ここでは，いままでのやり方では何もできないこと，そして何もかもが

新しいことばかりであることが最高の気分をもたらしてくれると言っています。言い換えれば，新しいものに出会い自分自身の力で立ち向かっていくことの素晴らしさが表現されています。このことばにも表れているように，北欧における「共生」「平等」あるいは「協同」は，個々人の自由や自立を前提としています。そうでなければ，「想像」や「創造」へと結びついていくことはありません。

　これらの価値観が社会の中で共有されることをめざし，そして，それらの価値観に基づく社会を築こうとするのは何よりも「政治」と呼ばれる作業です。北欧の「政治文化」の基本にあるのは，いままで述べてきたような価値観に基づく「民主主義」という考え方です。政治家や官僚の汚職について調べる「透明度調査」では，北欧は最も汚職の少ない国々だという報告が出されています。さらに，「報道の自由度」に関する調査でも，北欧は報道の自由が世界中で最も高く保障されている地域だとされています。つまり，本当の意味での「民主主義」が高度に実現されていると考えられるのが「北欧」だと言えるでしょう。

3．北欧の文化協力

　「共生」と「想像」「創造」が北欧文化を支える鍵であるということを見てきましたが，それらの価値観は長い間を通じて育まれてきたものです。そして，それらの価値観はさらに磨かれ，つぎの世代へと伝えられていくのです。そのためには，「共生」と「想像」「創造」が重要だという考えに立つ教育が何より重要ですし，それらの価値観に基づく文化の役割もまた欠かすことのできないものです。価値観というものは，広い意味での「教育」の場において共有されるようになるものですが，さらに文学や絵本，あるいはデザインなどを通じても価値観は培われ，伝えられていくものだからです。

　「共生」や「想像」「創造」といった価値観を大切にする文化を生み出そうとする努力は，個人によってもおこなわれます。しかしながら，そのような文化が大切だと社会が考えれば，社会全体としてそのような文化を創造していく作業に取り組もうとするでしょう。そのような作業を「文化政

策」と呼ぶことができます。あまり耳慣れないことばかもしれませんが，国際連合は文化政策を人類にとって重要な問題として扱っていますし，民主主義・人権の問題に積極的に取り組む「欧州審議会」というヨーロッパの重要な組織もまた，文化政策を活動の大きな柱としています。

　北欧の国々は非常に熱心に文化政策に取り組んできており，文化政策を扱う日本語の書籍においても取り上げられることが少なくありません。その北欧の文化政策の柱になっていることは創造活動を積極的に支援すること，誰もが平等に文化活動や創造活動に参加できるような条件を整備すること，あるいは少数派の文化を大切にすることで皆が共生していく社会を作り出すことなどです。そのために，たとえば北欧では劇場が各地に数多く設立され，誰もが演劇に親しめるよう努力してきましたし，あるいは芸術家をめざす若者たちを支援する仕組みを作り上げ，芸術・文化活動を熱心に促進してきました。

　さらに，文化に対する取り組みは国境を越え北欧全体としてもおこなわれています。北欧諸国は以前から「北欧会議」や「北欧閣僚会議」といった組織を中心にしてさまざまな分野で協力してきましたが，そこからは「北欧協力」ということばも生まれています。すでに1950年代に北欧諸国の人々はパスポートを持たずにたがいの国を行き来できるようになるほど密接な協力関係を築いてきました。そして，さまざまな分野における協力を本格的におこなうために，北欧 5 ヶ国は1962年に「北欧諸国間における協力に関する協定（ヘルシンキ協定）」を締結しています。

　「ヘルシンキ協定」では法，教育・文化，社会，経済，交通，環境保護などの分野における協力を進めていくことが取り決められていますが，さらに1971年には「北欧文化協力協定」というものを締結しています。これは，文化の面で北欧諸国が協力を重ね交流を深めることにより，文化的に豊かな北欧を築いていこうとする協定です。そのような協力作業は北欧会議文学賞，音楽賞，映画賞，そして自然・環境賞といったものも生み出しています。このように北欧諸国は各国レベルでも，そして北欧全体としても，「共生」と「想像」「創造」という価値観に基づく文化を育てる努力をしています。

おわりに

　北欧と呼ばれる地域は「共生」といった価値観を共有し，また「想像」「創造」を重視する社会だという話をしてきました。これらの価値観を共有しているところに，「北欧」をひとつのまとまりとして見ることができる根拠のひとつがあると言えます。一方で北欧は多様性を抱える地域でもあります。5つの国と高い自治を与えられた3つの地域（デンマークのフェーロー諸島，グリーンランド，そしてフィンランドのオーランド諸島）から成り立つのが北欧ですし，それ以外にもサーミ人，ロマニ人，あるいは手話話者など多様な人々が存在するのですから，北欧の中に多様な文化が存在するのは当たり前のことです。

　北欧とは多様性を抱えながらも，ある価値観や文化的特徴などを通じてひとつにまとまっている地域だと考えることができます。多様性を認め合うからこそ「共生」することができ，また多様な「想像」「創造」が可能となります。その「想像」「創造」は，経済活動にも反映され，北欧は先端技術の分野でも世界をリードしています。「世界知的所有権機関」という組織が126の国と地域を対象に行った2018年の「世界技術革新力ランキング」において日本は13位とされていますが，スウェーデンは3位，フィンランドは7位，デンマークは8位と日本を上回っており，北欧諸国の技術革新力の高さがうかがえます。

　北欧は福祉の先進地域としても有名です。税金が高い反面，誰もが死ぬまで安心して暮らしていける社会だと言われています。しかしながら，福祉というのは「介護」や「食事の世話」などといったことだけを指すわけではありません。北欧では「福祉」に欠かせないものが「文化」だと考えられています。文化や芸術に接し，あるいは自ら文化・芸術活動に参加することで，精神的な豊かさを感じながら生活が送れるようにすることこそが「福祉」の役割だとされています。北欧では「福祉に文化を」という考え方が常識となっています。

　そのような福祉，社会保障あるいは社会サービスの分野でも北欧諸国は協力関係を築いてきました。たとえば，1981年には「北欧社会保障協定」

といったものが締結され，現在では1996年の「北欧社会サービス協定」に
引き継がれています。これは，北欧諸国の人々がたがいの国において保
健・医療，あるいは福祉などの社会サービスを受けられることを定めたも
のですが，その中には「言語の使用」について述べる条文が含まれていま
す。これは保健・医療，あるいは福祉といった分野において，それぞれの
言語や文化を尊重することが不可欠だと考えられていることの表れだと言
えるでしょう。

　北欧5ヶ国は「北欧言語協定」と呼ばれるものも締結しています。これ
は，言語的平等が重要なものであるとの考えに立ち，北欧の人々が他の北
欧の国々でも自分の言語を使えるようにしようとする協定です。自らの言
語を使うことができなければ，保健・医療あるいは福祉などの社会サービ
スを受ける権利があると言われても何の意味もありません。保健・医療あ
るいは福祉といった分野では言語や文化に対する配慮が欠かせないものだ
からです。

　ある地域のことを理解したいと思えば，その地域の価値観の表れである
文学，絵本，デザイン，絵画，伝承などの文化的側面に目を向けることが
重要です。男女平等や福祉，あるいは環境政策などに関心があるとしても，
それらの背景にある考え方，価値観を理解することが重要ですし，それら
の価値観に基づいて想像され創り出される文化というものに目を向けるこ
とが欠かせないはずです。もちろん，北欧も多様な問題を抱えており，理
想化してしまうことは許されません。そのことをしっかりと頭に入れた上
で北欧文化に目を向けることが，多様なものが絡み合いながら創り出され
る「北欧」という地域を理解することにつながります。

column　グルントヴィ

● 福井信子

　1970年の出版以来長く使われてきた『Lær dansk』というデンマーク語の教科書があります。そのなかに「デンマーク人の大半は金持ちでも貧乏でもありません。デンマークという国は」という文があり，それに続けてこう書かれています。få har for meget og færre for lidt　— どういう意味でしょうか。få（少数の）とその比較級 færre（より少数の），for（あまりに）を生かすと，「あまりに多く持つ人は少数で，あまりに少なく持つ人はより少数」とでもするとよいでしょうか。ともかく，日本語に直しにくい表現です。

　いま思えば，これが私とグルントヴィの最初の出会いでした。グルントヴィは生涯にわたって約1500編の歌や賛美歌を書いています。この言葉が出てくるのは，1820年に書かれた「はるかに高い山々」で始まる歌です。6番まであり，いつも最初によその国のことをほめます。デンマークに比べはるかに高い山，美しい土地，偉大な業績，賢い人々等々。途中で「でも」と方向を変え，グルントヴィはデンマークを讃えます。たとえば2番では「でもブナの森のなか，思い出あふれる美しい岸辺に，デンマーク人は暮らす。生まれ死ぬまで，波うつ海に浮かぶ花咲く野，このうえなくすばらしい」。最後の6番にさきほどの言葉が登場します。「でもデンマーク人には日々のパンがある。貧しい小屋にも同じように。わたしたちはこうしたのだ。だれも豊かすぎることなく，貧しすぎる者はさらに少なく」。当時はまだ日々のパンさえままならない時代でしたが，グルントヴィが思い描いたデンマークのあるべき姿です。

　グルントヴィ（1783〜1872年）の考えは歌われることによりデンマーク人のあいだに浸透したといえます。クリスマスの時期には，「ベツレヘムにおさな子生まれ」「美しいのは青い空」「クリスマスの祝いの鐘が鳴る」「鐘よ鳴れ」「ようこそ主の新しい年」などグルントヴィの歌が必ず歌われます。「母親の名は天からの響き」では，母語のデンマーク語に対する愛情が強く喚起されます。また，「朝の時間は口に黄金をもっている（＝早起きは三文の得）」という諺で始まる歌がありますが，これは朝起きてこれから1日の活動を開始しようというときにふさわしい，すがすがしい朝の歌です。「ただ1人の人間が，国民の生活にこれほど深い印を残した国が，他にあるだろうか」とコペンハ

ーゲン大学の神学教授だったハル・コックは言いました。1983年の生誕200年は国内で盛大に祝われました。

　グルントヴィは1839年から亡くなるまでの33年間ヴァートウ教会の牧師でした。ヴァートウはコペンハーゲンの中心部，市庁舎の近くにあり，建物の中庭にはグルントヴィの大きな像があります。晩年のグルントヴィは長い白髭をたくわえ，がっしりとした体を杖で支え，少し前屈みに大股で歩いていました。説教壇に向かう姿は古代の雰囲気をたたえ，異教時代の巨人が遠く離れた丘へ急ぐ様子に似ていたそうです。グルント・ヴィの精神を建学の範とした東海大学の創始者，松前重義博士も晩年は同じ雰囲気をたたえていたのを思い出します。

グルントヴィ（1783〜1872年）
　　　　松前記念館博物館蔵

松前重義博士（1901〜1991年）
　　　　　学校法人東海大学

第 2 部

北欧のあゆみ

第3章

統合と分離
―デンマーク・スウェーデン・ノルウェー―

清原瑞彦・佐保吉一・池上佳助

はじめに

　北欧という概念は大変複雑です。この章では本書第1章にある国別を使用しますが，歴史によって異なる場合がありますので，本章ではスカンジナビア（ノルウェー，デンマーク，スウェーデン），北欧（フィンランド，スウェーデン，デンマーク，ノルウェー，アイスランド）と表記します。

　スカンジナビアは文化的によく似ています。3ヶ国とも言語はたがいに類似しており，文法，語彙がほぼ同じで，分化が始まったのはバイキング時代の初頭と言われています。政治的には統合と離反が繰り返されました。つまり3ヶ国は18世紀まで同じ歴史を共有してきたといっても過言ではありません。そこで本章では共通した歴史に焦点をあてていきたいと思います。

　今日の北欧はスカンジナビアを中心に発展しました。バイキング時代，3ヶ国が協力して事業を遂げることはありませんでしたが，ヨーロッパには略奪，商業ルートの開発，建国などを通して多大な影響を及ぼしました。カルマル連合王国時代はドイツの経済的支配からの脱出をめざして一時期デンマークを中心に強制的に3ヶ国がまとまりましたが，スウェーデンの反乱で存続は失敗に終わりました。しかし，スカンジナビアの中世後期は「カルマル連合王国」に対する離反と集合を重ね，またリューベックとの争いに終始しましたが，スカンジナビアにとっては歴史的な一大事件でした。

　1523年，スウェーデンが連合王国から離脱し，独自の道を歩むことにな

ります（スウェーデンではデンマークからの「解放」としている）。1536
年，ノルウェーはデンマーク＝ノルウェー連合王国という名称とは裏腹に
デンマークの「属県」，つまり国ではなくデンマークの1県となり（この
時点で連合王国は崩壊），屈辱的な隷属を強いられ，1814年までこの関係
が存続しました。デンマークはバルト海をめぐってスウェーデンと覇権争
いに終始します。17世紀にはスウェーデンはスカンジナビア半島のデンマ
ーク領をほぼ手中に収めるための戦争を繰り返し，ついに1658年，デンマ
ークに勝利したスウェーデンは現在の南スウェーデンを制圧し，また当時
はノルウェー領だった西北スウェーデンも獲得しました。つまりデンマー
クはスカンジナビア半島の現在のスウェーデン領を割譲したのです。

　スウェーデンはデンマークを打ち破りバルト海の覇者となりましたが，
その後大北方戦争で敗れ，小国に転じたのです。ナポレオン戦争はスカン
ジナビアにも及び，ナポレオンの右腕であったフランス人のベルナドッテ
は後のスウェーデン国王に即位します。1809年，ロシアとの戦争に敗れた
スウェーデンは約550年間スウェーデン領であったフィンランドをロシア
に割譲しました。その後，スウェーデンはフィンランドを永久に放棄する
代わりにノルウェーをスウェーデン領にするというロシアとスウェーデン
の密約が結ばれました。1814年，この密約は実行に移され，ついにノルウ
ェーはスウェーデンの属国になりました。1814年，ナポレオン戦争に参加
しますが，この戦争を最後にスウェーデンは2019年の今日まで205年間他
国との戦争はしていません。このことでスウェーデン人は平和を愛する国
民と評されています。

　1809年はスウェーデンにとって歴史的に大事件が起こった年です。フィ
ンランドをロシアに割譲しましたが，国会，国王，政府の3者が権力を分
割するという新統治法が発布され，この大半の精神が統治法に反映されて
1972年まで引き継がれてきました。

　19世紀になるとデンマークとスウェーデンが接近を始めました。それは
スカンジナビア以外の国々からの圧力が強くなったからです。互いに協力
する方が得策と考えたからです。

　20世紀前半には大事件が起こりました。1905年にはノルウェーがスウェ

ーデンから，1917年にはフィンランドがロシアから，そして1944年にはアイスランドがデンマークからそれぞれ独立したのです。つまりここに今日の「北欧」がうまれたのです。

　20世紀には人類史上もっとも残酷な世界大戦が2度にわたって引き起こされました。北欧はどう対応したのでしょうか。スカンジナビア諸国は前世紀の対立とは打って変わって協調路線をとりました。第一次世界大戦が勃発すると3ヶ国はそれぞれ中立宣言をおこない，スウェーデンとノルウェーは大戦にまきこまれても2国間の戦争にならないように協調することを約し，さらにスカンジナビア3国の国王が一堂に会し参戦しないことを誓い合いました。

　第二次世界大戦ではそれぞれ北欧諸国の大戦に対する対応がことなっていました。フィンランドは大国ソ連と戦い，ノルウェーやデンマークはドイツに占領され苦難の道を歩むことになりました。北欧の3ヶ国が大戦に巻き込まれたのに対して，スウェーデンは中立を堅持しましたがドイツに加担し，非情なまでに隣国に対する公的な支援を拒否したのです。戦後，このスウェーデンの態度に北欧各国は不信感を抱きました。戦後の冷戦にもそれぞれの国情で対応がことなりましたが，それでも戦争中の不和は徐々に氷解し，北欧会議などを通して協力関係を結ぶようになりました。

　本章では，地名，人名などの固有名詞はⅠ，Ⅱではスウェーデン語読み，Ⅲ，Ⅳではデンマーク語読みになっている場合があります。

Ⅰ．バイキング時代

　バイキングと言えば日本では料理形式の名前で知られていますが，これは日本人の発明ですからヨーロッパにはありません。似たものに「ビュッフェ」がありますが，日本のように豪華でなく，かなり質素です。「バイキング」は英語読みで，北欧では「ヴィーキング（viking）」と呼ばれ，百科事典をみれば「北欧の海賊」として知られています。

　バイキングが活躍した「バイキング時代」は8世紀末（793年）から英国がノルウェーに「平和と友好」を宣誓させた1066年までとされています。しかし，その年にバイキングの活動が終焉したとは考えにくく，考古学で

は11世紀初頭までとされています。いずれにしても約300年近くの長きに
わたり，スカンジナビアの人々が海外遠征などで活躍し，掠奪，商業路の
開拓などを通して，ヨーロッパ諸国に社会的，政治的，経済的に多大な影
響を及ぼしました。また建国にも関わり，ヨーロッパの地図を大きく塗り
替えました。イングランドの基盤はバイキングの末裔が築いたといわれて
います。ロシアの建国にもバイキングが大いに貢献しました。シシリアや
南イタリアはバイキングの後裔が「シシリア2王国」を作りました。

　歴史を紐解く上で一番重要なのは同時代の史料です。このバイキングの
時代に北欧人が自国について書き残した史料は皆無です。外国人でブレー
メン（現在のドイツ）出身のアダムが著した『ハンブルグ＝ブレーメン司
教史』とリンベルト著『アンスガル伝』があるのみです（アダム，アンス
ガル，リンベルトはこの時代にデンマークやスウェーデンを訪れています）。
その他には膨大な考古学資料とルーン石碑だけなのです。つまり，北欧人
は自らの国の政治や経済，社会の様子について何も記録しなかったのです。

　ルーン石碑とは古代文字のルーン文字が刻まれた石のことです（中には
岩もあります）。最古の石碑は3世紀のもので，スウェーデンで見つかっ
ていますが，石碑はバイキング時代が始まった頃からたくさん造られ，ス
ウェーデンから約2500基，デンマーク，ノルウェーからはそれぞれ400基
ほど発見されています。これらのルーン碑文を研究すれば，当時の社会な
どが明確になるとバイキング関連の書物などによく書かれていますが，少
なくともスウェーデンにあるルーン碑文を精査しても，ほとんど分かりま
せん。歴史的な関連を持つ石碑は僅か30数点しかありません。しかもその
大半がひとつの事件で占められているため，石碑は多くを語っていません。
それはサラセンの国（当時の首都はバグダード）で全滅したある大遠征事
件です。スウェーデンのバイキングであるイングヴァルが首領だったため
「イングヴァルの遠征」と言われています。これを裏付ける石碑が25基現
存しています。この中で一番有名な石碑は，スウェーデンの首都ストック
ホルムから約70キロメートル西方にあるおとぎの国の城のようなグリープ
スホルム城の前に悠然と立っています。

トゥーラはイングヴァルの兄弟，ハラルドのために此の石碑を建立せり。
彼らは黄金を求めて雄々しく旅立ち，東方にて鷲に餌をあたえぬ。南方
のサラセンの国にて，黄泉の国に旅立ちぬ（鷲に餌を与える＝敵を斃す）。

　この出来ごとは人々に深い感銘を与えたらしく，アイスランドのサガに
もなりました（『イングヴァルのサガ』）。
　海外では攻撃された側，例えばフランスやイングランドなどには「年代
記」という形でバイキングに関するかなりの史料が現存しています。また
アラビア人が例えばヨーロッパ最長のボルガ川でスカンジナビア人と出会
い，彼らの様子，性格や生活習慣などを旅行記その他で記録したものもあ
ります。
　ではバイキングとはどこの人でしょうか。バイキングはスカンジナビア
３国，つまり現在のノルウェー（アイスランドはノルウェー人の移民が植
民したところ），デンマーク，スウェーデン人の祖先です。バイキングと
は誰でしょうか。「海外に遠征した人」で，主に掠奪，傭兵（たとえばコ
ンスタンティノープル），商人として活躍した人達のことを指します。こ
の地に住んでいた人すべてがバイキングではなく，国内にあっては主に農
業，牧畜，漁業，狩猟などで生活していました。バイキングという民族や
部族あるいは国民が存在したわけではありません。スカンジナビア人がす
べて「バイキング」だというような記述が少なくありませんが，それは間
違いです。

　793年。この年，ノーサムブリアに恐ろしき前兆現れたり。
　人々恐れ戦きぬ。怪しき稲妻光り，身の毛もよだつ龍ぞ天空を飛翔けぬ。
　この兆しの直後，大飢饉が襲いぬ。これらの事件の後の６月８日，異
　教徒が略奪におよび，リンディスファーンの御神の教会を破壊し，掠め，
　虐殺をほしいままにしたり。

　これは英国で編まれた『アングロ＝サクソン年代記』の一節で，バイキ
ングが英国のノーサンブリアにあるホーリー・アイランド（聖なる島）の

小さな修道院を攻撃した事が記されています。この修道院は英国の宝物と称され，豪華な装飾文様あふれる『リンディスファーンの福音書』が作られた有名な修道院でした。これが世界史に登場するバイキング時代の幕開けで，8世紀末頃から遠征活動を始めたと言われています。そして1066年にノルウェー王のハラルドが英国遠征をした際，スタムフォード橋の戦いで大敗し，自らも戦死しました。イングランド王のハラルドはノルウェー王ハラルドの息子ウーラフに助命を与え，大群で押し寄せたノルウェー軍はわずかの生き残りを連れて帰郷の途に就きました。その時の条件が，先述した「平和と友好」の宣誓で，彼らは二度とイングランドを襲わないと約束したのです。この事により，1066年はバイキング時代の終焉とされています。イングランド王のハラルドはつぎの戦いの地，南イングランドのヘースティングに急ぎました。バイキングの祖先を持つフランスのノルマンディー公ウィリアムがイングランドの王を継承するべく，そこを目指していたからです。しかし，ハラルド軍は敗北した上に，王自身も戦死したのです。この結果，ウィリアムはイングランドを征服し（ノルマンの征服と呼ばれる），王位につき，今日のイングランドの基礎を築いたのです。

　これは英国の年代記による記録なので1066年をもってバイキング時代の終わりとは言い難いのです。バイキングが活躍したのは英国だけではないからです。スカンジナビアを考古学的に多方面から考察すると，バイキング時代は8世紀初頭から12世紀初頭頃までとするのが適当だと言われています。しかしながら1066年を伝統的にバイキング時代の終焉とし，ノルウェー王のハラルドがバイキングであったか否かの研究は尽くされてはいません。それ以降さらに，1069年，1075年，1085年のデンマークによるイングランド侵攻はどう解釈するのか，まだ開かれた議論がありません。

　国威発揚の時代，ナショナリズムの盛んな19世紀にスカンジナビア人が自信の持てるものを追い求め，探し当てたのが「バイキング」でした。スウェーデンの偉大な詩人，ウップサーラ大学学長のイェーリック・グスタヴ・イェイイェルは「バイキング」という詩を発表し大きな反響を呼びました。バイキングは英雄であると同時に文明国のキリスト教国であることも強調したかったと言えます。その証拠に形式編年体系を完成させた著名

なスウェーデン人の考古学者，オスカル・モンテリウスは『スウェーデンの異教時代の文明』を著しています。彼は異教＝野蛮の時代はあったが，文明＝キリスト教時代もあったと述べているのです。敷衍すれば，バイキングは野蛮人で，キリスト教になることが文明化されたことであり，従って年代記に記録された事件の年代を前倒しにして，野蛮時代を縮小すること（つまり1066年の事件を「切れよく」1050年，または1060年）を伝統的にしてきた結果，その後の遠征は取り上げないばかりか研究もされなかったと言えるでしょう。

　バイキングの語源は未だに明確ではありません。彼らに襲撃された人々はバイキングという言葉を使っていません。スカンジナビア語ではないかと考えられています。スウェーデンの学者エリアス・ヴェセーンが「入り江（vik）の人（ing)」ではないか，と魅力的な説を提唱し，多くの人が利用していますが，語源は不明です。

　バイキングが9世紀頃からなぜ爆発的に海外遠征を始めたのでしょうか。この原因を解き明かした研究者もいません。その一方で，かなり多くの人が受け入れている学説があります。「人口爆発説」と「交易路の変更説」です。人口爆発がなぜこの時代なのかは説明不足です。それに加えて，スウェーデン人は一夫多妻であったので子供が増えたこと，長子相続で次男以下はバイキングになって略奪などの海外遠征に向かったと言うのですが，2500基全てのルーン石碑を精査してみると一夫多妻のような事実は全く見つかりません。また石碑には，父が遠征に行ったり，兄弟たちが海外に行ったり，帰郷している例がたくさんあります。交易路についてもデンマークの事情に終始して，スウェーデンやノルウェーに関しての言及がありません。

　バイキングが攻撃や遠征した先はルーン石碑にも彫られているように「彼は西方に，そして東方に…」つまり「西ルート」「東ルート」がその大半でした。ルーン石碑には「ウルミカ，ウルヴァイル，ギリシャ，イェルサレム，アイスランド，サラセンの国」と彫られています。2人のバイキング（ウルミカとウルヴァイル）が驚くべき広範囲に遠征をして無事にスウェーデンに帰郷しています。

　西方ルートでは793年，上述の通り英国のリンディスファーン修道院を襲撃略奪し，その後バイキング時代の終わりまで執拗にイングランドをほしいままに略奪しました。ハンブルグ，フリースランド（現在のオランダ），アイルランド，スペイン，その他これらの近隣の島々を略奪し，やがて定住するようになりました。とくにイングランドは弱小国家が集まっていたため，バイキングの激しい侵攻に抵抗できず，バイキングが北東部に定住するようになり，またある地域では攻撃をしない代わりに貢納金を受け取っていました。さらに11世紀の初頭にはデンマーク人は軍事力を発揮し，イングランドを二度にわたって征服し，さらにその試みを数度おこなったことも明白です。

　フランスのセーヌ河，ロワール河などの重要な水の交易路沿いの都市もほとんどが略奪され，とくにパリは何回となく襲われました。あまりにも執拗な攻撃にシャルル単純王は広大なノルマンディー地方をバイキングに与えました。ノルマン（北の人＝バイキング）が定住し，この土地から出征したウィリアムがイングランドを征服したのです。ノルマンディーを最初に手に入れたのがバイキングのロロでした。その末裔がウィリアムだといわれています。

　東方ルートとはスウェーデンから東に向かった遠征ルートです。戦利品としてアテネのピレウス港から持ち去られた大きな大理石のライオン像がヴェニスにあります。その横腹にスウェーデンのウップランド地方の伝統的な装飾文様とルーン文字が彫られています。間違いなくバイキングがギリシャまで遠征したという証拠です。スウェーデン人は7世紀以来バルト海南東岸と交渉をもち，グロービン（現ラトビア領）に交易拠点をもち，ゴットランド島および中部スウェーデン，メーラレン湖のヘリィエーと結ぶ交易網を持っていました。バイキング時代，彼らは北西ロシアに進出し，ラドガ湖南の古ラドガを拠点としました。スラブ人，フィン人から略奪や交易によって毛皮と奴隷を得，それらを西欧とドニエプル川，ボルガ川経由でアラブ・イスラム世界やビザンティン帝国方面へもたらしました。交易地ビルカなどで発見される見返り〈輸入〉品は，ガラス，陶器，毛織物，武器などの西欧の手工業製品とアラブ銀貨，銀製腕輪，ビザンティンの絹

などでした。また，スウェーデン人はノブゴロドおよびキエフにおける政治権力の形成に関わったとされ，キエフの『過ぎし年月の物語』は，ロシアの古名ルーシそのものがスカンジナビアの一種族の名称からきたとされ，スウェーデン人の征服によってキエフ・ルーシ（キエフ・ロシア）権力が成立したと言われています。彼らが少なくとも雇い兵的軍事力として，初期ロシアの政治史に関与したことは確実です。スウェーデン人は10世紀以後コンスタンティノープルでも，ワリャーギまたはワランギア隊と呼ばれ，ビザンティン皇帝の親衛隊として活躍して，黒海，イタリア，アラビアにまで進出しました。

　東西が出会うところシシリア，南イタリア，アフリカ北岸にまで遠征しました。また，コロンブスより500年も早く，アイスランドから北アメリカに到達したとも言われています。ところが，この遠征は歴史的にはほとんど意味を持たなかったのです。なぜなら，コロンブスのアメリカ発見と比較すれば，その影響がほとんどなかったからです。

　バイキングたちは海外遠征，略奪，襲撃に終始したわけではありません。交易もしていました。中でもデンマークのヘデビー，ノルウェーのカウパン，スウェーデンのビルカがとくに有名です。ビルカは同国の首都ストックホルムからおよそ30キロメートル西方で，メーラレン湖上にあるビョルク島に8世紀に建設されたスウェーデンで初めての小さな町です。考古学者が最も注目している場所のひとつです。バイキング時代の生活の様子や生活必需品，副葬品，豊富な交易品が出土し，活発な商業交流が盛んであったことがうかがえます。スウェーデンから，バグダート，イラン，アフガニスタン，サマルカンド，タシケントなどからの膨大なアラビア貨幣が発見されています。スカンジナビアの最初の伝道者といわれる聖アンスガルが二度にわったって訪島し，布教を試みましたが，十字架を装飾品にする一部の人を除いては北欧の神々から改宗する人は少なかったようです。

　ここではバイキングの活動の一端を見てきましたが，依然として暗闇の中で漠然とした彼らの姿しか見えていません。みなさんが興味を持って研究すれば，バイキング達と同じように新発見があるでしょう。

II. カルマル連合王国

1397年，南スウェーデンのカルマルで戴冠式が執りおこなわれました。当時，「女王」ではなく「王妃」の称号をもつマルガレータが権勢をふるっていました。そのマルガレータがデンマーク，スウェーデン，ノルウェー3ヶ国の豪族や有力者を南スウェーデンのカルマルの聖ニコライ教会に召集し，彼女の14歳の養子イェーリックを戴冠させたのです。既にノルウェー王，デンマーク王，スウェーデン王であったポメラニア出身のイェーリック（1382？～1459年）はこの日，3ヶ国連合王国の国王に即位したのです。当時は簡素だったカルマル城で協定書などが署名調印され，ここに巨大な連合王国が成立しました。ちなみに現存する美しい城は16世紀にグスタヴ・ヴァーサと彼の息子たちが造ったものです。

これをカルマル連合王国（カルマル同盟とも呼ばれている）と言います。連合王国にはこの3ヶ国だけではなく，当時それぞれの国に隷属していたアイスランド（ノルウェーの属領），フィンランド（スウェーデンの属領），その他北欧近郊の群島も含まれています。国土面積だけで言えばヨーロッパ最大の「国」が出現したわけです。そしてスウェーデンは1523年まで，ノルウェーは1536年までこの連合王国の枠組みの中で存続しましたが，デンマークが1536年にノルウェーを属領としたため，ここにカルマル連合王国は完全に消滅しました。

ところで，マルガレータとは何者でしょうか。彼女はデンマーク王ヴァルデマル4世アッテルダーの王女で1353年に生まれ，6歳の時，ノルウェーのホーカン・マグヌッソンと婚約し，10歳で23歳の国王となったホーカンとコペンハーゲンで結婚式を挙げました。マルガレータ王妃の誕生です。金糸で織られた婚礼のガウンはマルガレータが眠るデンマークのロスキレ寺院に遺されていましたが，戦利品としてスウェーデンのカール10世に略奪され，スウェーデンのウップサーラ寺院に喜捨されて今も見ることができます（丈は163cm。最近の研究で，これは15世紀のリメイク品だそうです）。結婚した王女はあまりに幼く，宮廷のしきたりや妻としての役割などわかるはずもありません。そこでスウェーデン人のミャッタ・ウル

フス・ドッテル（ビルギッタの娘。ビルギッタは後に聖人となる）が厳しく育て上げました。マルガレータはデンマークで生まれ，スウェーデンで教育を受け，そしてノルウェーで結婚生活を送ったのです。つまり3ヶ国を治める運命にあったと言えるでしょう。ノルウェーのオスロにあるアーケシュヒュース城で17歳の時に息子のウールヴをもうけます。彼女は出張中の国王である夫に宛てた手紙の中で，つぎのように記しています。「食べる物も，飲む物もないので私も女官たちも本当にひもじい思いをしています。困り果てています。早く何とかして下さい云々。お金を借りたのでちゃんとその人に返してあげて下さい……」。城での生活が決して楽なものでなかったことがうかがえます。当時はデンマークとノルウェーに対してハンザ都市の経済的な影響が強く，マルガレータはドイツ商人から借金するよう夫の国王に進言したほどです。事実，王冠と高価なベルトを担保に借金したことがありました。つまり王室は経済的に極端に困窮しており，ドイツには経済的に隷属しつつありました。1375年にデンマーク王が他界すると，マルガレータは画策し，翌年，息子ウールヴをデンマーク王に即位させたのです。

　一方，スウェーデンでは国王と貴族間の対立が激化していましたが，反国王派がメクレンブルグ（現在のバルト海に面した北ドイツ）のアルブレクトを推挙し，1364年，スウェーデン王に選出しました。新国王はスウェーデンの領土の大半を所有する大豪族ブー・ヨンソン・グリープに最高の官職と地位を与え，豪族と国王間の長年の確執に終止符を打ったのです。またハンザ都市とデンマークとのスコーネ地方（現在はスウェーデン領ですが，当時はデンマーク領）を巡る争いもハンザ側に有利な講和で決着させました。1380年，マルガレータの夫，ノルウェー国王が死去すると息子ウールヴ・ホーカンソンが後を継ぎ，彼はデンマーク＝ノルウェーの王となり両国は同君連合となりました。1386年，グリープが死去すると，その膨大な領土と財産を巡り，国王と豪族の間で争いが再燃したのです。やがてアルブレクト王が豪族の財産没収を画策するに及ぶと，豪族はこれに猛反発し，さらに彼がドイツから連れてきた代官があまりにもひどい税を課したので農民までもが反発したのです。

　1387年，デンマーク＝ノルウェー王ウールヴが17歳の若さで夭逝すると，マルガレータ王妃はデンマークで「最高後見人」に選ばれました。翌年ノルウェーでも同じ称号を獲得し，さらにスウェーデンでも国王に反目している豪族が彼女に両国と同じ称号を与えました。つまり彼女の称号は王妃のままでも，3ヶ国の実権を掌握することになったのです。1389年，現在の南スウェーデンに位置するオースレの戦いでマルガレータ軍はスウェーデン王アルブレクト軍を撃破し，国王は捕囚され，廃位されました。ここに彼女は3ヶ国の実権を完璧に掌握したのです。

　ウールヴの死後，ノルウェー王位は空位でしたが，翌年，マルガレータは姉の孫，6歳のボルギスラーヴ（後にイェーリックとスカンジナビア風に改名）を養子に迎え，ノルウェーの国王に即位させました。1396年にはデンマーク王とスウェーデン王にも選出され，この少年王は3国の王になりました。しかしマルガレータは1412年に死ぬまで実権を掌握していたのです。死因はペストといわれています。

　イェーリックは「ポメラニア出身のイェーリック」と呼ばれていますが実際はイェーリック13世スウェーデン王（在位1396〜1439年：2度の中断），イェーリック3世ノルウェー王（在位1389〜1439年），イェーリック7世デンマーク王（在位1396〜1439年）が正式名となります。

　その背景にはハンザ同盟都市の，とくに盟主のリューベックがスカンジナビアの経済を牛耳っていました。またホルシュタインとデンマークは領地を巡って争っていました。さらにアルブレクトの復活を支援する「ヴィタリエ同胞」という海賊が結成され，バルト海を荒らしまわり，リューベックとスカンジナビアとの交易をも阻害し始めていました（「ヴィタリエ」とは「食糧の供給」を意味し，ここではアルブレクト軍などに食糧等を運んだことをさします）。この難局を乗りきるためには3国の一致団結が必至でした。

　スカンジナビア，とくにデンマークは南からの脅威にさらされていました。とくにハンザ同盟の盟主リューベックはスカンジナビアの市場を独占していました。彼らは経済的のみならず，政治的にも大きな影響力を行使していました。たとえば，ノルウェーのベルゲン，スウェーデンのストッ

クホルムはドイツ商人の支配下にあり，市政の要職も彼らに掌握されていました。

　スウェーデンではアルブレクト王の時代（1364～1389年）は「鳥の餌食（えじき）の時代」と呼ばれています。ドイツ人の代官や主要なポストはほとんどがドイツ人で，苛烈な税を取り立てました。スウェーデンはドイツ人に支配される状態になっていたのです。

　前王のマグヌス・イェーリックソン王の時代は「全国法」や「都市法」が公布され法整備が少しずつ全国に行き渡り始めた頃であり，同時に豪族や高官に対して厳しくなり，彼らはマグヌスを廃位し，メクレンブルクからアルブレクトを王に迎えた経緯があります。

　1410年，南ユトランドの覇権争いでデンマーク対ホルシュタインとハンザで戦闘が始まりました。マルガレータは1412年，これらの国との交渉の結果，休戦することになりましたが，その後フレンスブルクで急死したのです。

　イェーリックは1人で3ヶ国を治めることになり，コペンハーゲンに居を構えたことから，ここが実質的な首都となりました。彼はハンザ都市のスカンジナビアでの独占権を弱小化するために，デンマークとスコーネ（当時はデンマーク領）の商業都市と手工業に独占権を与えたのです。これに反発してハンザはスカンジナビアとの交易を中断し，デンマークの海岸を侵略したので，イェーリックは抗戦しきれず，撤回せざるを得ませんでした。イェーリックの妻，フィリッパ王妃（英国のヘンリック4世の娘，12歳で結婚）はスウェーデンに赴き，ハンザとの戦いのためスウェーデン軍の援助を要請しました。これが功を奏して両軍はオーレスンド海峡の海戦でハンザ軍を撃破したのです。1429年，イェーリックはオーレスンド海峡通行税を設け，財政難のデンマークに潤いをもたらしました。

　一方，スウェーデンではデンマークの代官による厳しい税の取り立てに不満を募らせていました。とくに中央スウェーデンのベルイスラーゲンとダーラナ地方の代官イェセ・イェーリックソンは情け容赦のないむごい人間で，農民を吊るして煙攻めにしたり，彼らの妻を槍で串刺しにしたり，赤子も殺されました（彼は1436年に斬首刑）。1434年，ダーラナ地方

の鉱山主エンゲルブレクト・エンゲルブレクトソンはこの実態をイェーリック王に直訴しましたが，何の措置も執られませんでした。彼は一揆を起こし，瞬く間に全国に広がりましたが，1436年に彼は暗殺されました。その後，統帥のカール・クヌットソンが国王代理となりました（彼は3度スウェーデン王，1度ノルウェー王になっています）。この一揆に端を発してカルマル連合王国の中でスウェーデンとデンマークの熾烈な戦いが始まったのです。

　15世紀後半より登場するスウェーデン愛国者のステューレ家とデンマークは一進一退の戦いで決定的な決着はつきませんでした。しかし1520年11月，デンマーク軍がステューレ軍を制したのです。デンマークのクリスチャン王はストックホルム城に入城し，スウェーデン王に即位しました。反デンマーク派の貴族や有力者も城に招かれ，祝宴がはられました。反逆者の罪も許され，宴会もたけなわの頃，突如として大広間の戸が全て閉じられて，宗教裁判が始まりました。これは口実で反デンマーク派を全て抹殺するものでした。反乱派全員逮捕され，有罪に処され，翌日から現在の王宮横にある大広場で斬首刑（諸説ありますが100人ほどの貴族，有力者）が執行されたのです。これをストックホルムの血浴と言います。この事件で父とおじを亡くした若い貴族のグスタヴ・ヴァーサは反乱を起こし，ついに1523年6月6日（同月同日は今日でも建国記念日でスウェーデンの祝日），彼はストックホルムから約60キロメートル西のストレングネースの大聖堂前で国王に選出されました。これによりスウェーデンはカルマル連合王国からの離脱を果たしたのです。

　カルマル連合王国に対する評価は色々分かれるところです。北ドイツと反目していたデンマークにとっては3ヶ国の結束した姿を見せることは多少の圧力になり，国益につながったでしょう。しかし，スウェーデンは過酷なデンマークの代官や税の厳しさなどを被るばかりで国益にはあまりつながらず，ノルウェーは最終的にはデンマークの属領となったので，最も屈辱的な結末を迎えた事件となりました。

III. 北欧の近代

　カルマル連合王国がスウェーデンの離脱によって終わりを迎えた後，現在の北欧と呼ばれる地域には政治的に2つのグループがありました。一方が同君連合国のデンマーク＝ノルウェーと，そのもとに属するグリーンランド，アイスランド，フェーロー諸島，スレースヴィ公爵領，ホルシュタイン公爵領，そして南スウェーデン（当時はブレーキンゲ，スコーネ，ハッランドがデンマーク領）でした。もう一方のグループにはスウェーデン及びその属国であるフィンランドが属していました。各グループの中心となる国がデンマークとスウェーデンであり，16世紀後半から互いにバルト海における覇権をめぐって争う時代に入ります。これから後の2つの節では主にデンマーク側からみた，スカンジナビアの歴史をたどります（フィンランドの歴史については第4章を参照。なお，話題が地理的にスカンジナビアとフィンランドを含んだり，現在に関わる場合は，北欧と表記。また，固有名詞については一部デンマーク語表記）。

1. 宗教改革

　世界史的にも重大事件である宗教改革の波が北にも押し寄せ，スカンジナビアにおける近代が始まります。具体的には，1517年に北ドイツで始まったルターによる宗教改革は，地理的に近いスカンジナビアにも1520年代に伝わってきます。最初に本格的な動きを見せたのがスウェーデンでした。当時のスウェーデンは，「わが国は荒廃し，どうにもならない状況である」と国王グスタヴ・ヴァーサ（在位1523〜60年）が嘆いたほど国土は荒れ果て，経済は壊滅的な状況でした。この状況を打開するために国王は，1527年にヴェステルオースで議会を召集し，貴族，聖職者，商人，農民の4身分が集まりました。グスタヴは国家の窮状を訴え，最終的にはカトリック（旧教）教会や修道院が所有する土地と財産を国が接収することやルーテル派の教義を認めさせました。この議会での決定により，国王は誕生したばかりの新国家における財政基盤を築くことができるようになりました。さらに，スウェーデンでは旧教の時代とは異なり，国家が中心となっ

て教会を支配する，いわゆる国家教会制度が成立します。こうしてスウェーデンでは，旧教（カトリック）から新教ルーテル派への改宗が一気におこなわれました。そして結果的に，国家を代表する国王が，宗教改革を通じて経済的な基盤と教会を支配する権力を手に入れることに成功したのでした。

　デンマークでも伯爵戦争（1534～36年）と呼ばれる内戦の後，1536年8月に国王クリスチャン3世（在位1534～59年）は，突然カトリック司教全員を逮捕・監禁します。そして，スウェーデンと同じように教会財産を接収し，首都に召集された会議（国王顧問官，貴族，市民，農民が参加）でルーテル派への移行が正式に認められました。この後，国王は司教に代わる監督を任命したり，コペンハーゲン大学を再興して新教に基づく聖職者を養成しました。また，1537年には，デンマーク国教会の基本的なことを定めた教会規則が制定されましたが，その内容はルターのお墨付きを得たものでした。さらには1550年にデンマーク語訳聖書が出版されるなど，一連の改革が短期間に進んだのでした。

　ノルウェーは当時，デンマークと共通の国王を持ったデンマークの同君連合王国でした。そのノルウェーにおける宗教改革は，デンマークからの圧力でニーダロス（現在のトロンハイム）の大司教が亡命した後，ルーテル派の監督が任命されたことで，すみやかに実現しました。ただ，ノルウェーは過去に廃位されたクリスチャン2世（在位1513～23年）を支持したという理由で，1536年以降はその独立していた地位を低下させ，デンマークの地方のひとつとなります。一方，新教への移行に最も抵抗を示したのがアイスランドでした。現地でデンマーク人代官が暗殺されるという事件を受けて，デンマーク本国がアイスランドに軍艦を派遣するなどしたため，ようやく1551年にはアルシンギ（全島集会）で新教の導入が正式に認められました。

　以上のようなスカンジナビアを中心とする北欧の宗教改革は，いずれも教義に関する深い議論がおこなわれない中，ドイツやフランスなど他の西欧諸国と比べると，血を流さず平和的に実現しました。そして，なにより改革自体が王権の拡大する時期と同じであったことが特徴的です。また，

この大改革が進む過程で聖書が北欧各国語に翻訳され，国語が発展する契機にもなりました。さらに，現在の北欧においても，その大半の国で新教ルーテル派が国教の地位にあります（スウェーデンでは2000年に国教でなくなりました）。このことからも，北欧各国において宗教改革が果たした役割の大きさをうかがい知ることができます。

2．バルト海における覇権争い

　宗教改革を経験したスウェーデンとデンマークは，それぞれに国王を中心とする新たな国家体制を整えていきます。スウェーデン国王グスタヴ・ヴァーサは官僚制や軍隊を整備するなかで中央集権化を進め，近代国家としての基礎を固めました。王位継承も世襲制としたため安泰でした。

　一方，デンマークは選挙王制をしき，王位継承は高位貴族たちによる選挙で決まりました。クリスチャン3世にとって，長男フレデリックの王位継承は既に認められてはいたものの，急激な改革が続いたため将来については不安がありました。例えば国外にはドイツ皇帝と近い関係にあった先王クリスチャン2世の娘たちがいましたし，独立をはたしたスウェーデンも潜在的な脅威でした。そこで，クリスチャン3世はドイツ皇帝をけん制するために，北ドイツの諸侯や都市と協定を結び，さらに1541年にはもともと親戚関係にあるグスタヴ・ヴァーサと50年間に渡る軍事同盟（ブレムセブルー条約）を結びました。そのためグスタヴ・ヴァーサとクリスチャン3世が共に存命中は，両国が戦争をおこなうことはありませんでしたが，後の世代ではバルト海での覇権争いが現実となりました。具体的には16世紀後半から約1世紀間に実に5回もの戦争が両国間で起こっています。争いの舞台となるバルト海では，それまでハンザ同盟が優位を保っていましたが，先の伯爵戦争後しだいに衰退していました。代わりに台頭してきたのが商業国家オランダでした。また，西に向かって拡大しようとするロシアも存在感を増していました。

　1562年には，先のブレムセブルー条約の更新協議が，スウェーデンとデンマークの間でおこなわれましたが，結局交渉は決裂し，両国間の緊張が増すことになります。一方，スウェーデンはバルト海東部における足場を

固めるためにエストニアを併合し，ポーランドとの対立を引き起こします。また1562年にはフィンランド湾を封鎖したため，ロシアとの関係も悪化します。このようなスウェーデンの動きをみて，デンマークはロシアと同盟を結ぶことになりました。

（1）北方七年戦争（1563〜70年）

　デンマークとスウェーデンの最初の戦争が北方七年戦争です。ポーランドやハンザ同盟とも結んだデンマーク国王フレデリック2世（在位1559〜88年）側から宣戦布告がなされました。直接の原因は国章における3王冠の使用をめぐっての争いとバルト海における覇権争いでした。デンマークは傭兵を用いているため，短期決戦を目指しますが，戦局は膠着状態が続きました。1564年9月，スウェーデン国王イェーリック14世（在位1560〜68年）の軍隊がブレーキンゲ地方のロンネビーという町で大虐殺をおこないました。その様子はイェーリック14世の日記にも記されています。「川は血で赤く染まり，2千人以上の者が亡くなった。女や子供も殺戮された」。これが歴史上「ロンネビーの血浴」と呼ばれるもので，犠牲者の数はストックホルムの血浴とは桁違いの規模でした。その報復としてデンマーク側もエーランド島で略奪をおこなっています。イェーリック王はまもなく兄弟の確執により廃位され，弟のユーハンが王位を継承したことで，戦争が終結へと向かいます。結果としてこの戦争は明らかな勝負がつかず，神聖ローマ皇帝やポーランドの仲介によって講和が結ばれました（シュテッティンの講和）。外交的にみるとゴットランド島領有が認められたり，賠償金を獲得するなどデンマーク側に有利なものとなりました。ただ3王冠の使用については未解決なままでした。

　この後デンマークに，歴史上最も長い在位期間を誇るクリスチャン4世（在位1588〜1648年）が登場します。彼は当時ヨーロッパで流行していた重商主義政策を採用し，アイスランド会社や東インド会社を創設したり，首都に衣類を作るマニュファクチャーを設置しました。さらにクリスチャン4世は別名「建築王」とも呼ばれ，証券取引所，円塔などについては自ら図面を引いて，建設を指示したと言われています。また1624年にノルウ

ェーのオスロで大火災があった際，その復興に貢献した彼の名前をとって，そこはなんと1925年までクリスチャニアと呼ばれました。しかし，クリスチャン4世は対外戦争においては敗戦続きで，特にスウェーデンとは在任中にカルマル戦争，トシュテンソン戦争を戦いますが，やはり決定的な勝利をおさめることはできませんでした。また，1625～29年にかけて三十年戦争という当時の大きな国際戦争にも，新教側の代表として意気込んで参戦しましたが，ワレンシュタイン率いる皇帝・旧教諸侯軍の猛攻撃を前にあっけなく敗退してしまいました。

（2）カルマル戦争（1611～13年）

　スカンジナビア半島北部のラップランドにおける支配権をめぐって，スウェーデン側からデンマークへの挑発がおこなわれたため，カルマル連合王国の再興を狙うクリスチャン4世は，周囲を説き伏せてスウェーデンに宣戦布告をおこないました。これがカルマル戦争で，デンマークは数ヶ月でカルマル城を陥落させました。その一方で，スウェーデンの王太子グスタヴ・アードルフは，ブレーキンゲ地方にあるデンマークの都市クリスチャノーペルを攻め，兵士達は住民に対し無慈悲な虐殺や略奪をおこない，町は壊滅的な被害をうけました。しかし，その後スウェーデン国王カール9世が急死したため，王太子のグスタヴがグスタヴ2世アードルフ（在位1611～32年）として王位を継承しました。1613年にはイギリスの調停で講和が成立します。軍事的には北方七年戦争と同じく勝敗がつきませんでしたが，講和の内容は賠償金とラップランドの支配権を得たデンマークにとって有利なものでした。グスタヴ2世アードルフ王は，その軍事的才能で世界に知られた人物です。彼は三十年戦争において，敗退したクリスチャン4世に代わって新教側を率い，スウェーデンが戦勝国となることに貢献します。デンマークにとってこのカルマル戦争は，後に「北欧の獅子王」と呼ばれる若きグスタヴ2世アードルフ王の実力の一端を垣間見た戦争となりました。

（3）トシュテンソン戦争（1643〜45年）

　スウェーデンの将軍トシュテンソンは，宣戦布告することなく突然1643年12月に，デンマーク南部の国境線を越えて侵攻し，戦争が始まりました。デンマーク側ではこれを彼の名をとって，トシュテンソン戦争と呼んでいます。スウェーデン軍はまもなくスレースヴィとホルシュタインの両公爵領を含むユトランド半島全域を占領し，スコーネ地方までも手に入れました。キール湾のコルベアウア・ハイデでおこなわれた大海戦では，クリスチャン4世が戦闘による負傷で右目の視力を失いますが，負傷してもなお先頭にたって指揮をとった彼は伝説的な英雄となります。世界遺産であるデンマークのロスキレ大聖堂にはその勇姿が描かれています。

　1645年に結ばれた講和条約は，スウェーデンの快進撃を象徴していました。デンマークはバルト海支配の拠点であるゴットランド島やノルウェー中央部の領土を失い，さらには現在の南スウェーデンに位置し当時はデンマーク領であったハッランドも，スウェーデンが30年間租借することになりました。このようにクリスチャン4世最晩年の戦争は，スウェーデン側の鮮やかな勝利に終わり，デンマークはバルト海における覇権争いからは脱落し，以後衰退の道を歩むことになりました。それを象徴するのがクリスチャン4世の王冠です。即位した時のデンマークは財政的に豊かでしたが，たび重なる戦争により財政が圧迫され，晩年にはその煌びやかな王冠を質入しなければならなくなりました。

　なお，スウェーデン国王グスタヴ2世アードルフ自身は，三十年戦争中に戦死しましたが，宰相オクセンシャーナが内政をしっかり支えました。結果的にスウェーデンはこのトシュテンソン戦争に勝利したことでヨーロッパにおける大国の仲間入りをはたすことになります。その領域はバルト海南岸地域にもおよび，「バルト海帝国」と呼ばれました。グスタヴ2世アードルフの後を継いだのは一人娘のクリスティーナ（在位1632〜54年）でした。彼女は18歳の時に親政を始めますが，統治よりも哲学や文化に関心がありました。クリスティーナ女王は28歳で王位をいとこのカール・グスタヴに譲ります。そして退位後は正式にカトリックに改宗し，ローマに移住してしまいました。後を継いだカール・グスタヴはカール10世（在位

1654～60年）となり，デンマークと2回にわたる戦争を戦います。

（4）カール・グスタヴ戦争と絶対王制の導入

　父王クリスチャン4世の敗戦の恨みを晴らしたいと願っていたデンマーク国王フレデリック3世（在位1648～70年）は，約10年に渡る準備の後，スウェーデンと2度に渡る戦争（カール・グスタヴ戦争，1657～58年，1658～60年）を戦います（スウェーデンでは「デンマーク戦争」と呼ばれています）。しかし，軍事的にはスウェーデンが勝っていたためデンマークは戦争に敗れ，結果的に，スカンジナビア半島南部の肥沃な領土を全て失います。一方のスウェーデンは，三十年戦争をきっかけに領土を拡大中で，例えば第1次カール・グスタヴ戦争が終わった1658年には，デンマーク領であった南スウェーデン及びボンホルム島やノルウェー北西部（ブーヒュース，トロンハイム）も領有するなど，1658～60年にかけて一時史上最大の領域を獲得しました（1660年のコペンハーゲン条約でボンホルム島とノルウェー北西部はデンマークに返還）。

　戦争に敗れたフレデリック3世は，財政を立て直すために身分制議会（貴族，聖職者，市民）を召集しました。議会の開催中，これまでの選挙王制から世襲王制に移行しようという動きが突然，市民側より出てきます。これには特権を失うことになる貴族が反対しましたが，最終的には特権を維持するという条件のもと，平和的に世襲王制への移行が決定されました。その後は着々と集権化が進行し，さらに数ヵ月後には，諸身分（貴族，聖職者，市民）から提供されたという形で，一気に絶対王制までもが成立しました（1661年）。

　そして，デンマークでは1665年に，誕生したばかりの絶対王制をより強固なものにするため，国王の絶対的な権力が記された「国王法」が制定されました。これは当時，王権神授説で絶対王制を正当化していた他の西欧諸国とは異なる独自の動きです。

　スウェーデンでは戦争末期に亡くなったカール10世の後，デ・ラ・ガルディら有力貴族が集団指導体制をしくことになります。この動きに反発して，つぎの国王カール11世（在位1660～97年）は，国王が政治の主導権を

握る絶対王制を成立させます。カール・グスタヴ戦争の後，デンマークとスウェーデンでそれぞれ絶対王制が成立することは注目に値します。両者の異なる点のひとつは身分制議会の存在です。スウェーデンではずっと開催されていましたが，デンマークでは絶対王制成立以来1836年まで身分制議会は開催されませんでした。

（5）スコーネ戦争（1675〜79年）

　1674年，スウェーデンはブランデンブルク（後のプロシア）を攻撃しますが，フェールベリンで大敗北を喫します。デンマークはオランダと結んでいた同盟の関係上その紛争に介入する義務があり，宿敵スウェーデンに奪われた領土の回復を求めて，再びスウェーデンと戦争をおこないます。戦争は全体としてデンマークに有利に展開し，次々に旧領土を占領しました。そして1676年には，デンマーク史上最も凄惨な戦闘のひとつとして知られている死闘が，スウェーデン南部のルンドで繰り広げられます。死者がデンマーク側5000人，スウェーデン側が3000人を数えたこの戦いは，結局デンマークが敗れました。その結果デンマークに占領されたスコーネ地方は再びスウェーデン側に渡りました。スコーネ戦争の講和条約は，フランス国王ルイ14世の仲介のもとフォンテンブローで結ばれました。その主な内容はデンマークへの領土割譲は一切ない中で，全てを戦争前の状態に戻すというものでした。海上での戦いを有利に進めていただけにデンマーク側の失望は大きく，大国フランスの力を思い知ることになりました。

　なお，スコーネ戦争を通じて，西欧列強によるスカンジナビア支配に対する脅威を感じたデンマークとスウェーデンは，1679年9月に防衛同盟を結びます。そしてこの同盟を機に，クリスチャン5世の妹ウルリッケ・エレオノーラとスウェーデン国王カール11世との婚約が成立しました。これはそれまで長い間反目しあってきた両国にとって全く新しい動きでした。

　スコーネ戦争後，国力の伸張と共にスウェーデンはカール11世時代に，先に述べた絶対王制が成立します。そしてその時代には経済を立て直すために，クリスティーナ女王時代に貴族の手に無償で渡った土地の強制収用がおこなわれ，国有地が急増したのでした。

　スウェーデンがカルマル連合王国より離脱して以来，デンマークではフレデリック2世を始め合計4人の国王がスウェーデンとの戦争に臨みましたが，結局だれも決定的な勝利をあげることができませんでした。その結果，中世以来スカンジナビア半島に所有し続けてきた領地を完全に失い，オーレスンド海峡の両側から，通行する船ににらみを利かすこともできなくなりました。軍事的には初めこそ互角でしたが，しだいに天然資源や組織力を持つスウェーデンが勝利を重ね，デンマークはバルト海における覇権を失い，国運が衰えていきます。一方，スウェーデンはヨーロッパの大国となるまでに発展し，スカンジナビアにおける勢力バランスは均衡を欠くことになります。そして，それを快く思わない国が18世紀になると干渉してくるのです。

IV.　スウェーデンの衰退と新しい北欧

　18世紀のスカンジナビアは前半に大北方戦争（1700～21年）がおこなわれ，これまで宿敵関係にあったデンマークとスウェーデンの争いに，一応の決着がつきます。そして今度は，ロシアがバルト海地域へ積極的に進出してきます。その後18世紀後半にかけてスカンジナビア諸国は，農業が発展し商業的にも繁栄する国内発展の時代を迎えることになります。また北欧は19世紀初頭にナポレオン戦争を経験しますが，それが大きな転機となり，外交においても内政においても新しい段階を迎えることになります。

1.　大北方戦争（1700～21年）

　18世紀を迎えるとすぐに，北欧では大国となったスウェーデンに対する戦争が起こりました。ロシアのピョートル大帝，ポーランド王でザクセン選挙候のアウグスト2世，デンマーク＝ノルウェー王のフレデリック4世（在位1699～1730年）が秘密同盟を結び，スウェーデンの強大化に反対して戦いを挑んだのです。初め順調に勝利を重ねていたスウェーデン国王カール12世（在位1697～1718年）は，1709年にポルタヴァの戦いでロシアに敗れ，トルコに約6年間亡命しました。その後も戦いは続きますが，スウェーデンは次々に領土を失います。1718年のカール12世の戦死後，スウェ

ーデンは1720年にデンマークと，1721年にはロシアと講和条約を結び，約20年に渡った戦争は終結しました。この戦争の結果，スウェーデンはバルト海南岸領土の大半を失い，もはやヨーロッパやバルト海における大国ではなくなりますが，逆にスカンジナビアの中では勢力均衡が保たれるようになります。しかし，バルト海においては代わってロシアが覇権を握り，スウェーデンを牽制しながら大国化への足がかりをつかむことになりました。スウェーデンの宿敵であるデンマークは，最終的に戦争で失ったスコーネ地方を奪い返すことよりも，スウェーデンとうまく付き合って平和を維持する道を選択しました。なお，この講和を記念して平和を象徴するフレーデンスボー城（コペンハーゲンの北約20キロメートル）が建てられています。

　大北方戦争後のスウェーデンは，歴史上「自由の時代」と呼ばれる時期を迎えます。これは王権からの自由という意味で，1772年にグスタヴ3世が王権を強化するまでの間，貴族，聖職者，市民，農民からなる議会の決定が国を動かしていきます。ハット（三角帽子）党とメッサ（ナイトキャップ）党という2大政党が成立し，おもに外交政策をめぐって争いました。ハット党はフランス，メッサ党はロシアやイギリスと通じますが，自由の時代の末期には買収が頻繁におこなわれ，政治は腐敗しました。そして1772年，議会の力が弱くなったのをみて，当時の国王グスタヴ3世はクーデターを起こして王権を強化します。これにより絶対王制が復活することになります。オペラを愛する王は学芸を保護し文化興隆の時代を築きますが，外交で失敗し，最後には仮面舞踏会で暗殺されてしまいました（1792年）。

　一方，デンマークではスウェーデンの「自由の時代」とは正反対に絶対王制が発展していきました。クリスチャン6世（在位1730〜46年）は絶対王としての権力を行使して宗教面を強化しました。フレデリック5世（在位1746〜66年），クリスチャン7世（在位1766〜1808年）時代は，優秀なドイツ系官僚が中心となって政治を主導する，いわゆる絶対主義的官僚政治の時期を迎えます。なかでも外交面では中立政策をとり，これが商業面における繁栄をもたらしました。農業生産も，18世紀後半から末期にかけ

ておこなわれた農業と農民に関わるさまざまな改革により，飛躍的に伸び，穀物輸出も盛んになりました。

　なお，スカンジナビア内では18世紀後半にこれまで以上の新しい協調の動きが出てきました。それは武装中立同盟という軍事面における協調です。デンマークはオーストリア継承戦争や七年戦争（1756〜63年）で，中立国としての地位を利用して，商業的に繁栄しました。アメリカ独立戦争の際も同様です。しかし，イギリスは敵国まで利するこの中立の下での商業活動に苛立ちを隠せず，通商妨害や時には商船を攻撃・拿捕する手段をとりました。そのなかで外交的に良好な関係にあったデンマークとロシアは，デンマークが提唱する中立国における通商権保護の協定を結び，これにスウェーデン，オランダ，プロイセンが加盟し，第1次武装中立同盟が成立しました（1780年）。これは19世紀の国際法において確立していく戦時中立制度のさきがけでもありました。

　アメリカ独立戦争が終わり束の間の平和が訪れますが，今度はフランス革命に付随する戦争が始まりました。そこで1794年，デンマークとスウェーデンはそれまでの反目をすてて，中立国の権利を守るための同盟を結びます。イギリスも当初は中立を認めてはいましたが，しだいに敵国フランスと中立国との貿易を取り締まるようになりました。そのような中でデンマークはロシアの提唱する新たな武装中立同盟にスウェーデンやプロシアと共に加盟しました。これが第2次武装中立同盟です（1800年）。これに対する報復として，デンマークは翌1801年にはイギリスのネルソン提督らが率いる艦隊の攻撃を受け，中立同盟からの離脱を強いられました（碇泊地の戦い）。まもなくロシア皇帝が暗殺されたため，結局この武装中立同盟も消滅してしまいます。これらの出来事により，デンマークは同盟のもろさと，めまぐるしく変化する国際情勢を冷静に判断することの大切さを思い知ります。

2．19世紀の新しい北欧

　19世紀初頭の北欧には同君連合王国デンマーク＝ノルウェー，そしてスウェーデンとその属国フィンランドという，2つのグループがありました。

とくにデンマーク＝ノルウェーはアイスランド，フェーロー諸島，グリーンランド，スレースヴィ公爵領，ホルシュタイン公爵領，海外領土・拠点（西インド諸島，アフリカ黄金海岸，インド洋上ニコバル諸島等）を持つ多民族国家でした。しかし，ナポレオンの登場により北欧の勢力範囲も大幅に変更されます。さらに自由主義や民族主義の影響を受けて，デンマークでは絶対王制が終わりを迎え，新しい動きとしては国境を超えて地域で協調しようとするスカンジナビア主義もみられました。世紀後半には北欧でも近代工業が本格化し，新しい階層である労働者が登場します。それに伴う人口増加によって都市が発達しますが，一方で社会主義も広まり，政治的な対立が激しくなります。またフィンランドやノルウェーでは独立への動きが見られますし，スカンジナビアを中心に北欧から新大陸への移民が増えるのもこの時期でした。

（1）ナポレオン戦争

　フランス革命に続くナポレオンの登場によって，北欧は大きな影響を受け翻弄されます。とくに海軍力を持っていたデンマークは英仏の争いに巻き込まれ，最終的に全艦隊をイギリスによって曳航されてしまいます（1807年）。これによってデンマークはナポレオン側につくことを決意し，そしてこれが後の運命を決することになります。一方スウェーデンはイギリス側についたため，一時武装中立同盟で協力関係にあったデンマークとスウェーデンは，以前のような対立関係に逆戻りします。

　そして1809年，スウェーデンは大きな政治的変化を経験します。まず，国王グスタヴ4世（在位1792～1809年）がクーデターにより政権の座を追われ，新国王カール13世（在位1809～18年）のもとで「1809年の統治法」が公布されました。その主な内容は三権分立を明確化し，国会の課税権を認め，信仰の自由や財産権の条項も含むものでした。この統治法は時代に合わせて修正こそされましたが，その基本理念の多くは1970年代まで引き継がれました。

　この後スウェーデンは外交的にも，フィンランドをロシアに譲り渡すという思い切った政策をとります。さらに，1810年にはナポレオンの右腕で

あったベルナドッテ元帥を次期王位継承者として迎えました。彼は後にカール14世（在位1818〜44年）となりますが，1812年にはロシアと手を結び，海を隔てたフィンランドの再獲得よりも地続きのノルウェーを手に入れる政策転換をおこないます。

　デンマークは，ナポレオンの没落と共にスウェーデンとの戦争にも敗れ，1814年のキール講和条約で戦争を終結させます。この条約によりデンマークは，400年以上に渡って命運を共にしてきたノルウェーをスウェーデンに割譲することになりました。この結果，現在の北欧と呼ばれる地域における当時の政治勢力はデンマーク（アイスランド他を含む），スウェーデン＝ノルウェー，ロシアの大公国フィンランド，の新たな3グループに分かれることになりました。

　そして，そのノルウェーはスウェーデンとの連合を拒否し，独自のエイッツヴォル憲法を制定しました。さらに独自の国王をも選出しましたが，スウェーデン軍との戦いに敗れ，最終的に1814年10月，ノルウェー国会はスウェーデンとの連合を受け入れます。それにより外交と軍事はスウェーデンに支配されますが，幸いにも自由主義の影響を強く受けたエイッツヴォル憲法を持つことが認められました。

　このように北欧は，1809年から僅か5年の間にかつてない大きな変化を経験したのでした。

（2）新しい北欧のはじまり

　19世紀はまた，汎スラブ主義，汎ゲルマン主義のように同じ民族がひとつにまとまろうとする動きが世界中で見られた時代でもありました。スカンジナビアを中心に北欧（とくにデンマーク）ではまず文学面でそれが現れ，そして学生たちの間に広がり，政治面でクライマックスを迎えます。これが「（汎）スカンジナビア主義」と呼ばれるもので，同じ神話を持ち，「北欧は古来よりひとつ」というスローガンが掲げられ，北欧諸国の連帯が各地の学生集会などで叫ばれました。この学生集会でデンマークのオーラ・レーマンのような政治家が演説をおこない，集会自体がしだいに政治化していきました。そうした中，デンマークの絶対王制に極めて大きな変

化が起こります。1848年3月に，コペンハーゲン市民が自由主義憲法を要
求する行進を王宮に対しておこなった際，国王側もその要求をすんなり受
け入れたのです。そのため約200年間続いた絶対王制が，流血を伴わず静
かに終わりを告げました。また，1849年には自由主義の影響を受けた憲法
が公布されました。

　さて，先述のスカンジナビア主義における政治的連帯の動きは，過去に
は宿敵関係にあった王室レベルでも盛んにみられました。デンマークとス
ウェーデンの国王同士が相互に訪問しあい，軍事演習の視察もおこなうよ
うになったのです。もっとも当時のデンマーク国王フレデリック7世（在
位1848〜63年）には世継ぎがなかったことも関係して，スウェーデン側が
積極的でした。この連帯の強さはデンマークとプロシアの間で起こった2
度にわたるスレースヴィ戦争（1848〜51, 1864年）で試されます。1度目
はスウェーデンからデンマークに小規模な志願兵中心の軍隊が派遣されま
すが，2度目は期待した軍事援助をデンマークは得ることができませんで
した。国王同士が中心になって進めたこの政治的スカンジナビア主義には
限界があり，1864年10月のデンマークの大敗北と共に事実上幕を閉じまし
た。その結果，スカンジナビアは再び以前の2グループ（デンマークとス
ウェーデン＝ノルウェー）に分かれた状態に戻り，各国はそれぞれの事情
に応じた国内発展に努めるのでした。

　19世紀後半のスカンジナビアは，1864年以降，2つのグループに分かれ
て一見別々の道を歩んだようでした。しかし，労働運動においては，スカ
ンジナビアの労働者同士が国境を越えて結びつき，1886年にスカンジナビ
ア労働者会議を開催するなど，民間レベルで互いに協力しようという動き
がでてきます。さらに，1869年にはスカンジナビア3ヶ国の間で郵便協力
が成立しています。金融面では1873年に，まずデンマークとスウェーデン
の間で互いの通貨の使用を認め合うスカンジナビア通貨同盟が成立し，こ
れにノルウェーは国会の同意が遅れたため2年後に加わっています。この
1875年に，現在も使用されている通貨の単位であるクローネが登場したの
でした。さらに1880年にはスカンジナビア3ヶ国で共通な為替法が発効し
ています。それまでのスカンジナビア内における結合や協力は政治面が

中心であったことからすると，19世紀後半のスカンジナビア諸国間の協力は多方面に渡り，しかも質的に大きく変化していることがわかります。そしてこれが現在，公私にわたって強いつながりをもつ北欧諸国間における協力の源となっているのです。カルマル連合王国の成立以来，スカンジナビアはひとつにまとまろうとする動き（結合・協調）といくつかのグループに分かれる動き（離反）を繰り返してきました。そこから学んだ教訓が，この1864年以降の新しい協力関係に反映されているのです。さらに，当時の国際関係を考えると小国は列強の前では無力であり，小国同士が協力せざるを得ない面があったこともまた確かです。

　最後にノルウェーの独立について記しておきます。北欧のなかで独立を達成したのは1523年のスウェーデン以来という大事件だからです。ノルウェーでは海運業や水産業の発展に伴って，スウェーデンに外交権を握られていることへの不満が高まっていました。それは海外におけるノルウェーの権益をスウェーデンが十分に擁護していないというものでした。このためノルウェーはスウェーデンに領事館の分離を繰り返し要求してきましたが，合意には達しませんでした。そして1905年6月，領事分離法案がスウェーデン国王の拒否権により阻止されたことでノルウェー内閣は総辞職しましたが，スウェーデン国王が後任内閣の指名をおこなわなかったため，ノルウェー国会はそれを逆手にとってスウェーデンとの同君連合の解消を満場一致で採択しました。8月にはノルウェー独立決議が国民投票により圧倒的多数で承認されました。これに対してスウェーデンは，欧州の情勢安定を望む列強からの圧力もあって，9月にノルウェー独立を容認するカールスタード協定に調印しました。11月，ノルウェーはデンマークの王子を新ノルウェー国王ホーコン7世として迎え入れ，新生国家のスタートを切りました。これによって現在の北欧と呼ばれる地域における当時の独立国は，スウェーデン，デンマーク，ノルウェーとなり，独立を果たしていないのはアイスランドとフィンランドの2国のみとなりました。

V．20世紀の北欧

　20世紀は「戦争と革命の時代」であったとよくいわれています。人類は

史上初めて世界規模の戦争や社会主義革命などを経験しました。北欧にとっての20世紀もまた激動の時代でした。北欧はこうした歴史の大きなうねりの中に引き込まれ，大国の思惑に翻弄されながら，国家の存亡を懸けた戦いを余儀なくされました。しかし，大きな代償を払いながらも国家の危機を切り抜け，福祉国家としての礎を築き上げていきました。

1．第一次世界大戦—北欧の中立

　19世紀になり，ヨーロッパでは産業革命の結果，蒸気機関に代表される技術革新によって大量生産・運搬が可能となり，近代的な産業資本主義社会への移行が始まりました。それと同時に，ヨーロッパ列強間では原材料と市場を確保するための海外植民地の獲得競争が激しくなり，世界の分割をめぐる帝国主義政策の対立が先鋭化してきました。それが20世紀の初頭には，三国同盟（ドイツ・オーストリア・イタリア）と三国協商（イギリス・フランス・ロシア）というブロック間の対立へと発展し，1914年6月のオーストリア皇太子暗殺（サラエボ事件）をきっかけに第一次世界大戦へと突き進んでいきました。

　北欧を取り巻く情勢が緊迫化してくるなか，1914年8月にスウェーデン，ノルウェー，デンマークの3ヶ国は「いかなるかたちにおいても戦争には関与しない」ことを誓い合いました。さらに同12月にはスウェーデン王グスタヴ5世の呼びかけにより，同国南部のマルメで北欧3ヶ国の国王会談が開催され，北欧は戦争の圏外にとどまるとする共同中立宣言を発表しました。こうした国王会談は戦時中の17年にもノルウェーのクリスチャニア（現在のオスロ）で開催され，中立継続の意思を再確認しました。近代的な立憲君主制のもとで，国王の政治的な権限は既に名目的なものとなっていましたが，3ヶ国の国王が一堂に会して政治的な共同宣言を発したことは，中立に向けての堅固な意思と「北欧の新たな結合」を国内外に強く印象付けるものでした。

　しかし，交戦国のドイツはデンマーク，後にはスウェーデンに対し，イギリス海軍のバルト海進出を阻止するため北海とバルト海を繋ぐ海峡の封鎖を求め，これを受け入れない場合には占領も辞さないとの圧力をかけて

きました。結局デンマーク，スウェーデン両国はドイツからの機雷敷設要求を受け入れざるを得ませんでしたが，このために主要貿易国であるイギリスとの関係が悪化，さらには国内には戦争自体に巻き込まれることへの不安が高まりました。北欧への戦争波及の恐れは，食糧を国外からの輸入に大きく依存するノルウェーでは，食糧危機や物価高騰を心配した国民のパニックを引き起こしました。

　一方，ヨーロッパ中央部での戦局は当初の予想とは違って塹壕戦となり，長期戦の様相を呈するようになっていました。しかし，1917年にドイツは局面打開を狙って無制限潜水艦作戦を打ち出し，交戦国や中立国を問わずイギリス近海を航行する全ての船舶を無警告で撃沈することを宣言しました。このドイツの作戦は中立国の通商活動に大きな打撃を与えることになり，とくに海運業が主要産業であったノルウェー，デンマークには危機的な影響を及ぼしました。また，それまでアメリカは国内世論の関係から中立の立場をとっていましたが，自国国民の乗った客船がドイツ潜水艦によって撃沈されたことから，反ドイツ感情が一気に沸騰しました。ついにアメリカ政府は協商側に立って参戦することを決意し，これにより戦争の帰趨は事実上決することになりました。

　結局，第一次世界大戦はドイツを中心とする同盟側の敗北で終わりました。ノルウェーが保有船舶の約半分，船員2千人以上を失うなど北欧は大きな損失を被りましたが，戦禍が国内に及ぶことはなく，なんとか中立を保持するかたちで終戦を迎えました。

2．ロシア革命とフィンランド独立

　第一次世界大戦中，ロシア国内では深刻な食糧難からストライキが頻発し，それが帝政の打倒を求める革命運動に発展し，ついには1917年3月にロマノフ王朝が崩壊，さらに11月にはレーニンが主導するボリシェビキ（後の共産党）が権力を掌握し，ソビエト政権を樹立しました。レーニンは直ちに休戦・和平を求める「平和に関する布告」を出し，1918年3月にロシアはドイツと単独講和条約を結んで戦争から離脱していきました。

　ロシア帝国の自治大公国であったフィンランドにとって，ロシア革命の

勃発は独立気運を一気に高め，1917年12月にはフィンランド議会が独立宣言を採択しました。ソビエト政権は民族自決の立場からこれを承認しましたが，レーニンはフィンランドでも近く社会主義者による革命が起こり，革命政権との再結合が実現すると考えていました。一方，フィンランド国内では新国家の統治形態やロシアとの関係をめぐって農民・中産階層からなる保守派と労働者階級を中心とする革命派の意見が対立し，内戦にまで発展しました。結局，保守派の白衛軍が革命派の赤衛軍を打ち破り，フィンランドは1919年に共和国として新たな歩みを始めましたが，内戦中に戦死者1万人を超える大きな犠牲を払いました。

3．第二次世界大戦—北欧の分かれ道

　1919年，第一次世界大戦の戦後処理を話し合うためパリ講和会議が開催され，敗戦国ドイツに対するベルサイユ条約が結ばれました。この条約は戦勝国側が一方的にドイツを処罰する内容となっていました。戦後ドイツではドイツ帝国が崩壊し，民主憲法に基づくワイマール共和国が誕生していましたが，権力基盤の弱い新政府に当時「天文学的な数字」といわれた1320億マルクにおよぶ賠償金と軍事力の大幅な削減という屈辱的な要求が突きつけられました。ドイツ国内では急激なインフレが進行し，生活苦などから国民の不満が高まりましたが，それに追い討ちをかけるように，1929年の大恐慌がドイツ経済を襲い，不況から600万人もの失業者を生み出しました。こうしたドイツ国内の鬱積した不満をうまく利用し，台頭してきたのがアドルフ・ヒトラーでした。ヒトラーはヴェルサイユ条約の破棄，つまり賠償金支払いの拒否，再軍備，領土拡張などを主張し，1933年の総選挙で勝利し，合法的に政権を獲得しました。その後，ヒトラーは国内的には国家指導者への絶対服従をもとめる反民主的な独裁体制（ナチズム）を確立する一方，対外的には「生存圏」の獲得や共産主義打倒などを掲げて大ドイツ帝国の建設を唱えました。

（1）過酷な運命—フィンランド

　ヨーロッパ大陸に暗雲が漂い始めるなか，1938年にフィンランドを加え

た北欧4ヶ国は共同中立宣言を発表しました。これは第一次世界大戦での経験から，きたる戦争には北欧は再度一体となって中立を守り抜くとの意思表示でもありました。

　1939年9月，ドイツ軍がポーランドに侵攻し，これに対し英・仏両国がドイツに宣戦布告したことから第二次世界大戦が始まりましたが，北欧の中で真っ先に戦争に巻き込まれたのはフィンランドでした。大戦直前の8月，宿敵関係にあった独ソ両国が不可侵条約を結び，世界を驚愕させましたが，その付属文書には独ソ間の勢力圏分割に関する秘密の了解事項が含まれていました。ソ連はドイツ容認のもとバルト3国に続きフィンランドに相互軍事援助条約を提案してきました。ソ連側の狙いは，旧都で戦略的に重要なレニングラードの防衛強化のため，フィンランドにソ連の軍事基地を設けることにありました。しかし，フィンランドはソ連提案を主権の侵害であると拒否したため，11月にソ連軍がフィンランドに侵攻し，「冬戦争」が始まりました。戦争はソ連軍事力の圧倒的な優位さから短期戦で決着するとの予想に反し，地の利を生かしたフィンランド軍の奮闘により膠着状態となり，フィンランドに対する国際世論の同情も高まりました。しかし，国外からの支援は結局得ることができず，フィンランドは孤立した戦いを強いられることになりました。このためフィンランドは1940年3月にモスクワ条約を結び，カレリア地峡などの領土割譲とハンコ岬へのソ連軍駐留を認めさせられました。

　その後，フィンランドは過去からのソ連への不信感もあり，唯一ソ連の対抗勢力となりうるドイツに接近していきましたが，ドイツの同盟国とみなされることは慎重に避けていました。1941年6月に独ソ戦が始まると，フィンランドは「常なる脅威を除去するための自衛戦争」であるとしてソ連に宣戦布告をおこない，「継続戦争」に突入しました。一時，フィンランドは「冬戦争」での失地を奪回しましたが，1943年以降独ソ戦での戦況がソ連有利に逆転し始めると，ソ連軍の反攻も激しくなり，結局1944年9月，フィンランドはソ連との休戦条約を締結しました。その条件はカレリア地峡など全国土の10分の1にあたる領土割譲，ソ連海軍基地の設置，3億ドルの賠償，大幅な軍備削減，反ソ連団体の禁止など事実上の主権制

限を含む厳しいものでした。結果的にフィンランドはソ連と2度にわたり
戦争をおこない敗戦国となりましたが，このフィンランドで展開された戦
争は，第二次世界大戦の基本構図である「連合国対枢軸国の戦い」あるい
は「独ソ戦の一部」とする見方からでは捉えきれない複雑な様相をもった
戦争でした。

（2）被占領・抵抗・解放への道─デンマーク・ノルウェー

　ヒトラーは1939年9月のポーランド侵攻後，ソ連との合意に基づいて東
部戦線での戦闘を一旦中断し，デンマーク・ノルウェーへの侵攻計画であ
る「ヴェーゼル作戦」に着手しました。ドイツはスウェーデンから同国北
部で採れる良質な鉄鉱石を輸入しており，ドイツにとってその積出港であ
るノルウェーのナルビックとその海上輸送ルートの確保はとても重要でし
た。このため「ヴェーゼル作戦」の主眼はノルウェー占領にあり，デンマ
ーク占領はそのための踏み石，ノルウェーとの中継連絡地の確保と位置付
けられていました。

　1940年4月9日の早朝，ドイツ軍はデンマークとノルウェーを急襲しま
した。ドイツの侵攻は，中立宣言に加えドイツと個別に不可侵条約を結ん
でいたデンマークにとってはまさに寝耳に水でした。デンマークはドイツ
と国境を接している上，国土が平坦で「地政学的に防衛不可能」であった
ため，ドイツ軍の侵攻後ほぼ3時間で全土が制圧されました。このためク
リスチャン国王は無用の流血を避けるよう直ちに交戦停止命令を発しまし
た。一方，ノルウェーではドイツ侵攻部隊のオスロ到着前に，ホーコン国
王ほか政府閣僚・国会議長らが内陸部へと脱出することができ，国王はド
イツからの最後通牒を拒否しました。ノルウェーはその複雑な地形や英国
など連合国の支援もあり，2ヶ月にわたりドイツ軍に頑強に抵抗しました
が制圧され，6月に国王ほか要人が英国に亡命し，ロンドンに亡命政府を
樹立しました。

　このようにデンマークとノルウェーはともにドイツに占領されることに
なりましたが，その後の展開には大きな違いがありました。デンマーク
ではドイツ軍当局が内政不干渉の立場を表明し，形式的にデンマーク政

府・議会の存続を容認し，対外的なプロパガンダ（宣伝）に利用するため，「モデル保護国」の地位を与えました。デンマーク政府は当初，占領軍に協力姿勢を示していましたが，1943年以降独ソ戦でのドイツの戦局の悪化に伴い，デンマーク国内のレジスタンス運動が活発化し，組織化されていきました。このため占領軍は８月に戒厳令を発令し，軍の直接統治によりレジスタンス運動を力で押さえこもうとしましたが，かえってデンマーク国民の反発を買い，1944年７月には大規模なゼネストにまで発展，レジスタンス軍の地下活動など武力抵抗も展開されるようになりました。

　ノルウェーでは，ドイツ軍の侵攻直後，ナチズムに心酔するクヴィスリングが自らを首班とする国民連合政権の発足を発表しましたが，これはドイツ側にとって全く想定外の事態で，しかもノルウェー国民からの支持はほとんどありませんでした。一方，ロンドン亡命政府は早々と中立を放棄し，連合国の一員としてドイツと戦うことを表明し，本国に残る国民に対しては英国国営放送（BBC）のラジオを通じて徹底抗戦を指示しました。国民の多くは国王への忠誠を誓い，亡命政府の指示に忠実に従いました。教会や労働組合などの各団体はサボタージュなど非協力闘争を実施，軍事抵抗組織も編成され，占領軍へのレジスタンス運動は一貫して活発に展開されました。

　ヨーロッパ戦線における第二次世界大戦は，1945年５月にドイツの全面降伏により終結しましたが，デンマーク，ノルウェーにとっては５年間のドイツ占領からの解放となりました。最後は駐留ドイツ軍からの抵抗もほとんどなく，６月にはノルウェーのホーコン国王もロンドンから凱旋帰国し，国中が解放の喜びに沸きかえりました。

（3）中立の試練─スウェーデン

　北欧で最後まで中立を守り通すことができたのはスウェーデンだけでした。しかし戦後，大戦中にスウェーデンが下したいくつかの決定が国際法上の中立規範に反していたのではないかとの論議が国内外で繰り返されてきました。そもそも中立とは戦時国際法の概念で，19世紀以降，戦時における交戦国との権利・義務関係として確立されてきました。中立国と交戦

国との間では一般に平和関係が維持され，通商・移動の自由は確保されますが，中立国は，一方の交戦国に有利となるような支援をしてはならないとの公平義務，自国の領域や資源を戦争目的のために利用させてはならないとの防止義務，交戦国への軍隊・軍需物資の輸送・供給を禁止する義務などを負うことになっています。

　第二次大戦の前半，スウェーデンはまず北欧の友邦国との関係で苦渋の選択を迫られました。冬戦争時のフィンランドからの軍事援助要請やドイツ侵攻時のノルウェー国王・政府の亡命要請を，スウェーデン政府はいずれも中立を盾に拒否しました。政府は中立国の法的義務と友邦国への人道的支援を求める国民との板ばさみから大いに苦悩しますが，正規軍ではない義勇軍の派遣や戦争避難民への支援・軍事訓練などは黙認しました。

　より論議を呼んだのは，ドイツ軍将兵および軍需物資のスウェーデン領内通過の問題でした。スウェーデン政府はドイツからの強い圧力にさらされるなか，中立国の原則的な立場は守りながら，赤十字列車の利用，民需品の輸送あるいは休暇目的の非武装の将兵という形式をとって容認しました。しかし1941年6月，独ソ戦準備のためのドイツ軍完全武装師団の領内通過要求については，結局そのまま受け入れざるを得ませんでした。このときスウェーデン政府は「中立には限界がある」ことを認め，「最大の目的は独立を維持して戦争の局外に立つことである」と弁明しました。

　第二次世界大戦下におけるスウェーデンの対ドイツ政策は，軍事大国の圧力にさらされ，自国の存続も定かでない状況下での苦渋の決断であり，それを現在からの視点で単に法的あるいは道徳的問題として批判することは公平とはいえないでしょう。それはまさに小国の生きる術だったのです。

（4）アイスランドの独立

　両大戦を経るなかで，北欧にもうひとつ新たな国家，アイスランド共和国が誕生することになりました。アイスランドは14世紀末のカルマル連合以来，デンマークの支配下にありましたが，19世紀に入り独立運動が展開されるようになり，1874年に自前の憲法を制定，制限付きながら独自の立法権を有する議会（アルシンギ）を持つまでになりました。第一次世界大

戦後には，ウィルソン米大統領の唱える民族自決の原則に基づいてデンマークと交渉し，1918年，アイスランドは独立国としてデンマークと同君連合を形成することで合意しました。

　第二次世界大戦時，デンマーク本国はドイツの占領下に入りましたが，アイスランドにはドイツ軍の先手を打つかたちで英軍，のちに米軍が進駐しました。アイスランドはこの駐留軍を「友好的な占領」として受け入れました。こうしたなか，アイスランド内ではデンマークとの紐帯を断ち切って，完全独立を果たそうとの声が高まり，1943年に政府はデンマークとの連合条約破棄を決定しました。翌44年，この決定は国民投票での圧倒的な支持を得て承認され，政府はアイスランド共和国の独立を宣言しました。

４．冷戦─北欧の安全保障の模索

　ヨーロッパにおける第二次世界大戦は，1945年5月にドイツの全面降伏で終結しましたが，実は終戦前から米・英・ソの首脳間で戦後体制について話し合いがおこなわれてきました。それはヤルタ・ポツダム体制と呼ばれるものですが，戦後のドイツ管理問題やナチス支配から解放された地域，とりわけポーランドの問題をめぐり米ソ間の意見が激しく対立していきました。ソ連の指導者スターリンは自国の安全保障を確実なものとするために東欧に共産主義あるいは親ソ派の政権を擁立すべく膨張政策を推し進めたことから，米国のトルーマン政権は従来の協調姿勢を強硬路線へと切り替え，トルーマン宣言，マーシャル・プランを経て NATO（北大西洋条約機構）創設へと至り，ヨーロッパの分断が固定化されていきました。こうした米ソ間の対立状況を冷戦と呼び，それは1991年のソ連崩壊まで約50年にわたって続きました。

（1）北欧の戦後政治

　ドイツの占領という「暗黒の5年間」を経て解放されたデンマーク，ノルウェーにとり，国内の最優先課題は戦争で破壊された国内経済の復興と戦争犯罪者や対ドイツ協力者への処罰問題でした。後者については，戦争直後の高揚した国民感情もあって非常に高い関心を呼び，死刑制度は既に

廃止されていましたが，国家反逆法が遡及立法され，デンマークでは46名，ノルウェーでは25名が死刑となりました。

　スウェーデンは戦禍が国内に及ぶことを免れ，経済・産業基盤もほとんど無傷で終戦を迎えることができました。このため戦後の欧州復興特需の恩恵もあって，急速な経済成長を達成することができました。そして終戦直後から長く政権を担当することになった社会民主党は，完全雇用の確保，高度経済成長の実現，所得の公平な分配，物価の安定などを柱とする積極的な社会経済政策を推進し，福祉国家の基盤を創りあげていきました。時期的には少し後になりますが，他の北欧諸国でも社会民主主義政党が実権を握り，福祉国家体制への移行を進めていきました。

（2）冷戦下の北欧

　第二次世界大戦で苦難を経験した北欧諸国にとって，いかに戦後の自国の安全保障を確保していくかは何よりも喫緊な課題でした。北欧諸国は終戦直後に創設された国際連合に加盟し，戦勝国で構成された安全保障理事会による国際平和の確立に大きな期待を寄せていました。しかし米ソの対立から国連は機能不全となり，北欧を取り巻く国際環境にも再び緊張が高まりはじめました。こうした状況下で，まずスウェーデンが伝統的な中立志向に基づく北欧中立同盟構想を打ち上げ，北欧内で協議がおこなわれましたが，東西いずれの陣営にも依存せず独立した同盟を描くスウェーデンと西側からの軍事援助を前提とするノルウェーの意見が対立し，この構想はあえなく挫折しました。このため新たな対応に迫られた北欧各国は，自らの世界大戦での経験や地政学的な位置に基づいて独自の外交・安全保障政策を選択していくことになりました。

西側との同盟―デンマーク・ノルウェー・アイスランド

　デンマークとノルウェーはドイツによる占領経験などを通じて，これまでの中立路線では自国の安全保障を十分に確保できないとの判断から，1949年に創設された西側軍事同盟のNATO（北大西洋条約機構）に加盟しました。北欧からは非武装のアイスランドもNATOに加盟しましたが，

これら3国の加盟の背景にはアメリカからの積極的なはたらきかけもありました。アメリカは第二次大戦時にデンマーク領のグリーンランドやアイスランドに米軍基地を設置していましたが、戦後のソ連との軍事対立を見通して自国の防衛上からこれらの基地の継続使用を要求していました。米軍は戦後一旦撤退しましたが、NATO加盟と併行して、グリーンランドとアイスランドに関する個別の防衛条約を締結し、米軍が再駐留することになりました。

　ノルウェーとデンマークのNATO加盟に際しては、ソ連が反発し加盟を牽制する動きを見せたため、両国は平時においては外国軍の国内駐留を認めないことを約束しました。NATO加盟国でありながらデンマークとノルウェーはソ連を無用に刺激しないよう基地政策や非核政策などの自制措置を示して、ソ連との信頼醸成に努めました。

中立の堅持―スウェーデン

　戦後の北欧中立同盟構想が破綻したことで、スウェーデンはひとり従来の中立政策を堅持することを決意しました。

　スウェーデンの中立は、国際条約で保障されたスイスの永世中立や憲法に規定されたオーストリアの中立とは異なり、「戦時の中立を目的とした平時の非同盟」を目指した政府の外交基本方針であり、その意味で政府の判断で随時変更可能な法的義務を伴わない任意の政策でした。こうした前提のもとで、冷戦期にスウェーデンが目指したのは「重武装中立」というものでした。それは侵略国がスウェーデンへの攻撃はそのコストに見合わないと思わせる程度の軍事力を保持することで侵略を抑止し、中立を維持していくとの考えで、「ハリネズミ防衛」と呼ばれていました。このため軍事・経済・民間・心理という4つの分野からなる「全体防衛」という国防戦略を採り、中立政策の信頼性を確保するため平時から国防予算の重点配分、防衛産業の育成などに力を入れました。

　冷戦期の中立政策を外交実務面から見てみると、当初は東西両陣営間の橋渡しを務めるだけの消極的な性格のものでしたが、1960年代以降、東西間の緊張緩和が進展する中で国際平和や軍縮の分野で積極的なイニシャテ

ィブをとり，国際社会におけるスウェーデンの存在感を高めていきました。

ソ連との共存—フィンランド

　敗戦国フィンランドにはその歴史的・地政学的関係からいって，ソ連との共存以外の道はありえませんでした。フィンランド政府は，ソ連との2つの条約，つまり1944年の休戦条約を確認した47年のパリ講和条約と48年の友好協力相互援助条約（FCMA）を遵守し，ソ連の不安要因を少しでも除去することが自らの生きる道であることを十分自覚していました。そして，FCMA条約はソ連がフィンランドの中立を保障したものと位置づけ，東西両陣営間の橋渡し，例えば欧州安全保障協力会議（CSCE）などを通じた相互信頼醸成に積極的に取り組んでいきました。冷戦期のこうした対ソ連政策は当時の大統領の名前をとって「パーシキビ・ケッコネン路線」と呼ばれていますが，それはフィンランドがソ連の勢力圏にある衛星国ではなく，ソ連との善隣友好関係を基軸としながらも，自主的な中立国であり続けようと奮闘する小国の生き様でした。

（3）福祉国家の光と影

　内政面に目を転じますと，スウェーデンでは1960年代に「黄金の時代」と呼ばれる高度経済成長期を迎えました。国内経済の好況から国民所得が大幅に増加し，社会保険制度などが整備される一方で，労働力不足問題が深刻化し，女性や外国人を労働市場に組み入れるための環境整備が進められました。70年代に入ると，一転石油ショックなどから低成長期になり，「苦悩の時代」へと突入していきました。そこでは公共部門の肥大化や経済効率の低下，財政赤字の増大，高い税負担，国際競争力の低下，労働意欲の減退など「福祉病」と呼ばれる問題点が一気に噴出してきました。その後，国際経済の回復とともに社会民主主義政党に代わる保守・中道政権が民間活力の導入や歳出削減など「高福祉・高負担」の仕組みにメスを入れ，国内経済の立て直しに取り組みました。

おわりに

　バイキング時代，中世の大事件であるカルマル連合王国の成立から崩壊，そしてスカンジナビアの近代のはじまりの宗教改革，デンマークとスウェーデンのバルト海をめぐる覇権争いを通して，北欧の歴史を戦争を中心に概観してきました。スウェーデンがデンマークに打ち勝つとその勢力を北欧以外に求め，ロシア，ポーランド，北ドイツなどに派兵し，領土的拡張を続けますが，これらに反対したデンマーク，ロシア，ポーランドなどの国々と戦争状態となり，大北方戦争が勃発し，天才的な軍事の戦略家カール12世も戦死，スウェーデンはバルト海の大国から小国に転落します（カール12世は暗殺されたという説もあります）。ロシアのピョートル大帝はナルバの戦い（現在のエストニアの東部）でカール12世に大敗した後，勢力を回復しスウェーデン領であったインゲルマンランド（現在のロシア）にあったニーエンという町に現在のサンクト・ペテルブルクの建設をしました。カール12世は戦争にあけ暮れ，デンマークを攻撃したとき僅か17歳でした。その時に首都のストックホルムを後にして以来，戦死するまで首都に帰国することはなかったのです。遺骸はノルウェーのフレディクスハルドからはるばるストックホルムに運ばれました。

　大北方戦争の終焉はロシアの台頭，そしてバルト海の覇者スウェーデンの没落を意味しました。世界の地図が大きく変わったことを意味しました。

　19世紀になるとスカンジナビア以外での戦乱に関与し，また巻き込まれていく機会が増え，後半になると3ヶ国での協調が国王を中心に叫ばれますが，スウェーデンでは権力が国王から政府，議会に移り始めたため，国益に反する戦争参加は回避するようになりました。

　20世紀になるとスカンジナビアとは全く関係がない場所で勃発した戦争に深く関与することになり，まさしく世界の胎動を無視するわけにはいかなくなりました。それは政治，経済にも及んでいます。

　さらに20世紀になると第一次世界大戦のとき，スカンジナビア3ヶ国は協調体制に入りましたが，第二次大戦でスカンジナビアとフィンランドの国情が変化し，その協調が取れませんでした。これについて戦争に対する

各国の対応を主に述べました。北欧（この時代，アイスランドは含まれていません）は戦争や覇権争いをおこなってきましたが，文化的にほぼ同質という大きな枠組みの中で営まれてきました。ところが20世紀前半にはいると複雑な国際関係は北欧にも及んできたのです。北欧ひとりでは独立して世界で平和に生きることはできないということを第二次世界大戦で学びました。本章では戦争を通してこの一端を描きました。

中世や近代の人々の生活，文化などはほとんど触れることはできませんでした。しかし，北欧は過去から今日まで平和のため常に努力してきたわけではありません。それを実際に希求するようになるのは第二次世界大戦後と言えるでしょう。しかし，それは国民中心に押し進められていることは間違いない事実です。

北欧といえば平和国家，女性の社会への進出，社会保障の行き届いた福祉国家などとして有名です。たとえばスウェーデンの場合はその形成の大半は都市の市民が大きくかかわり，そして地方にも拡大していったのです。それも約120年の月日を費やしていたのです。つまり国民の汗と血の結晶でした。日本では要するに「おかみ」から（与えられた）福祉といえるでしょう。北欧の福祉制度を模倣することは不可能です。歴史的背景，政治，経済，地理などの環境があまりにも違いすぎるからです。でも彼らから学べることは「自らの手で社会を構築する」という精神でしょう。

ロンネビーの血浴 ―歴史に何ら影響を与えなかった大虐殺

清原瑞彦

　南スウェーデンにバルト海に面したブレーキンゲという県があります。県都のカールスクローナ（世界遺産）はバルト海の最重要軍港として，その役割を最近まで果たしていました。そこから約30キロメートル足らずのところにロンネビー（正式には自治体）があります。人口約28500人（2008年現在）の静かで小さな町ですが，広大な森林を含むロンネビー温泉庭園が有名です。18世紀に開発された温泉で，ホテルも併設されて賑わいを見せています。おそらくスウェーデンでは最大規模の日本庭園もあり，人気を集めています。ロンネビーは元デンマーク領で，1387年に市として認められるほど南スウェーデンとデンマークとの交易で繁栄していましたが，北方7年戦争（1563年〜70年）頃から，戦場と化して衰退し，1658年にはスウェーデン領となりました（この年ブレーキンゲ県がデンマークからスウェーデン領となる）。

　1680年，バルト海のスウェーデン最大の軍港，カールスクローナが開港して，住民が軍港を強化するために強制移住させられたロンネビーはほぼ衰退の極みを味わったのです。18世紀の初め，ロンネビーに温泉が発見されて開発が進み，今日に至っています。

　衰退のきっかけとなった「ロンネビーの血浴」は1564年に起こりました（血浴とは「血の浴場」のことで，生々しい大虐殺を「血浴」と呼び，ほぼ固有名詞化されています。中でも「ストックホルムの血浴」が一番有名です）。

　北方7年戦争の最中，1564年9月14日，ロンネビーにある聖十字教会に年老いた人たちや女性，子供，乳飲み子などが殺到しました。スウェーデン軍が急襲したからです。教会は地上の天国と同時に一番安全な場所でした。樫のしっかりしたドアは内側から閉められました。ところがスウェーデンの兵士が教会に押し寄せ，ドアを斧で壊し，教会になだれ込んで来ました。そして皆殺しが始まったのです。無抵抗な老人たちや女性は斧や刀で惨殺され，子供は槍で串刺しにされ，赤子は火にほうりこまれました。一番安全な場所は地獄と化したのです。1日にしておよそ2千人が殺戮され，教会の前を流れて町を貫いている「ロンネビー川は血で真っ赤に染まった」とこの戦いの総指揮者イェーリック14世スウェーデン国王は記しています。

　この血浴は戦争あるいは歴史的にも全く影響を与えることはありませんでした。スウ

ェーデンは当時デンマーク領のバルト海に面したスコーネからブレーキンゲまでの南海岸を制圧するための一環としてロンネビーを急襲したにすぎなかったのです。ロンネビーほど激しくはなかったのですが，これ等の都市は戦場となり，多数の命が全く無駄に失われました。デンマークは当然これを迎え撃ちました。この戦争は主にデンマークとスウェーデンの戦いでしたが，領土の獲得という勝負はつかず終焉したのでした。市民の大量虐殺がおこなわれましたが，それは歴史に埋もれ誰も顧みることはありませんでした。ロンネビーには彼らを追悼する記念碑さえ存在していません。彼らは何のために殺されたのか。この血浴以降も世界でどれだけの多くの市民が虐殺されてきたのでしょうか。そして今日でも………。

街の中心地を見下ろす11世紀に建立された聖十字架教会．この教会で1564年に大虐殺がおこなわれた．教会内には押し寄せた兵士に斧で傷つけられたと伝えられるドアがある（写真：清原瑞彦）．

第4章
フィンランドの歩み
―「フィンランド」と「フィンランド人」の誕生

吉田欣吾

はじめに

　フィンランドのことをフィンランド語では Suomi（スオミ）と言います。ですから，フィンランド現地では，「フィンランド」の正式な呼び方は Suomi だということになります。ところが，フィンランドでは Finland も正式な名称です。ただし，この場合の Finland は英語ではなくスウェーデン語です。では，なぜフィンランドでは Suomi と Finland という 2 つの言い方が正式な国名として使われるのでしょうか。その理由を知るためには，フィンランドのたどってきた歴史を見ていく必要があります。

　この章では，まずフィンランドの歴史のおおよその流れを確認します。フィンランドの歴史は「先史時代」「スウェーデン領時代」「ロシアの大公国時代」，そして「独立期」の大きく 4 つに分けることができますが，そのような歴史的な流れを簡単に見ていくことにします。その上で，「フィンランド」というまとまりがどのようにして生まれてきたのかを確認します。さらに，「フィンランド人」ということばがいったい何を意味するのかという問題について，とくに19世紀から20世紀に重点を置いて考えていくことにします。そうすることで Suomi と Finland の謎も明らかになりますし，フィンランドという国の重要な特徴も見えてくることになります。

1．フィンランド史の流れ

　現在「フィンランド」と呼ばれるようになっている地域に「ヒト」が出現したのは10万年以上も前であることがわかっています。ただし，それは

「ネアンデルタール人」と呼ばれる人々だったようです。地表が厚い氷に覆われる氷河期の訪れとともに，彼らネアンデルタール人はヨーロッパの中部や南部へ移住して行き，フィンランドは人の住まない土地になってしまいます。そして，再び人間が現れ始めたのは氷河期の終わる頃，つまり紀元前9500〜8200年頃だと考えられています。その後，多くの経路をたどって継続的に移住がおこなわれてきました。

　氷河期が終わるとともに人々が住み始めるようになりましたが，そのような地域がはじめて「国家」という枠組に組み込まれるのはずっと後の1100年代以降のことです。その頃のフィンランドはまだ政治的にひとつのまとまりを作ってはいませんでした。そのような地域が，当時のスウェーデン王国に少しずつ組み込まれていく中で，スウェーデンの1地域としてまとまりを形成していくことになります。この「スウェーデン領時代」は1809年まで続きます。フィンランドが北欧諸国の一員としてスウェーデンやデンマーク，あるいはノルウェーとの一体感を感じるのも，このスウェーデン領時代があったからだと言えます。こうしてスウェーデン領時代に地域としてのまとまりを形成した「フィンランド」は，1809年に東隣のロシアへ譲り渡されることになります。それは，スウェーデンがロシアとの戦争に敗れたためです。

　フィンランドを手に入れたロシア帝国は，フィンランドを力ずくでロシアの一部にしようとはしませんでした。スウェーデン領時代の法律や権利がそのまま効力を持ち続けることを許しましたし，スウェーデン領時代と同様にフィンランドの公用語はスウェーデン語とされました。さらに，フィンランドは自分たちのことは自分たちで決める権利，つまり自治を与えられ，ロシア帝国とは別の国として存在することを許されました。この時代を「ロシアの大公国時代」と呼んでいます。「大公」とは王様のようなものですが，ロシア帝国の皇帝がフィンランドの大公を兼ねていました。

　このようにフィンランドは高い自治を認められ，自分たちのことは自分たちで決定することがある程度は可能になりました。その中でフィンランドは国家としての条件を整え始め，独自の通貨や郵便制度，さらには軍隊までをも持つようになります。ところが，ロシアはフィンランドの自治を

制限し始め，最後には厳しい「ロシア化政策」を開始します。そのような状況の中で，1914年に第一次世界大戦が始まり，1917年にはロシア革命が起こります。このような状況を背景として，フィンランドは1917年12月に独立を宣言するのです。フィンランド史における「独立期」の始まりです。

2．「フィンランド」の誕生

　それでは「フィンランド」というまとまりはどのようにして生まれたのかを確認しておきます。1100年代以降にスウェーデン王国に組み込まれ始めた頃，現在のフィンランドは南西部のスオミ（Suomi）や内陸部のハメ（Häme）など3つから4つの地域に分かれていました。まだ「フィンランド」と呼べるようなひとつのまとまりができていたわけではないのです。いくつかに分かれていた地域が1100年代以降に少しずつスウェーデンに編入されていき，その結果としてスウェーデンの1地域としての「フィンランド」というまとまりが作り出されていったのです。

　このようにして「フィンランド」というまとまりが生まれていったのですが，そのことはことばにも反映されました。スウェーデンが最初に自分たちの領土にしたのは現在のフィンランド南西部でしたが，その地域はフィンランド語では Suomi，スウェーデン語では Finland と呼ばれていました。その後，スウェーデンが東へ向けて領土を拡大し，ひとつのまとまりが作り出されていくと，もともとは南西部の小さな地域を指すだけだった Suomi，そして Finland ということばが「フィンランド」全体を意味するようになったのです。その証拠に，フィンランド南西部は今でも「本来のSuomi／Finland」と呼ばれています。

　現在私たちが知っている「フィンランド」はスウェーデン領時代においてはじめて成立した概念なのです。そのようにして生まれた「フィンランド」は1809年にロシアへ譲り渡されます。そして，その地域をひとつのまとまりとしてロシア皇帝が認め，自らが大公の座に就く大公国としたことが重要です。なぜなら，この出来事により「フィンランド」というまとまりの形成が完了したと言えるからです。つまり，政治的なまとまりとしての「フィンランド」が本当に誕生したのはロシアの大公国時代であり，こ

の大公国時代にフィンランドは大幅な自治を認められ，国家としてのさまざまな条件を整えていくことになるのです。

　大公国となったフィンランドは政治的にも経済的にも，そして文化的にも大きく発展していきます。しかし，ロシアはフィンランドの自治を制限し，厳しいロシア化政策を開始します。それに対してフィンランド人たちも抵抗を試みますが，1914年に起こった第一次世界大戦が重要な意味を持ちます。この戦争が主な原因となりロシア国内では不満が高まり，結果的に革命が起こるのです。これにより，ロシアは最終的には「ソビエト連邦」という全く異なる国へと姿を変えていくことになりますが，その革命を機にフィンランドは1917年12月に独立を宣言します。こうして，現在「フィンランド共和国」と呼ばれる独立国家としてのフィンランドが誕生しました。

3.「フィンランド人」の誕生

　フィンランドという地域や国家の形成については以上のとおりですが，ここで注意すべきことは「フィンランド」という概念がスウェーデン領時代に成立し始めたものであることです。そのスウェーデン領時代にはスウェーデン語が公用語でしたので，フィンランドにはスウェーデン語を話す人々が大勢住んでいました。さらに，フィンランド語を捨てスウェーデン語を話すようになる人々もいました。このことは，「フィンランド」というまとまりが生み出されていく過程において，そこには常にフィンランド語を話す人々とスウェーデン語を話す人々の両方が存在してきたという重大な事実に気づかせてくれます。

　そのような状況はフィンランドがロシアの大公国になった後でも変わることはありませんでした。ロシアの大公国時代においてフィンランドは国家としての条件を整えていくことになりますが，「フィンランド」という地域を自分たちの故郷あるいは祖国であると認識していた人々の多くは，実は高い教育を受けたスウェーデン語を話す人々だったのです。つまり，フィンランド語を話そうとスウェーデン語を話そうと，フィンランドを自分たちのものだと考える人々が「フィンランド人」だったわけです。

　1809年にロシアの大公国となったフィンランドでは，スウェーデン人で
もなく，もちろんロシア人でもない「フィンランド民族」というものを確
立しようとする運動が活発になります。そのような民族確立運動を推し進
めた人々が自分たちをフィンランド人だと考えていたのは当然のことで
すが，そのような人々の多くは高い教養を身につけたスウェーデン語を話
す人々でした。その民族確立の動きの中では，フィンランドの80％前後の
人々が話すフィンランド語を基盤に「フィンランド民族」を確立すべきだ
という考え方が強くなります。こうして，フィンランド語を話す人々こそ
「フィンランド人」だという主張が力を持ってきます。

　スウェーデン語を話す人々が中心となって「フィンランド民族」という
ものを確立しようと運動を繰り広げているにもかかわらず，「フィンラン
ド民族」とは「フィンランド語を話す人々」であるべきだという，少し奇
妙なことになっていきます。そんな中でスウェーデン語排除の動きが激し
さを増すと，スウェーデン語を守ろうとする人々も運動を開始し，こうし
てフィンランド語とスウェーデン語の対立がフィンランドの重要な問題に
なっていきます。そのような言語の問題が決着するのは，フィンランドが
1917年に独立した後のことです。

　独立後の1919年に「政体法」という重要な法律が作られますが，その中
でフィンランド語とスウェーデン語の両方がフィンランドの国語であるこ
とが規定されます。この結論に至るまでには激しい議論が展開されました
が，両方の言語を国語とするという結論に至った背景には，当時のフィン
ランドがある重大な外交問題を抱えていたという事情があります。それは，
フィンランドとスウェーデンの間に位置するオーランド諸島がどこの国に
属すべきなのかという問題です。この外交上の問題が言語問題の決着に大
きな影響を及ぼしたのです。

　オーランド諸島というのはバルト海のボスニア湾への入り口の辺り，つ
まりフィンランドとスウェーデンの間に位置する島々です。そのオーラン
ドはフィンランドの領土でしたが，そこに住む人々はスウェーデン語を話
す人々でした。オーランドの人々の間ではスウェーデンに属したいという
声も多く，スウェーデンもまたオーランドを自分たちの領土にすることを

望みました。このような状況の中で，スウェーデンに対してオーランド問題を有利な形で決着させるには，つまりオーランドをフィンランドの領土のままにしておくには，フィンランド国内のスウェーデン語を話す人々の協力が不可欠だと考えられました。つまり，フィンランド語系の人々はスウェーデン語系の人々に譲歩することで，オーランド問題に関して協力してもらう必要があったのです。

　オーランドがフィンランドの領土としてとどまるためには，スウェーデン語を話す人々の権利を大幅に認めることが重要な前提条件になると考えられました。そして，そのひとつの表れがスウェーデン語をフィンランド語と同等の国語とすることだったわけです。そのオーランドは1921年に国際連盟理事会という機関によって，高い自治を認められながらもフィンランドに属す地域であることが決定されました。現在でもオーランドはフィンランドの領土ですが，その住民のほとんどはスウェーデン語を話す人々です。

　こうしてフィンランド語とスウェーデン語を国語にしたにもかかわらず，1920年代になると再びスウェーデン語に対して攻撃をしかけるような運動が展開されるようになります。つまり，フィンランド語だけを大切にしてスウェーデン語は追い出してしまおうとするような運動です。しかし，このときもまたスウェーデン語を話す人々の権利を認めることが重要だという結論に至りました。その理由は，フィンランドが置かれていた当時の国際情勢にあります。

　当時のヨーロッパでは激しい勢力争いがおこなわれており，フィンランドにとっては，ロシアに代わって生まれたソビエト連邦という国が脅威となっていました。いずれは戦争に巻き込まれるかもしれないと考えられていたのです。そんな状況の中では，フィンランド国内のまとまりが何よりも重要だと考えられました。その結果としてスウェーデン語を排除しようとする運動が始まりました。つまり，フィンランド語というひとつの言語を話す人間だけになった方が国のまとまりが強まると考える人々が中心になって，スウェーデン語を排除しようとする運動を始めたのです。

　このような動きに対して，もちろんスウェーデン語を話すフィンランド

人たちは抵抗しました。こうして，スウェーデン語を排除しようとする人々と擁護する人々の間で激しい論争が繰り広げられることになります。その結果，国がひとつにまとまるどころではなく，むしろ分裂の危機の方が大きくなります。さらに，フィンランドにおけるスウェーデン語排除の動きに対しては，スウェーデン，ノルウェー，デンマーク，アイスランドが反発し始めました。なぜなら，彼らの言語はすべてスウェーデン語と親戚だからであり，フィンランドのスウェーデン語系の人々に対して連帯感を抱いていたからです。

　こうして，スウェーデン語を排除することで国のまとまりを強めようという考えから始まった動きは，まったく逆の結果を生み出すことになってしまいます。国の中では対立が深まり，他の北欧諸国をも敵に回すような事態になってしまうのです。ソ連の脅威が強まるのを感じていたフィンランドにとっては，他の北欧諸国と友好的な関係を築いておくことが非常に大切なことでした。その結果，国内のまとまりを強めるためにも，そして北欧諸国との良好な関係を築くためにも，スウェーデン語を排除しようとする動きはまちがっているという考え方が支持を得るようになります。

　つまり，スウェーデン語を話す人々もフィンランド語を話す人々も，同じ「フィンランド人」として力を合わせることが重要だと考えられるようになったわけです。このような理由から，フィンランド語とスウェーデン語をどちらも大切にしていこうとするフィンランドの方針は変更されることがありませんでした。国のまとまりを強めるためにスウェーデン語を排除しようとして始まった運動は，まったく同じ理由により終焉を迎えることになったのです。

　結局のところフィンランドは戦争を避けることはできず，ソ連を相手に1939年からは「冬戦争」を，そして1941年から44年までは「継続戦争」を戦うことになります。これらの戦争を力を合わせて戦う中で，フィンランド語を話す人々もスウェーデン語を話す人々も同じように「フィンランド人」なのだという考えがしっかりと定着したと言われています。つまり，フィンランド人の中にはフィンランド語を話す人々もいれば，スウェーデン語を話す人々もいるのです。ですから，「フィンランド」という国名に

ついても，フィンランド語の Suomi とスウェーデン語の Finland がどちら
も正式な名称なのです。

4．戦後のフィンランド

ソ連との戦争は1944年に休戦を迎えましたが，戦いに敗れたフィンラン
ドは多額の賠償金を支払うことになりました。賠償金はソ連が要求する金
属製品などにより支払われたのですが，このことは結果的にはフィンラン
ドの工業発展に結びつき，さらには女性の社会進出を促すことにもなった
とされています。そしてフィンランドはまた，敗れた代償として領土の一
部をソ連に譲り渡すことにもなりました。

ソ連に譲り渡すことになった地域からは約40万人もの人々を別の場所へ
移住させなければなりませんでした。40万人というのは当時のフィンラン
ドの人口の10％以上にも相当します。彼らが住む場所を用意することはた
だでさえ困難な作業だったはずですが，さらにスウェーデン語を話す人々
が多く暮らす地域には彼らを移住させないという制限まで設けました。そ
れは移住する人々がフィンランド語，あるいはフィンランド語に近い言語
を話す人々だったためです。もし，スウェーデン語を話す人々の中へ彼ら
を大量に移住させれば，スウェーデン語の地位が危うくなると考えられた
のです。ここでも，スウェーデン語を話す人々の権利や地位を守ろうとす
る考えが重要視されたわけです。

1952年にはソ連への賠償の支払いも完了し，また首都ヘルシンキではオ
リンピックが開催されました。さらに，1955年には国際連合への加盟もは
たし，戦後の復興も順調に進んだと言えるでしょう。その後は社会的にも
経済的にも順調に発展し，さまざまな社会改革に取り組んだ結果，先進諸
国の一員となったと言えます。

外交の面ではソ連と良好な関係を維持することを最優先事項としながら
中立政策を堅持し，そして予防外交を展開します。予防外交とは，問題が
起こってから解決をめざすのではなく，問題が起こらないように事前に努
力をするような外交のことです。また，他の北欧諸国と歩調を合わせなが
ら国際連合の活動にも積極的に貢献してきました。そのような努力の結果，

フィンランドは独立を守ることができましたし，また経済的にも社会的にも大きな発展を遂げ北欧福祉国家の一員となることができたのです。戦後の巧みな外交政策が実を結んだと評価することができるでしょう。

　フィンランドは1990年代初頭に歴史的な大不況に見舞われます。さらに，フィンランドにとって最大の貿易相手国であったソ連が1991年に崩壊するという事態を迎えます。こうして，フィンランドは厳しい時代を迎えますが，その困難の中で「物」ではなく「知識」を重視する経済への転換を図り経済不況を乗り越えます。そのような経済政策の象徴とも言えるのが「ノキア」という携帯電話の会社でした。ノキアの携帯電話は世界で最も多く販売されていると言われましたが，フィンランドは携帯電話を代表とするような先端技術を活用した経済活動を推し進め，大きな成功を収めているとされています。

　1990年代における経済政策の転換と関わる重要な分野が教育です。知識を重視する経済活動をおこなうには教育や研究に力を入れることが不可欠です。こうして，不況の中でフィンランドは教育や研究にそれまで以上の力を注ぎ込んでいきます。「経済協力開発機構（OECD）」が2000年以降，15歳の生徒たちを対象に3年ごとに実施した「生徒の学習到達度調査（PISA）」において，フィンランドの生徒たちの学力が非常に高いレベルに達していることが明らかになり世界的に話題となっています。そのフィンランドの教育は，競争ではなく皆で学び合うことを重視することにより生徒たちの高い学力を生み出していると言われています。

　ソ連の崩壊は経済的にフィンランドを困難な状況に追いやりましたが，同時に外交政策を転換することも可能になりました。その結果，フィンランドは中立政策を堅持しながらも，1995年には欧州連合（EU）加盟をはたしています。そして，2002年にはヨーロッパ共通の通貨であるユーロを導入するなど，「欧州統合」には比較的積極的な姿勢を見せています。こうして，フィンランドは名実ともにヨーロッパの一員として，小さいながらも多様な分野で活躍する国となっています。

　2000年の大統領選挙においてはタルヤ・ハロネンが史上初の女性大統領となり，2006年には再選をはたしています。このことからもわかるとおり

女性の社会進出も進んでいます。経済的にも順調な発展を続ける一方で，2005年の「環境持続可能性指数」調査では，フィンランドの環境政策が世界一だと評価されています。また，政治家や官僚の汚職や腐敗に関する調査においてもフィンランドは最も汚職の少ない国と認定され，一方では報道の自由が高く保障された国とされるなど，多くの分野において注目を集めています。そして，2008年にはかつて大統領を務めたマルッティ・アハティサーリがノーベル平和賞を受賞し，国際的な貢献の面でも注目が集まりました。

おわりに

　フィンランド航空の飛行機に乗ると機内アナウンスがいくつもの言語で流れてきます。フィンランド語が使われるのはあたり前ですし，日本から乗り込めば日本語が使われるのも不思議ではありません。また，必ず英語が使われるのも今の世の中では仕方のないことです。でも，それだけではありません。フィンランド航空の機内アナウンスはしばしばスウェーデン語でもおこなわれます。そして，ヘルシンキ空港に到着すると，にぎやかな空港の中の表示もフィンランド語，英語，そしてスウェーデン語で書かれています。

　空港から30分ほど電車かバスに揺られるとヘルシンキの市内に到着しますが，そこでもあらゆる標識や表示がフィンランド語とスウェーデン語で書かれています。そんな街中を抜けてホテルの部屋に落ち着き，テレビのスイッチを入れて荷物をほどき始めると，心地よいフィンランド語の響きが耳に入ってきます。そして，ふと画面に目を向けると，スウェーデン語の字幕があわただしく現れては消えていきます。もちろん，スウェーデン語が聞こえてきて，画面にはフィンランド語の字幕が出ていることもあります。こうして，スウェーデン語がフィンランド語と同じくフィンランドの国語であることを実感します。

　日本でも有名なフィンランド人というと，まず「ムーミン」の作者であるトーベ・ヤンソンをあげることができます。ソ連との戦争の際にフィンランド軍の最高司令官を務めたマンネルヘイムの乗馬像は，ヘルシンキを

訪れる誰もが目にします。クラシック音楽に興味があればシベリウスの名前も重要です。また,「リナックス」というコンピュータを動かすための重要なシステムを開発したリーヌス・トーバルズも,フィンランドを語るときには欠かせない名前となっています。そして,この4人に共通していることは,彼らが皆スウェーデン語を話すフィンランド人だということです。フィンランド語を話そうとスウェーデン語を話そうと,その想像力と創造力を十分に活かすことができるような環境を作ろうとしているのがフィンランドであり,その背景にはすでに見てきたような歴史的背景があるのです。

フィンランドを読み解く鍵「3つのS」

● 吉田欣吾

　フィンランドを語るときに，「3つのS」という言い方がしばしば登場します。まず1つ目の「S」は sauna「サウナ」です。「サウナ」という単語自体がフィンランド語から世界へ広がったものですが，フィンランド人たちの生活には「サウナ」が欠かせないものとなっています。フィンランドの人口は約550万人，それに対して200万以上のサウナがあると言われ，計算上はフィンランド人すべてが同時にサウナに入ることも可能だということになります。

　自宅を建てるときにはまずサウナの位置を決めると言われ，アパートや学生寮，ホテルなどにも必ずサウナがありますし，公衆サウナも見つかります。そんなサウナは家族団欒の場であり，お客さんをもてなす所でもあります。かつてサウナは女性が出産をする場所であり，死者を清める場でもあったようです。人はまさしくサウナで生まれサウナで天国へ旅立つ身支度を整えたのです。今でもサウナは神聖な場所だと考える人たちがいますが，「神聖」とまではいかなくてもサウナで騒いだりすることは許されません。

　2つ目の「S」は Sibelius「シベリウス」です。シベリウスは1865年に生まれ1957年に亡くなった世界的に有名な作曲家ですが，彼の人生のほぼ中間点にあたる1917年にフィンランド独立という出来事が起こります。独立直前のフィンランドは東隣のロシアから激しい弾圧を受け，人々の自由や権利が厳しく制限される危機を迎えていました。そのような時期にシベリウスによって発表された曲が，ロシアに抵抗するフィンランド人たちの大きな心の支えになったと言われています。シベリウスは音楽を通じて「フィンランド／フィンランド人」というものを描き出したとされ，その曲は「交響詩フィンランディア」と呼ばれるようになりました。後には詩人コスケンニエミにより「フィンランディア賛歌」という歌詞がつけられ，現在でも「第2の国歌」として歌われ親しまれています。

　最後に登場する「S」は sisu という語の頭文字です。この sisu は sisä「内面」という単語からできていて，「我慢強さ，決してあきらめない姿勢」などといった意味ですが，「フィンランド人魂」といった訳し方もできます。フィンランド人はどんな苦境にあっても Sibelius が「交響詩フィンランディア」の中で表現した sisu を心に秘め

て立ち向かい，そして疲れた心と身体を sauna の中で癒すと，再び sisu に満ち溢れた自分を取り戻すのかもしれません。

　フィンランドでは，「3つのS」ということばはいろいろな場面で使われます。たとえば，1990年代に人気のあった子ども向けのアニメーションのタイトルも「3つのS」でした。それは，Salla「サッラ」という女の子と Sake「サケ」という男の子，そして Saastamoinen「サースタモイネン」という犬の三人組が「探偵」として事件を解決する楽しいアニメーションでした。また，2015年にはフィンランドの首相も自分の内閣を説明する中で「3つのS」ということばを使っています。その年には中央党を中心に国民連合党，真のフィンランド人党の3つの政党が連立政権を組みましたが，首相に就任した中央党党首の Sipilä「シピラ」が，国民連合党の党首 Stubb「ストゥッブ」，そして真のフィンランド人党の党首 Soini「ソイニ」と自分の三人を「3つのS」と呼び，注目を集めようとしました。

　現代のフィンランド人にとって非常に重要なものに some があります。これは sosiaalinen media の略語で，日本語にもなっている「ソーシャルメディア」のことです。そういえば，フィンランド語で「フィンランド」を意味する Suomi も「S」で始まります。こうして見ると「フィンランド」はまさしく「Sだらけの国」ということになるのかもしれません。

ヘルシンキのシベリウス公園にあるシベリウス・モニュメント

第3部

共生の北欧

第5章
再評価されつつある北欧型福祉モデル

内藤英二

はじめに

　「福祉」という言葉からみなさんは何を思い浮かべるでしょうか。体の不自由な人やお年寄り，あるいは子供の生命や生活を守るために国（政府あるいは国家という意味ですが，ここではあえて国と表現しています）や県，市町村などがおこなうさまざまな活動のことが，一般的な答えといえるでしょう。また，福祉は，お年寄りの老後の生活を支える年金や，年齢に関係なく人々が病気や怪我をした場合の治療費の多くをまかなうための医療保険などの仕組みとも密接な関係にあります。

　国や県，市町村などが国民や住民のために実施するさまざまな仕事を政策といいます。政策のほとんどは国が制定した法律にもとづいて実施され，法律にはそれに違反した場合の何らかの罰則が定められています。つまり政策は罰則という強制力を使って国民や住民の生命や生活を守る仕組みであり，福祉もこのような政策の中の重要な柱のひとつなのです。

１．福祉政策のルーツ
—北欧諸国の福祉政策に活かされている厚生経済学の原理

　国が主体となって福祉政策を実践した最初の事例は19世紀の終わりから20世紀にかけてのイギリスに見ることができます。とくに20世紀に入ってからはイギリスの経済学者アーサー・セシル・ピグーの著書『厚生経済学』（1932年）が出版され，世界各国が実施する福祉政策の理論的な拠り所となりました。

　この本の中でピグーは，経済研究の重要な目的は社会的な改善を助けることであり，イギリスならイギリスという国の経済的福祉の増進は貨幣（お金）によって計測することのできる福祉の一部であると主張しました。そして経済的福祉を増進させるための条件として，毎年の国全体の経済の生産力を増大させること，経済生産によって得られた利益の分配を均等にすること，景気の変動と失業に対する安定を図ることの3点を，国が責任をもって実行しなければならないとしました。具体的には，経済活動によってお金持ちになることのできた「富める者」から国が税金，医療保険や年金の掛金などの社会保障費という形でお金を集め，その一部をお金を儲けることのできなかった「貧しい者」のために各種の政策という形で振り分けることで，イギリスという国の公共の利益の増大が可能になるというのです。はたしてそんなことが可能なのでしょうか。

　ピグーの考え方を簡単に説明するために漁業を営んでいる小さな村を想定してみましょう。この村で魚を獲るために使っている船や大きな網があるとします。村をイギリスという国に当てはめれば，船や網は村の経済活動そのもの，これらを用いて獲れた魚はその国の経済活動の結果ということになります。いま，村の経済活動を支える船や網に何らかの不具合がある場合，獲れた魚の一部を費用としてその不具合を修復しておけば，つぎの漁ではさらに多くの収穫つまり経済活動の成果が得られる可能性は高まることになります。あるいは村人の中に老齢や病気，怪我などの理由から漁に参加できない人がいる場合には，収穫の一部を使ってその人たちが元気に漁に参加できるようにしてあげれば，次回の漁では働き手が増え，やはり，前回よりも多くの収穫が期待できることになります。ピグーの言う経済的福祉の増進とは，このように経済活動によって得られた利益の一部を，それをもっとも必要とする分野に優先的に活用することで，その国の社会が改善され，結果として経済の発展が可能になるというものなのです。

2．お金のかかる福祉政策

　厚生経済学の時代から数十年の歳月が経過して世界各国の福祉政策はさまざまな形に変化してきています。イギリスは長年の福祉政策の実施によ

図1 国民負担率国際比較

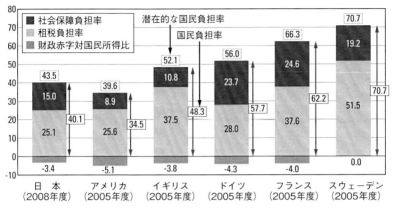

資料：財務省 http://www.mof.go.jp/jouhou/syukei/sy014/sy014g.htm

り国の財政が苦しくなり，「ゆりかごから墓場まで」と自負していた高水準の福祉政策を縮小せざるを得なくなりました。

　これに対し，イギリスとほぼ同時に同様の福祉政策を導入し，現在もなお，ピグーが厚生経済学で主張したような福祉政策を維持しつづけているのがスウェーデンやデンマーク，ノルウェー等の北欧諸国なのです。

　図1は先進諸国の国民負担率を比較したものです。国民負担率とは，ある国が一定の期間内，多くの場合は1年間に作り出した生産物やサービスの価値をお金に換算した国民所得や国民総生産，国内総生産といった経済指標に対して，その国で同じ期間内に支払われた税金や社会保障費（医療保険や年金の掛金）の総額の割合を表しています。それぞれの国で福祉政策を進めていくためにどれだけの費用を負担しているかを比較するための目安になるものですが，これを見ると，アメリカは40％弱，日本は40％台，イギリス，ドイツ，フランスなどのヨーロッパ諸国が50から60％台であるのに対してスウェーデンは70％台と非常に高い水準となっています。

　見方を変えれば，アメリカに代表されるような国民負担率の低い国では，医療や老後の生活保障などは国民各個人が自分で努力して解決する問題として，国が積極的な福祉政策を実施していないということもいえます。また，反対に，北欧諸国では，自国の経済を維持・成長させるための政策

のひとつとして，福祉が現在でも重要視されているのです。いずれにせよ，福祉政策の実践には多くのお金が必要であるということがわかると思います。

3．北欧諸国がそれでも福祉政策を切り捨てない理由
―デンマーク福祉政策に見る福祉の投資的側面

　経済というものは一種の生物のようでもあり，常に変化しています。私たちはこうした経済の変化を景気の変動という形で感じ取ることができます。つまり，世界的に見て経済が活発に活動をして生産物やサービスなどをたくさん作り出しているか，あるいは経済の活動が停滞し，その結果として生産物やサービスの量が減ってしまっている状態にあるか，という具合にです。

　世界的に経済の活動が停滞することは，それぞれの国の経済にも深刻な影響を与えます。国が実施しようとする多様な政策のための財源は，その国に属する企業や個人が経済活動によって得た利益の一部を税金や社会保障費という形で納めた多額のお金によってまかなわれているからです。

　一国の経済が世界的な経済の変化の影響を受けて低迷すると，国の収入は不足がちとなり，従来，実施してきた各種の政策を完璧には実施できなくなってきます。どの政策を活かし，どの政策を縮小したり廃止したりすべきかという選択が必要になり，国の財政を圧迫する原因のひとつであるという理由から福祉政策の縮小を余儀なくさせたり，切り捨てたりするケースも出てきます。

　ところが，北欧諸国では，こうした経済の低迷期にあっても政策の結果としての福祉の水準を維持していくという選択を取り続けてきています。その理由を，デンマークの厚生労働省にあたる政府機関は，つぎのように説明しています。

　　……優れた福祉制度の整備には多くの費用を要するが，このための支出は機能的労働市場創造を支援するための投資と考えるべきである。
　　社会福祉サービスの広範なネットワークは，失業者，高齢者，障害

者，女性の労働市場における可能性の強化，つまり，人的資源の強化育成と労働力の維持という積極的政策を支援するという意味で，機能的な労働市場の形成に役立っており，この結果，1990年代以降，デンマークの経済は，確実な経済成長と高い生産性，低失業率を達成することができた。(Ministry of Social Affairs, *Social Policy in Denmark*, 2006, Copenhagen)

　ここにいう投資という言葉は，近年，株式投資や投資信託などという形でよく目にするようになってきました。自分の持っている資産を将来的に目減りしないように，理想としては現在よりも多くなることを期待して，株式や土地などさまざまな形に変えて運用していくことですが，デンマークでは，国のおこなう福祉政策そのものが将来の利益をもたらす投資という認識のもとに実践されているというのです。

　デンマークのこうした「社会保障・福祉政策の投資的側面」という考え方は，経済の維持・成長に不可欠な労働力の質的な向上のために，福祉政策が重要な役割をはたしうることを示しています。説明の文章にもあるように，失業中の人，お年寄り，障害者，女性の中にも，働きたいという強い意思と働く能力をもつ人たちが大勢います。これらの人たちが労働市場に進出したい，つまり働きに出たいと思った場合に，それを妨げるようなさまざまな障壁に相当するもの，たとえば，女性や高齢者をあまり雇わないというような企業の方針であるとか，障害者が職場まで自分ひとりで移動するための交通手段や設備が足りないなどというような社会の状態を，ひとつひとつ改善していくことによりデンマーク全体の労働力の質が高まるのであって，こうしたさまざまな障壁を取り除いていくことこそが福祉政策であるというのです。

　こうした福祉政策は確かにお金のかかるものではあっても，それらを維持しつづけてきたことによって，デンマークは他のヨーロッパ諸国が経済の低迷に悩まされていた1990年代においても，堅実な経済の成長を遂げることができたのだとしています。

　別の見方をすれば，デンマークでは失業中であれ，お年寄りや障害のあ

る人，女性であれ，働く意思と能力のある人たちには，国がお膳立てをしますから働いてもらいます，このようにしてみんなで力を合わせて経済の維持・成長を可能にしていきます，という強い意志が感じとれます。先の説明で，世界的な経済の低迷のために一国の福祉政策が縮小されるケースが多くあるといいましたが，デンマークに代表される北欧諸国では，世界的な経済の低迷の影響を受けている自国の経済を健全な状態に維持するため，福祉政策が重要な役割をはたしているのです。

4．福祉政策を維持するための大胆な改革の断行
―スウェーデンの年金改革

　北欧では，経済の成長に必須と考えられている福祉政策とそれによるサービス水準を維持するため，しばしば福祉政策の抜本的な大改革が断行されてきました。スウェーデンにおいては1913年から1999年までの86年間にわたって実施されてきた年金制度に，1999年から2000年の間に抜本的な大改革が加えられ，2001年からこの新しい制度のもとでの年金の支給がおこなわれるようになりました。

　日本をはじめとする先進諸国の政策のお手本となってきたスウェーデンの旧年金制度は，概ね図2に示すような形態をとっていましたが，それは以下のような3つの大きな特色を持っていました。

　第一に定額方式の年金制度である基礎年金 AFP の上に報酬比例方式の年金制度である付加年金 ATP が上乗せされている「二階建年金制」，第2に一般的には15歳から64歳までの現役世代の人々が各自の収入から月々，税金と同じように政府に対して支払う年金掛金もしくは保険料を主要な財源として65歳以上の年金世代の人々の年金に当てるという「賦課方式」，第3に，65歳以上の年金世代の人々に支払うべき年金の総額を計算してからその金額に見合うだけの保険料を算出し，現役世代の支払うべき保険料を決定するという「給付建制」という3点です。

　「二階建年金制」でいうところの定額方式の年金とは，スウェーデンに住んでいる人なら誰でも同じ金額の年金が支給されるというタイプのもので，現役世代の人々が毎月支払う保険料は全国一律になります。また，報

図2　スウェーデンの従来の年金制度　1913〜1999

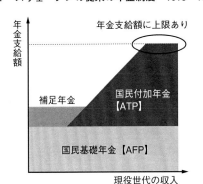

出典：奥村芳隆『新スウェーデンの高齢者福祉最前線』筒井書房，2000年，p. 249に一部加筆

酬比例方式とは，現役世代の各個人の収入に応じて毎月支払う保険料の金額は異なっているため，年金を受け取る場合にも，現役世代の収入が多かった人はそれだけ多くの年金を受け取れるというシステムです。わが国の場合，定額方式の年金として全国一律の年金制度である国民年金があり，報酬比例方式の年金としては厚生年金保険に代表される主にサラリーマンを対象としたいくつかの年金制度があり，やはり二階建ての構造をしています。これもスウェーデンの旧年金制度をお手本にして1985年に導入されたものなのです。

　上の説明の中で，現役世代の人々の収入の中から一定の金額が税金同様に年金の保険料として集められるのが賦課方式であるとしました。保険料を払う人がサラリーマンの場合には，毎月の保険料の半分は雇い主である企業が支払い，残りの半分が本人の給料から天引きされることになります。こうした賦課方式の場合，集められた保険料は国の国庫に税金と同じ扱いで納められます。このことは国，つまりさまざまな政策を実施しなければならない行政の側から見ると，たとえば税金と同じ扱いで集めた保険料であるから，国が実施すべきその他の多くの重要な政策実施に当たって財源が不足した場合に，年金のために集めた保険料といえどもある程度なら流用が可能であるという考え方につながります。また，保険料を支払っている現役世代の立場からすると，自分が支払った保険料が自分の老後の生活

保障のための年金として使われるのではなく，現在の年金世代の人々の年金として使われていること，加えて，集められた保険料の正確な使い道が，保険料を支払った現役世代の人々には正確に伝えられる機会が少ないなど，いくつかの問題点があります。わが国の場合でも，若い世代の人たちの間で国民年金の保険料を滞納するケースが多いという問題点は，こうした保険料の使い道の不透明さが主な原因であるとされています。

　「給付建制」についても同様のことが言えます。「給付建制」の場合，最初に年金世代の人々にそれぞれどのくらいの金額の年金を支給するかを決定してから必要となる年金の総額を計算します。このため経済が低迷し，企業や個人から十分な税金や社会保障費が集められない場合には，年金のための財源も不足しがちになります。それでも国は，最初に決めた金額の年金を支給する必要がありますから，全体の予算の中から何とか年金のための財源を都合しなければならなくなります。経済の低迷の影響から福祉が国の財政を圧迫する原因になりうるという考え方は，こうしたメカニズムから発生するのです。

　1999年からはじめられたスウェーデンの年金改革は，旧制度のこうしたいくつかの問題点の解決を目的としていました。図3にもあるように，新制度では「二階建年金制」の構造が改められました。基礎年金と付加年金という2つの年金制度は統合され，「生涯所得比例型年金制」という単一の制度になったのです。このことによってスウェーデンに住んでいる人はすべて単一の年金制度の適用を受けることになり，支給される年金の額は各個人が一生涯でどのくらいのお金を稼いだかを基準にして決定されることになって，サラリーマンか自営業者かというような職業の違いや，お金持ちかどうかというような格差によって年金の受取額が異なるというような問題点は，一歩解決に近づくことになりました。

　「賦課方式」に加えて「積立方式」というシステムが部分的に導入され，国は集められた年金保険料のある一定の部分については，保険料を支払った現役世代の人々の積立金と同様の取り扱いをするよう義務付けられ，現役世代の人々は，自分の支払った保険料の額や年金世代になってからの年金の受取額などを旧制度のときよりも，より正確に知ることができるよう

図3　スウェーデンの新しい年金制度　1999〜

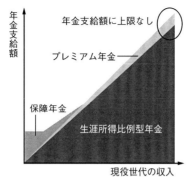

出典：図2に同じ（一部加筆）

になりました。さらに，現役世代の人々は，これらの積立金とみなされるお金について，各個人が自由に資産運用することが認められ，運用に伴うリスクは負うことになりますが，結果次第では，将来の年金受取額が多くなる可能性も出てきました。この仕組みを「プレミアム年金」といいます（Ministry of Health and Social Affairs, *The Swedish National Pension System*, 2003 Stockholm）。

おわりに―再評価されつつある北欧型福祉モデル

　世界的な経済の低迷という状況の中にあっても，福祉政策を切り捨てたり縮小することなく，かえって自国の経済の維持・成長のために福祉政策をさらに充実させようとする北欧諸国の姿勢について，いくつかの例を挙げて説明してきました。

　最近では，こうした北欧諸国の取り組みが現在もなお経済の低迷に苦しんでいる世界各国から見直され，再評価されるようにもなってきました。北欧諸国のこのような政策や改革の根底には，長い年月を経て培われた，私たちがお手本とすべき多くのアイデアや思想があります。

　たとえば，私たちが日ごろ何気なく使っている「障害」という言葉についても，北欧ではつぎのような定義がなされています（Swedish Institute, *Disability Policy in Sweden*, 2000 Stockholm）。

　すなわち「障害とは，個人の特性を表すものではなく，障害を被っている人が受け入れがたい社会の環境に直面している状況を意味している」という「社会的な環境概念に基づいた障害の定義」なのです。この定義に従えば，福祉政策実施の責任を持つ組織は，公共，民営の別なく，諸々の施設やサービスがすべての人々にとって受け入れることのできるものとなるよう努力する必要があるのです。こうした行為こそが福祉政策そのものであるということができます。

　また，デンマークでは「障害のある人ひとりひとりの人権を認め，取り巻いている環境条件を変えることで，生活状況を障害のない人の生活に可能な限り同じにして『共に生きる社会』を実現しようとする」という「ノーマライゼーション」という考え方が生まれました。これは第二次世界大戦終結直後のデンマークで，当時の厚生省で施設の運営を担当していたエリク・ニルス・バンク－ミケルセンという1人の男性が提唱し，世界中に普及させた考え方です。

　バンク－ミケルセンは多感な学生時代をナチス・ドイツによるデンマークの占領下に過ごし，祖国の自由と解放のために地下新聞の編集発行という形で抵抗運動に身を投じた経歴を持つ人です。戦時中はこのために収容所での生活を余儀なくされ，戦争終結後は晴れて自由の身となって厚生省に職を得ました。しかし知的障害者の人々の収容施設が郊外に設定された巨大なものであって，必ずしも障害者の福祉に役立っていないという知的障害者の親の会の意見に賛同し，自らの職務の範囲を超えて，こうした実態の改善を政府に要求する覚書の作成に中心的な役割をはたしました。ノーマライゼーションという言葉そのものは，この覚書の草稿の中で彼がはじめて考え用いたものなのです。

　バンク－ミケルセンが構想を練り知的障害者の親の会が作成した「知的障害者福祉政策改善に関する覚書」が社会大臣に提出されたのは1953年12月のことでした。私たちがとくに着目したいのは，この後の政府の対応の速さです。覚書が提出された翌年の1954年の初めには，早速「障害者の福祉と施設の改革のための委員会」が設置されましたが，15人の委員のうち2人は親の会から代表が出席し，バンク－ミケルセンも委員の1人として

参加することになりました。そして，十分な意見交換の結果として，覚書
の内容をほぼ採用した新しい法律，「1959年法」が制定されることとなり
ました。

　重要な社会的問題を解決するに際して，このような速さで意思決定を下
すことのできる行政や社会の構造を，私たちは将来のために大いに参考に
すべきです。

フィンランド人と結婚

(column)

　妻のエリサと夫のイーッカは31歳と34歳のフィンランド人夫婦です。2人は4年前の夏至祭に合わせて結婚しました。フィンランド人であれば誰もが〈Juhannushäät〉（「夏至祭の結婚式」）を夢見ています（juhannus「夏至祭」，häät「結婚式」）。1年中で夜が一番短く，太陽が最も長く空にとどまる夏至の日は愛を誓い合うのにふさわしいのでしょう。

　結婚式の日にエリサは27歳，イーッカは30歳でした。フィンランドの平均結婚年齢は女性が31.4歳，男性が33.7歳となっています（2016年現在）。ですから，やや若いカップルの誕生でした。今では2人には3歳と1歳の子どもがいます。これは，フィンランド女性の平均出生率である1.41人という数字を上回っています（2018年現在）。

　エリサとイーッカは2人とも大学を卒業しています。そもそも2人が出会ったのも大学のキャンパスでした。そして，結婚までの5年間を一緒に暮らしました。これはフィンランドの若い人々の間ではごく普通のことです。フィンランド政府によれば，20歳の男女カップルの9割は結婚せず同棲しています。いずれ結婚をするためのリハーサルのようなものです。アパートに1人で住むより2人の方が経済的だという考え方もあるのかもしれません。そんなフィンランド人のカップルのうち結婚せず同棲のままで暮らし続けるのは約5分の1となっています。必ずしも結婚まで進まない人々の多い他の北欧諸国と比べると，フィンランド人は今でも結婚願望が強いと言えるでしょう。

　結婚式はエリサの故郷の教会で挙げました。準備を始めたのは1年前の夏です。誰もが「夏至祭の結婚式」を夢見ているフィンランドでは，教会や牧師さん，そしてパーティ会場なども早めに予約しなければなりません。今も国民の70%がキリスト教ルーテル派に属しているフィンランドでは，カップルの大多数が自分たちの属する教会で結婚の誓いを立てるからです。

　ここ数年のフィンランドの結婚式を見ると，伝統的な結婚式や盛大な婚礼が多いと言えます。エリサとイーッカも「フルコース」の結婚式を挙げ，おおいに思い出に残るセレモニーとパーティーを開きました。それは前夜祭に始まり，結婚式翌日の朝まで続くのです。そして，ハネムーンも豪華な海外旅行でした。

　結婚後，エリサは自分の苗字の後ろにイーッカの苗字をハイフンでつなげました。1986年の「氏名法」という法律に基づき，結婚する２人は１）２人とも自分の苗字を保持する，２）妻が夫の苗字を取る（これが今でも一番多いケースです），３）妻が自分の苗字の後に夫の苗字を加える，４）夫が妻の苗字を取る，５）夫が自分の苗字の後に妻の苗字を加える，という選択肢から希望するものを選ぶことができます。そして，生まれてくる子どもの苗字は２人で決め，すべての子どもに同じ苗字を与えます。それは家族の調和を守るためだと言えます。

　2018年には23799組のカップルが誕生した一方で，なんと13145組のカップルが離婚を決意しました。３組のうち１組は離婚というのが現実です。しかし，フィンランド人は「結婚生活」をあきらめるような人々ではありません。再婚，再々婚，再々再婚する人も増えています。フィンランド人の100人に１人は再婚しており，さらに４回以上の結婚を経験している人が女性で1594人，男性で1667人います（2017年現在）。一生独身で通すフィンランド人は全国民の１割程度にしかすぎません。

　2002年３月には，男女の結婚以外に同性での結婚も登録できるようになりました。教会で式を挙げることや養子を迎えることはできませんが，それ以外については男女の結婚とほぼ同じ権利を獲得しています。2008年には249組の同性カップルが登録しました。しかし男女の場合と同様に同性カップルの離婚も増えており，2008年には45組の同性カップルがたがいに別れを告げました。

　2017年３月１日には「婚姻法」という法律が改正され，「男と女が婚姻する権利」という表現が「二人の人物が婚姻する権利」に変更されました。言い換えれば，結婚は「男と女」の間だけではなく同性同士の間でも成立することになりました。つまり同性婚が認められることになり，その結果として男女のカップルと同様に同性のカップルも，たとえば養子を迎えることが可能になりました。

　2018年に結婚したカップル23799組のうち同性カップルは387組でしたが，そのうち女性同士のカップルが242組，男性同士のカップルが145組となっています。もちろん離婚する同性カップルもいます。2018年に離婚したカップル13145組のうち同性カップルは29組でした。同性カップルをはじめとする性的少数派の一員である親を中心とする家族を「虹家族（フィンランド語 sateenkaariperhe）」と呼びますが，フィンランドをはじめ北欧の家族形態はまさしく虹のように多彩なものとなっています。

第6章

EUの環境政策をリードする北欧
─「持続可能な社会に最も近い国」スウェーデンの環境政策

小澤德太郎

はじめに

　現在は20世紀の「経済規模の拡大」から21世紀の「環境に十分配慮した経済規模の適正化」への転換期です。判断基準の変更によって，20世紀の経済大国（具体的には G8の国々）が，さまざまな分野で相対的に国際ランキングの順位を落とす現象がみられるようになってきました。

　2000年以降に公表されたさまざまな分野の国際ランキングをみると，21世紀の社会を模索するようなデータ（少子・高齢化，年金・医療保険・雇用保険などの社会保障や労働環境を含めた福祉，教育，ITなどの先端技術，環境・エネルギー分野など）の国際ランキングでは，スカンジナビア3ヶ国（ノルウェー，スウェーデン，デンマーク）にフィンランドやアイスランドを加えた北欧5ヶ国の活躍が目立ちます。

　この章では，これらの分野で世界の最先端を行く北欧諸国の中で最大の工業国であるスウェーデンの総合的な環境政策に焦点を当てます。

1．環境問題

　20世紀後半に顕在化した「環境問題」の大半は，私たちが豊かになるという目的を達成するためにおこなった「企業による生産活動」と「市民の消費活動」があいまってつくりだした経済活動の「目的外の結果」が蓄積したものです。ですから，経済活動が大きくなれば「目的外の結果」も比例的に，あるいはそれ以上に大きくなります。つまり，「経済」と「環境問題」は切っても切れない関係にある「コインの裏表」と表現してもよい

図1　環境問題の原因・現象・結果

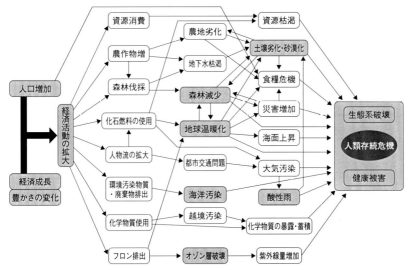

資料：環境省　平成13年版「環境白書」11ページから

でしょう。図1はこのことをわかりやすく示しています。

　環境問題は「人類を含めた生態系全体の安全」を保障する「環境の持続性」にかかわる大問題です。環境問題の根本には図1が示すように人間の経済活動の拡大が原因として横たわっているわけですから，この問題を解決するための具体的な行動は，経済的に見れば「経済規模の拡大から適正化」への大転換であり，社会的に見れば20世紀の「持続不可能な社会（大量生産・大量消費・大量廃棄の社会）」から21世紀の「持続可能な社会（資源・エネルギーの量をできるだけ抑えた社会）」への大転換を意味します。先進工業国がさらなる経済規模の拡大を追求し，途上国がそれに追従するという20世紀の経済活動の延長では，経済規模は全体としてさらに拡大し，地球規模で環境が悪化するにとどまらず，これからの50年間に人類の生存基盤さえ危うくすることになるでしょう。

　北欧諸国はこのことにすでに40年前に気づいていました。北欧諸国がいま「持続性（サスティナビリティ）」において国際的に高い評価を得ている背景には，長年にわたってつちかわれてきた科学技術に対する考え方が

図2　1970年の大阪万博パビリオン　　　　　　写真提供：日本万博博覧会記念協会

正面　　　　　　　　　　　　　　　　内部

あるのです。米国や日本とは異なる科学技術観は，1970年に「人類の進歩と調和」をメイン・テーマに開催された大阪万博の展示にすでに見ることができます。図2はそのことを示しています。

　「人類の進歩と調和」はきわめて今日的な標語ですが，当時は，日本をはじめほとんどの国々では，「技術の進歩はバラ色の未来を約束する」という考え方が支配的で，さまざまな科学技術の華やかな面が展示されていました。たとえば，米国はアポロが持ち帰った「月の石」を展示しました。美浜原発から送られた電力によって会場に「原子の灯」がともったのも，このときでした。

　こうした中で，北欧諸国の考え方は大きく異なっていました。スウェーデンを中心とする北欧諸国は，「科学技術には必ずプラスとマイナスの両面があり，将来，このまま科学技術が拡大する方向で社会が進んでいけば，科学技術のマイナス面が増えて，環境への人為的負荷が高まる」と考えたのです。

　北欧諸国は無制限な人間活動の広がりは環境への負荷を高めるという観点から，「産業化社会における環境の保護」をテーマに掲げたパビリオン「スカンジナビア館」を建てました。このパビリオンの目的は，地球上の問題に，未来の世代の人々の注意を促すことでした。ノルウェー，スウェーデン，フィンランド，デンマーク，アイスランドの北欧5ヶ国がこの万博のために積極的な協力体制を敷いたのは，国境を越える問題に永続的に協力して取り組む姿勢を示そうと望んだこと，環境問題は地域的な範囲を

越え，世界的な規模で解決に当たらなければならないことをアピールしよ
うと考えたこと，などの理由によるものです。

　図 2 のように，パビリオンの正面には，「プラスとマイナス」のシンボ
ル・マークが鮮やかに刻まれ，パビリオンの内部では，人間の生活を豊か
にした数々の発明や発見と同時に，労働災害や公害といった，プラスとマ
イナスの具体的な事例が7200枚のスライドと写真，パネル，映像を通して，
パビリオンを訪れる人々に語りかけました。

　こうした北欧諸国の環境問題に対する基本的な認識が1972年にスウェー
デンの首都ストックホルムで開催された「第 1 回国連人間環境会議」へ，
そしてその後の環境問題に関するさまざまな国際会議へとつながっていく
のです。

2．スウェーデンが考える「緑の福祉国家」とは

　スウェーデンは，国連の「環境と開発に関する世界委員会」（委員長を
務めた元ノルウェー首相，グロー・ハーレム・ブルントラント氏の名に
ちなんで，通称"ブルントラント委員会"とも呼ばれている）が1987年 4
月に公表した「持続可能な開発（Sustainable Development）」という概念
の実現に具体的な一歩を踏み出した世界初の国です。「科学者の合意」と
「政治家の決断」によって，スウェーデンのペーション首相は1996年 9 月
17日の国会での施政方針演説で，21世紀前半の国のビジョンとして「緑の
福祉国家（エコロジカルに持続可能な社会）の構築」を掲げました。

　記者会見で首相は，「各世代が希望に満ちた大プロジェクトを持つべき
だ。それぞれの世代にビジョンが必要だ。私たちの前の世代のビジョンは，
貧しかったスウェーデンを『福祉国家』にすることだった。いまの私たち
のビジョンは，スウェーデンを『緑の福祉国家』に変えることだ。この仕
事は若い閣僚が目標を立て，プロジェクト推進の原動力になるのが自然
だ」と述べ，若い閣僚に政府の主導権を委ね，「閣僚環境委員会」を設置
しました。

　閣僚環境委員会は，委員長に環境大臣（女性，39歳），委員は教育大臣
（女性，33歳），労働副大臣（女性，29歳，男女平等・労働時間問題担当で，

歴代最年少大臣），農業大臣（女性，47歳），財務副大臣（男性，32歳，税金問題担当）の5人からなります。

　委員会のメンバーの性別や年齢の若さにも驚かされますが，委員会を構成する閣僚が環境，教育，労働，農業，財務の閣僚であることに注目したいと思います。環境問題に対する首相の認識と位置づけが，委員会構成にもはっきりとあらわれているといえるでしょう。

　この委員会の任務は，「持続可能なスウェーデン」を実現しようとする政府のすべての政策の土台となる，包括的な政策プログラムを1997年末までにつくり，98年からそれをスタートさせることでした。97年秋から98年春にかけて，エネルギー，交通，地域交通，地域開発，雇用，消費，住宅，農業，建設・設計などの各分野で，持続可能な開発の達成に必要な政策プログラムがつぎつぎに打ち出されました。

　20世紀の「福祉国家」（旧スウェーデン・モデル）で強調された「自由」「平等」「機会均等」「平和」「安全」「安心感」「連帯感・協同」「公正」など8つの主導価値は，21世紀の「緑の福祉国家」（新スウェーデン・モデル）においても引き継がれるべき重要な価値観です。しかしながら，20世紀の福祉国家は「人間を大切にする社会」でしたが，かならずしも「環境を大切にする社会」ではありませんでした。

　このことは，国際自然保護連合（IUCN）が2001年10月11日に公表した「国家の持続可能性ランキング」の詳細な評価にあらわれています。スウェーデンは世界180ヶ国の1位（2位フィンランド，3位ノルウェー，4位アイスランド，デンマーク13位）にランクされていますが，すでに「持続可能性な国」と判断された国はありませんでした。

　スウェーデンが考える「緑の福祉国家（エコロジカルに持続可能な社会）」は「人間と環境の両方を大切にする社会」で，社会的側面，経済的側面，環境的側面の3つの側面があります。

　スウェーデンは20世紀後半に「福祉国家」を実現したことにより「社会的側面」と「経済的側面」はすでに満たしていますが，「環境的側面」は世界の最先端を歩んできたとは言え，まだ十分ではありませんでした。そこで「緑の福祉国家の実現」には環境的側面に更なる政治的力点が置かれ

ることになります。

　1990年代はスウェーデンにとって,「福祉国家」を「緑の福祉国家」に転換する準備のための10年でした。このビジョンの実現を加速する目的で2005年1月1日に発足した持続可能な開発省（2007年1月1日から「環境省」に名称変更）のホームページのトップページ（2006年6月2日閲覧）を飾っていた「緑の福祉国家」の要旨を記しておきましょう。

　　このビジョンの実現のために新しい技術を駆使し,新しい建築・建設をおこない,新しい社会にふさわしい社会・経済的な計画を立て,そして積極的なエネルギー・環境政策を追求している。このビジョンの最終目標は現行社会の資源利用効率をいっそう高めて,技術革新や経済を促進させ,福祉を前進させてスウェーデンを近代化することである。

　　緑の福祉国家の実現によって,スウェーデンは「社会正義をともなった良好な経済発展」と「環境保護」を調和させることができるであろう。現在を生きる人々と将来世代のために……。

　　国際社会を見渡したとき,スウェーデンは発展の最先端に位置しているので,現在強い経済成長を経験している国々に「エコロジカルに持続可能な開発」の考えを伝える立場にある。

　　現行社会の近代化は,地球の資源がすべての人々にとって十分であることを保障する近代化でなければならない。

3.「緑の福祉国家」を実現する行動計画

　スウェーデンでは,1990年代中頃までに政治,行政（中央政府,自治体),企業,市民など国民のセクター間で「環境問題に対するコンセンサス（社会的合意)」がすでにでき上がっていました。

　民主的な法治国家で「ビジョン」を実現するための行動計画の枠組みは図3のように,予防の視点でつくられた包括的で柔軟性のある法体系による「政策と予算の優先的な配分」です。「緑の福祉国家の構築」を実現するためには新法の制定と旧ビジョンである「福祉国家」を支えてきた既存の法体系の改正や廃止,行政省庁の刷新,転換政策が必要となります。行

図3　ビジョンを実現するための行動計画の枠組み

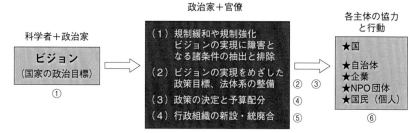

①21世紀前半のビジョン　緑の福祉国家（エコロジカルに持続可能な社会）の実現
　★ビジョン：96年9月17日の首相の施政方針演説　★国家像：99年9月14日の首相の施政方針演説
②「環境の質に関する16の政策目標」の制定　③「環境法典」の制定　④「緑の福祉国家」への
転換政策　⑤持続可能な開発省の新設・環境省の廃止　⑥国内の協力
20世紀のビジョン：福祉国家の建設・維持（社民党が政権に着いたおよそ70年前に策定）

（2005年　小澤徳太郎）

動計画のイニシァティブは地方自治体にあります。

　スウェーデン政府の包括的な環境政策の目標は「現在の主な環境問題を解決した社会（エコロジカルに持続可能な社会）」を次世代に引き継ぐことです。国会は約1年間審議した「環境の質に関する15の政策目標案」を1999年4月8日に承認しました。2005年11月に，この15の政策目標に「生物の多様性」が追加され，現在は「環境に関する16の政策目標」となっています。これらの政策目標を実現するための主な転換政策を図4に示します。

（1）「気候変動防止」への対応（国際的な対応）

　1991年1月1日から二酸化炭素税が導入されました。化石燃料の相当量がバイオ燃料で置き換えられました。原発はもちろん，CO_2吸収源としての森林，排出量取引（国内の削減努力を補うため，京都議定書で決められた方法のひとつで，各国の削減目標達成のため先進国同士が排出量を売買する制度）への期待はほとんどありません。「CO_2の削減は化石燃料の消費を削減する以外に有効な方法はない」という確固たる考えが，国のコンセンサスになっているからです。

図4　「福祉社会」から「緑の福祉社会」への転換政策

（1）「気候変動防止」への対応（国際的な対応）
（2）「オゾン層保護」への対応（国際的な対応）
（3）「税制の改革：課税対象」の転換
（4）「エネルギー体系」の転換：原発の段階的廃止と脱石油
（5）「新しい化学物質政策」の策定
（6）「廃棄物に対する製造者責任制度」の導入
（7）持続可能な農業、林業、漁業
（8）都市再生（都市の再開発）

> 緑の福祉国家を実現するための「社会制度の変革」、「エネルギー体系の転換」、「産業構造の転換」などには、少なくとも15〜25年のリードタイムが必要であるから、21世紀前半の社会に関する議論では、「時間枠」と「経済規模」の問題を常に意識する必要がある。

（2005年　小澤德太郎）

（2）「オゾン層保護」への対応（国際的な対応）

　特定フロンは，1987年の「モントリオール議定書」で，1995年末までに「製造」が禁止となりました。スウェーデンでは，それより1年早い1994年末までに，特定フロンの「製造」だけでなく，それらの「使用」と「再利用」までも禁止する措置がとられました。廃棄や大気への放出に対しては罰則規定があります。

（3）「税制の改革：課税対象」の転換

　スウェーデンは，1990年の税制構造改革で，課税対象の転換の第一歩を踏み出したヨーロッパ初の国（世界初の国）となりました。二酸化炭素税や二酸化硫黄の排出税，窒素酸化物の排出税が新たに導入され，所得税率と法人税率が引き下げられました。その結果，法人税率はOECD加盟の29ヶ国中最も低くなりました。

（4）「エネルギー体系」の転換：原発の段階的廃棄と脱石油

　1980年6月，国会は同年3月の国民投票で過半数を占めた建設中の原子炉を含む12基すべてを使用するという結果を踏まえて，「2010年までに12基の原子炉すべてを廃棄する」という国会決議をおこないました。

　その後，紆余曲折を経て，1997年6月10日に国会で承認された「1997年のエネルギー政策」で，「2010年までに12基の原子炉すべてを廃棄する」という最終期限は公式に撤廃されました。1999年11月30日にバルセベック原発の1号機が閉鎖され，2005年5月31日には2号機が閉鎖されました。

　1980年の国民投票に端を発したスウェーデンのエネルギー政策は，1997年のエネルギー政策あたりから，20世紀の「福祉国家」を支える「単なる脱原発政策」から21世紀をめざす「緑の福祉国家」を支えるための「エネルギー体系全体を環境に十分配慮したエネルギー体系へ転換していく政策」へと変わってきました。

　現在，スウェーデンでは原子力と水力で電力の95％を供給しています。一次エネルギーの30％強が再生可能エネルギー（水力，バイオマス，風力など）で，再生可能なエネルギーによるいっそうのエネルギー体系の転換が図られています。政府は「2020年までに化石燃料の依存から脱却する政策目標」を設定しました。

(5)「新しい化学物質政策」の策定

　1998年4月に，21世紀に向けた新しい「化学物質政策ガイドライン」が制定されました。

①市場に導入される新製品は，環境で分解されにくく生体に蓄積しやすい人工の有機化合物および発がん性，催奇性および生殖システムに悪影響を及ぼすような内分泌撹乱物質を含んでいない。

②市場に導入される新製品は，水銀，カドミウム，鉛およびそれらの化合物を含んでいない。

③金属は，環境あるいは人の健康に有害となる程度まで排出されないような方法で利用する。

④環境で分解されにくく生体に蓄積されやすい人工物質については，製造者が人の健康と環境に有害でないことを証明できる場合にのみ，生産工程で使用することができる。

　このガイドラインを保証するような方法で，「環境法典」の許可および
条項が規定されている。

　このガイドラインは，これまでのリスク評価とは異なり，予防原則に基
づく新しい試みです。スウェーデンのこの試みは，EUの化学物質政策の
基礎となって，国際社会に大きな影響を与えています。

（6）「廃棄物に対する製造者責任制度」の導入

　スウェーデンの廃棄物政策のキー・ワードは「今日の製品は，明日の廃
棄物」という言葉に凝縮されています。このことが理解できれば，製品の
製造者は「廃棄物の製造者でもある」ことが容易に理解できるでしょう。
1994年10月１日から「包装」「古紙」「タイヤ」に対する製造者責任に関す
る政令，1998年１月１日から「自動車」に対する製造者責任に関する政令，
2001年７月１日から，「電気・電子機器」に対する製造者責任制度に関す
る政令が施行されました。

（7）持続可能な農業，林業，漁業

　過去100年間に世界のほとんどの森林が半減したにもかかわらず，ス
ウェーデンの森林は倍増しています。穀物自給率ほぼ120％（1988年の時
点）を誇る農業に関しても，スウェーデンは80年代後半から90年代にかけ
て，持続可能性を強く意識した政策を次々に打ち出しました。

（8）都市再生（都市の再開発）

　12年の工期と2000億クローナ（およそ３兆円）をかけて，ストックホル
ムの旧工業団地（ハンマビー・スタッド）を8000戸の住宅を有する「持続
可能な街」につくりかえる，野心的なプロジェクトが現在進行中です。こ
のプロジェクトの目標は，施設の建設時および建設後の使用期間中の環境
負荷を，1989年から93年に建てられた建築物と比較して半減させることで，
エネルギー，水利用，交通，建材など各分野の具体的な目標が設定されて
います。銅葺きの屋根や銅管の使用，塩ビ製品の使用は禁止されています。
　ストックホルム市では，市営バスの燃料を1990年頃からエタノールに切

り替えてきた結果，2000年にはすべての市営バスがエタノール・バスとなりました。ディーゼル車の排ガス対策でも，スウェーデンは EU をリードし，世界の最先端を走っています。

「政策評価」のためのチェック項目

スウェーデンはさまざまな転換政策を実施して，「緑の福祉国家」へ向けて着実に歩を進めています。こうした計画が本当に環境問題を改善する方向に向いているのかどうかを判断するために，スウェーデンの環境諮問委員会が1990年代の初めから提唱している政策評価のチェック項目は，つぎの6つです。

①エネルギー消費を削減し，再生可能エネルギーの利用を増やす方向にあるか

②種の多様性や自然の資源生産能力を増大する方向か

③生態学的なサイクルの完成をめざしたものであるか

④人間と環境の許容限度内にあるか

⑤問題を生ずるよりも解決する方向性を持っているか

⑥予防原則を順守しているか

4．これまでの成果

2020年の目標年のほぼ中間点である2008年秋まで，経済も福祉も環境も，想定通りの成果を得ています。ここでは，現在，国際的に最も注目されている「気候変動（日本では温暖化防止）への対応」に絞ってその成果を紹介します。

スウェーデンの考え方が他の国と決定的に異なるのは，スウェーデンでは「緑の福祉国家の構築」が国家のビジョンとなっており，「気候変動への対応」はそのビジョンを実現する一側面にすぎないことです。図5は温室効果ガス排出量の推移を示しています。京都議定書の基準年である1990年に比べて，排出量は9％削減されました。1人あたりの温室ガス排出量は先進工業国の中で最も低くなっています。また，図6に示したように，

図 5　スウェーデンの温室効果ガス排出量の推移　1990～2007

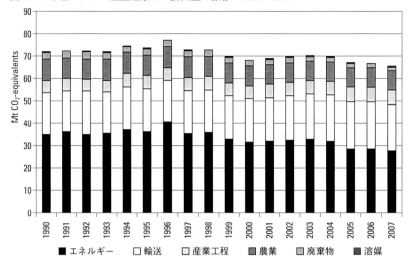

スウェーデン環境保護庁のホームページ（2009年3月31日閲覧）

図 6　スウェーデンの温室効果ガス（GHG）の排出と GDP の推移　1990～2005

出典：Statistics Sweden and Sweden's National Inventory Report（NIR），2007

1990年以来，44％の経済成長（GDPの成長）を達成したにもかかわらず，この間の温室効果ガスの排出量を9％削減しました。このことは，「経済成長」と「温室効果ガス排出量」のデカップリング（相関性の分離：経済成長が向上しても，温室効果ガスの排出量が減少していること）が達成されたことを意味します。ここで重要なことは，この成果が「国内の努力によって達成されたもの」であることです。スウェーデンは今後も，独自の「気候変動防止政策」を進めると共に，EUの一員としてEUのつぎの目標である2020年に向けてさらなる温室効果ガスの削減に努めることになります。

おわりに

　2009年1月21日に発足した米国オバマ政権の「グリーン・ニューディール」に触発されて，斉藤環境大臣が2009年1月6日に提案した「緑の経済と社会の変革」を日本版グリーン・ニューディールというのであれば，12年前の1996年9月17日にスウェーデン政府が掲げた2020～25年を目標年次とする「緑の福祉国家（エコロジカルに持続可能な社会）への転換」という国家ビジョンはスウェーデン版グリーン・ニューディールと呼ぶにふさわしいでしょう。

　スウェーデン版グリーン・ニューディールは，米国や日本のグリーン・ニューディールとは違って，2008年秋に顕在化した「世界同時経済不況」への緊急対応策として策定されたものではありません。スウェーデンは世界経済システムに連動した「開放経済の国」ですので，他の工業先進国と同様に，現在，世界同時経済不況の嵐の中にあり，1994年以降，好調な経済パフォーマンスを示していた経済指標が悪化し始めています。

　これは予期せぬ想定外の難問ではありますが，米国発の金融危機に端を発したグローバル経済の危機に対してエコノミストや評論家が好んで用いる「ピンチ（危機）こそチャンス（勝機）」という発想に立てば，100年に一度と言われる「世界同時経済不況」という大ピンチへの対応策は不況以前の経済状況に戻すことではなく，「人類史上初めて経験する経済規模の拡大から適正化へ世界経済が大転換する千載一遇のチャンスの到来」と捉

えるべきだと思います。「スウェーデン版グリーン・ニューディール」は
その具体例なのです。

　2009年 7 月 1 日から，スウェーデンは EU の議長国となりました。そし
て，市場経済システムを揺るがす人類史上最大の「気候変動問題」（日本
では地球温暖化問題）に対処するため，EU 議長国として，12月 7 日から
デンマークの首都コペンハーゲンで開催された京都議定書を引き継ぐ新し
い枠組みを決める「国連の COP15（国連気候変動枠組み条約第15回締約
国会議）」に臨みました。

　COP15は12月19日，「先進国 vs 途上国の対立の構図」を残し，ほとんど
何も生み出せないまま，京都議定書に定めのない2013年以降の温暖化対
策の国際的な構築をめざす政治合意「コペンハーゲン協定」（Copenhagen
Accord）に留意するとの決定を下し，承認，閉幕しました。このことか
らも「気候変動問題」が「21世紀の市場経済システムの最大の問題」であ
ることは明らかです。

　「化石燃料の使用により大気中の CO_2 濃度が増えると，地球が温暖化す
る」という仮説を最初に唱えたのは，スウェーデンの科学者スバンテ・ア
レニウスで，1896年のことでした。それから114年，「世界の経済状況」と
「私たちの生存基盤である地球の環境」は大きく変わりました。114年前に
スウェーデンの科学者が唱えた仮説がいま，現実の問題となって，私たち
に「経済活動の大転換」を強く迫っているのです。

　大阪万博から，およそ40年，北欧の国々が再び，私たちに続くまだ見ぬ
世代が住む人間社会の明るい未来のための舵取りを担うことになったのは
単なる偶然なのでしょうか……。

(column) ノルウェー風景画の父 ヨハン・クリスティアン・ダール

●──── 中村衣代

　ノルウェーの画家と言えば，最初にエドヴァルド・ムンクが頭に浮かぶと思いますが，ムンクより以前にノルウェー人の画家として最初に国際的に高い評価を得た人物がいます。ロマン派の代表的画家で『風景画の父』と呼ばれるヨハン・クリスティアン・ダール（JOHAN CHRISTIAN DAHL）です。

　ダールは1788年2月24日にベルゲンで漁師の子として生まれました。19世紀初めのノルウェーの美術界はナポレオン戦争の間から戦後にかけて物資が不足し，国立の美術アカデミーや優れた美術コレクションを保有しているところもなく，作品を展示したり販売する場もありませんでした。長年にわたりデンマークに支配され，またスウェーデンによって同君連合を強いられたノルウェーでは，このような政治状況が文化機関の発展と芸術の成長を抑圧していました。そのため，勉強したり生計を立てるために芸術家たちは，北欧であればコペンハーゲンやストックホルム，さらにはドイツ，イタリア，フランスへ向かわざるを得ませんでした。ベルゲンで職業画家および装飾画家として修行をしていたダールも新たな修行と制作の場を求め，当時芸術の中心地であったコペンハーゲンにあるデンマーク王立美術アカデミーで学ぶことにします。この美術アカデミーは当時の北ヨーロッパの美術界で中枢的な役割を担っていました。

　四年後の1815年，ダールの描いた13枚の絵がアカデミーの展覧会で成功を収め，1818年にはドイツのドレスデンに移ります。そこで，ダールに絶大な影響力を及ぼしたドイツの画家カスパー・ダーヴィッド・フリードリッヒと出会います。フリードリッヒはロマン主義を代表する画家で，深い宗教性が感じられる風景画を描くことで知られています。彼はダールの師となり生涯の友となりました。

　1820年，ダールはドレスデンのアカデミーの一員になります。その年，ダールの支援者であるデンマークのクリスチャン・フレデリック王子（のちのクリスチャン8世）の誘いでイタリアのナポリを訪れ，そこで故郷ノルウェーの自然の素晴らしさを思い出します。このイタリアでの制作旅行がダールの故国に対する認識を一新させたと言われています。今まで故郷ベルゲンのごく近辺しか訪れたことがなかったダールでしたが，初めて高山を訪れた経験は彼のその後の絵画を豊かにしました。

　活動拠点のドレスデンで教授となったため，なかなかノルウェーには帰国できません
でした。それでも，1826年以降は五回にわたり長期にノルウェーを訪れ，制作のための
調査を行い，とりわけ山岳風景や原野をできるだけ忠実に精確に描き出すことに精進し
ました。18世紀の後半までは，自然の美は人間にとって有益な田園地帯にあると考えら
れていて，人間の手が加えられていない自然のままの荒野には美しさが欠けていると思
われていました。この頃から，以前は取り上げられなかったありのままの自然の姿が北
欧絵画の中で意味をなすものになり，国を象徴する自然はノルウェー風景画の大切なテ
ーマとなりました。

　その頃ノルウェーでは，国内各地の諸方言を基礎にしたニーノシュクが作られたり，
ペーテル・アスビョルンセンとヨルゲン・モーによってノルウェーの伝説などを収集し
た『ノルウェー民話集』が刊行されたり，民主主義運動が高まっていました。また，農
民文化，民族音楽，北欧神話などにも関心が向けられ，これらも重要な文化遺産とみな
され絵画として描かれ，アカデミーの展覧会や王室コレクション，中産階級の客間の壁
に風景画と並んで飾られました。国家，民族に見合う芸術が模索され，ダールの風景画
はそうした民族的ロマン主義の繁栄に大きな影響を与えました。

　ダールの風景画の中には厳しい自然の中で暮らす農家の人々の生活がよく描かれてい
ます。伝統的な生活を大事にし他に頼らない自由な生活をする彼らは，当時のノルウェ
ーの良き象徴として風景画の中に織り込まれていきます。それら風景画の中で描かれた
厳しい気候の下で生き抜く人々の強さに，ノルウェー国民の偉大さが感じられます。

　ダールは近代風景画における先駆者として後進の育成や，ユネスコの世界遺産に登録
されたウルネスの木造教会など文化遺産の保護にも力を注ぎ，ノルウェーの美術界の発
展に多大な貢献をしました。ノルウェーへ旅行する機会があれば，ぜひオスロ国立美術
館を訪れてください。そこに展示されたダールの絵画の中に描きだされたノルウェーの
風景と，その中で生きるノルウェーの人々の姿を通じて，ノルウェーに対する理解を深
めてください。

第7章
北欧の地域協力と国際貢献

池上佳助

はじめに

　第二次世界大戦以降の北欧の外交・安全保障政策については，第3章「20世紀の北欧」（59〜70ページ）に記述したように，北欧各国がその歴史的・地理的状況のなかで独自の政策を追求したことから，一見バラバラのように見えます。しかしながら，北欧諸国は地域全体や自国の安全保障をより安定的なものとするため，地域内協力や国連などを通じた国際貢献活動に積極的に取り組み，国際社会の高い評価と信頼を獲得してきました。また，近年では紛争の仲介役や軍縮・軍備管理問題の牽引役として活躍し，国際社会にその存在感を示しています。

　本章ではこうした北欧の地域協力や国際貢献活動，とりわけ国連平和維持活動（PKO），政府開発援助（ODA）分野での取り組みを日本と対比させながら紹介し，国際関係における北欧諸国間の協調性や一体性を見ていきたいと思います。

1．北欧協力

　北欧はその民族的・文化的な親近性や社会的価値観の共通性を基盤にした地域内協力が進んでいることで知られています。北欧の地域レベルでの協力体制は「北欧協力」と呼ばれていますが，それは欧州連合（EU）に見られるような市場統合，経済統合を経て，最終的には政治統合を視野に入れた超国家機構を目指したものではなく，極めて実務的で緩やかな協力共同体といえます。そのことは，冷戦終結前までは，北欧各国が独自の政

策をとっていた軍事・安全保障については，北欧協力の場では議論の対象
としないことが暗黙の了解事項とされていたことに象徴されています。つ
まり，主権に関わる個別問題で地域内での合意の達成が困難な分野には敢
えて踏み込まず，合意可能な分野—法律，社会政策，運輸通信，文化など
—から協力を推進していこうとの現実的かつ柔軟なアプローチがとられて
きました。

　北欧協力の歴史を振り返ってみますと，その制度化に向けての議論は第
二次世界大戦以前からもありましたが，大戦後，欧州中央部での「不戦共
同体」の創設や米国による対欧州復興援助であるマーシャル・プランの受
け入れと連動した欧州統合の動きが加速したことで，北欧独自の相互協力
体制を早期に創設しようとの機運が一気に高まりました。

　そこで具体的な動きとして出てきたのが軍事・安全保障や経済領域での
協力構想でした。まず，戦後欧州での米ソ対立が顕著になってくるなかで，
1948年にスウェーデンが北欧防衛同盟構想を提案しましたが，あくまでも
中立志向のスウェーデンと西側，とくに米国からの支援を前提とするノル
ウェーの意見がかみ合わず，この構想はあえなく挫折してしまいました。
つぎに，北欧諸国間のすべての関税を廃止しようとする関税同盟の議論が
起こりましたが，強い工業力を持つスウェーデンとそれ以外の国の経済力
格差から，この構想も結局断念されました。しかし，こうした失敗にもか
かわらず，北欧各国の国会議員を中心に北欧の経済・社会・文化面での連
携を深めていこうとする声は衰えず，各国政府も巻き込んで1953年に「北
欧会議」が設立されました（フィンランドはソ連がこの協力体を自国に敵
対的なものとみなしていたため，当初は自重して参加せず，55年に加盟）。

　北欧会議は北欧各国の国会および自治領の議会（グリーンランド，フ
ェーロー諸島，オーランド諸島）から選出される合計78名の委員と議決権
を持たない各国政府代表から構成されています。北欧会議では地域全体に
とり共通の利害関係のある問題を討議し，そこで採択した決議を各国政府
に勧告することになっています。この点は北欧協力の特色のひとつですが，
北欧会議の決定はあくまで勧告であって，各国政府にとって拘束力を持つ
ものではありません。これは過去の失敗経験を踏まえ，北欧協力では北欧

会議を国家の上位機構と位置付けるのではなく，各国の主体性を尊重しながら，地域全体にとって共通利害のある問題から合意を形成し，協力を積み上げていくことが真の地域協力となると考えたのです。

　1971年には北欧協力に関する政府間の意思決定機関として北欧閣僚会議が新設され，機能強化が図られました。北欧閣僚会議の任務は，北欧会議で決議された勧告をフォローアップすることにあり，そのために北欧各国政府は北欧協力担当の閣僚を任命しています。

　北欧協力の具体的な成果としてはつぎのような点があげられます。法律分野では，立法過程での協力によって民法，家族法，刑法，訴訟法，商法などに統一条項が規定されています。出入国管理では，北欧の国民であればパスポートなしで域内の自由移動が保障されています。社会政策の分野では，1955年に社会保障協定が結ばれ，域内であれば年金，失業保険，医療保険などが互恵平等に受け取ることができるようになりました。1954年には共同労働市場が設立され，域内では自由に職業を選択できるようになりました。さらに1973年の北欧閣僚会議で採択された共同行動計画では，北欧協力の重点分野を産業協力，エネルギー，地域政策，環境，法制，文化，運輸部門に拡大していくことになり，その後北欧投資銀行の設立や環境保護協定などで合意しました。

　冷戦終結後，欧州統合の動きが一気に加速するなかで，北欧で唯一EC加盟国であったデンマークに加えて，中立政策の関係からECと距離をとってきたスウェーデン，フィンランドがEUに加盟しました。こうした北欧を取り巻く情勢の変化は北欧協力にも影響が及び，北欧地域内の政策であってもEUとの整合性が求められ，北欧協力の独自性が薄れるようになってきました。このため北欧協力の組織改革の必要性が議論されるようになり，1996年に北欧協力の対象地域を北欧内にとどめず，今後はEU，さらにはロシアやバルト諸国など近接地域へと拡大していくことで合意しました。また近年，北欧会議において外交・安全保障問題やグローバルな環境問題が中心議題となるなど北欧協力の質的な変容も見られるようになってきました。

　北欧会議などの枠組みとは別に，北欧各国政府は首相，外相，蔵相，国

防相などの閣僚レベルで定期的に会合（原則として年2回，国連など国際
会議の場を利用して随時開催）し，国際情勢，安全保障，経済・通貨問題
など時宜に適した問題の協議や意見調整をおこなっています。これも広い
意味での北欧協力といえ，北欧は国際社会に向けて声をひとつにして自ら
の主張を発信しています。

2．北欧の国際貢献

（1）北欧と国連

　北欧各国はその外交基本方針のひとつに国連中心主義を掲げています。
国連の活動目的は世界の安全保障と経済・社会の発展に資することと謳っ
ています。このような国連は，経済的・軍事的にみて小国である北欧にと
ってまさに自らの身を守る重要な盾なのです。国連の初代事務総長トリュ
グヴェ・リーは元ノルウェー外相で，第二代事務総長ダグ・ハマーショル
ドは元スウェーデン外交官でしたが，国連の創成期に二代続けて北欧出身
者が国連の要職を務め，国際平和の維持と社会の発展に主導的な役割をは
たしたことは北欧の国連に対する姿勢を如実に物語るものといえるでしょ
う。1980年代には国連軍縮委員会の委員長を元スウェーデン首相のオーロ
フ・パルメが務め，核軍縮問題に関する報告書『共通の安全保障』を公表
し，世界の注目を集めました。また，環境分野では国連の「環境と開発に
関する世界委員会」の委員長を元ノルウェー首相のグロー・ハーレム・ブ
ルントラントが務め，その最終報告書『地球の未来を守るために』のなか
で打ち出された「持続可能な開発」という概念はその後の地球環境保全の
キーワードとなりました。

　さらに近年では，世界各地の紛争に対する北欧の平和外交が脚光を浴び
ています。ノルウェーの積極的な仲介外交による1993年のパレスチナ紛争
に関するオスロ合意は有名ですが，それ以外にもグァテマラ，スリランカ
の和平交渉にも関与しています。また，元フィンランド大統領のマルッテ
ィ・アハティサーリは国連特使として旧ユーゴのコソボ問題やインドネ
シアのアチェ和平合意などの紛争解決に尽力したことから，2008年にノー
ベル平和賞を受賞しました。さらには，ノルウェー政府は国際的なNGO

（非政府組織）と協力して対人地雷全面禁止条約やクラスター爆弾規制条約の合意とりまとめに主導的な役割をはたしています。

（2）平和維持活動（PKO）

　国連による平和維持活動（PKO）とは，紛争当事者間における停戦の合意後，国連の安全保障理事会あるいは総会の決議に基づいて，両当事者の間に立って停戦や軍の撤退を監視することで事態の沈静化や紛争の再発防止を図り，当事者による対話を通じた紛争の平和的解決を支援する活動のことをいいます。いまではPKOは国連の重要な任務のひとつと考えられていますが，実は国連憲章にはPKOに関する明文の規定はありません。第二次世界大戦後に設立された国連では，国家間の紛争に際しては国連加盟国で構成される「国連軍」の強制措置によって紛争解決を図るということが想定されていました。しかし，こうした国連の集団安全保障体制は，冷戦下では安保理常任理事国である米ソ両国の拒否権行使によって十分に機能しませんでした。このためPKOは国連が紛争地域の安定化を図るための実際上の手段として慣行を積み重ねてきたのです。したがって，PKOには，①停戦合意の存在，②紛争当事者の同意，③紛争への不介入・中立，④非強制，⑤自衛の場合のみ武器使用などの原則が伝統的に適用されてきました。

　ところが冷戦終結以降，こうしたPKOのあり方に大きな変革が求められるようになりました。冷戦後，世界各地で宗教や民族間の対立による内戦や国際紛争が頻発し，国連による紛争解決への期待からPKOへのニーズが急増してきたのです。PKOが初めて設立された1948年から88年までの40年間でPKOは14件にすぎませんでしたが，冷戦後はその半分の20年間で3倍を上回る49件に急増し，2018年現在で15件のPKOが展開中です。さらには，PKOの任務内容も従来の停戦や兵力撤退の監視，兵力引き離しなどの軍事活動に加えて，文民警察による選挙監視，民主化支援，人道活動保護，難民・避難民の帰還支援などの人道活動・復興支援活動まで多岐にわたるようになってきました。1990年代にはカンボジアやモザンビークでの成功例もありましたが，ソマリアや旧ユーゴのコソボ紛争では

PKO は事実上失敗し，ルワンダでは虐殺阻止に効果的な手が打てませんでした。こうした中，著しい人権侵害や人道援助への妨害に対しては人道的介入が許されるとして PKO の予防的展開や平和構築のための PKO の是非などが盛んに議論されるようになりました。

　北欧諸国は初期の段階から PKO に積極的に参加してきました。たとえば，スウェーデンは1948年に設立された初の PKO である国連休戦監視機構（UNTSO）に参加して以来，2006年まで世界の約40箇所に延べ約7.8万人の要員を派遣してきました。そして，その任務中に累計65名を上回る犠牲者も出しています。ただ，近年は国連 PKO への派遣要員数は年間約200人程度に減少してきています。2018年10月時点で，PKO に派遣されている軍人・軍事監視員・文民警察官の合計数はデンマーク22名，スウェーデン288名，ノルウェー66名，フィンランド309名となっています。

　では，北欧諸国が PKO に積極的に取り組んできたのはなぜでしょうか。それは PKO による国際的な緊張緩和が究極的には自国の安全保障につながるという信念とともに，伝統的に中立を標榜してきた北欧，とりわけスウェーデンやフィンランドにとって PKO は自国の信頼醸成に相応しい任務と認識していたからといえるでしょう。

　さらに北欧諸国の PKO への取り組みを特色付けるものとして「北欧国連待機軍」制度（NORDSAMFN）があげられます。これはまさに PKO における北欧協力の実例といえるものです。国連待機軍とは国連の使用に供されるために，各国があらかじめ自国内に指定し，国連の要請があれば直ちに出動できるように準備した部隊のことをいいます。1960年代初め，北欧諸国はスウェーデン人のハマーショルド国連事務総長の要請で検討を開始し，1964年に国連待機軍の設立について合意しました。北欧の国連待機軍は，国防軍とは別個の，国連平和維持軍（PKF）への参加を任務とする志願制の専門部隊で，待機中の訓練は平和維持活動に関するものに限定されています。北欧国連待機軍の規模は４ヶ国合計で4600名ですが，４ヶ国で協力して待機軍用訓練を分担しています。スウェーデンは基幹幹部用訓練センター，ノルウェーは後方支援（兵站）訓練センター，デンマークは憲兵用訓練センター，フィンランドは軍事監視員訓練センターを運営し，

訓練用途に応じて各国の要員を受け入れています。

　冷戦後の1994年に，北欧諸国は国連の平和活動のみならず NATO（北大西洋条約機構）や OSCE（欧州安全保障協力機構）の枠組みに基づく平和構築活動にも対応できるよう法改正をおこない，97年には，短時間での部隊派遣を可能とする機能強化のため NORDCAPS へと組織改編しました。

　一方，日本の PKO 政策は冷戦終結前までは消極的な態度に終始してきました。アジア・太平洋戦争における日本軍の侵略という歴史的経緯や憲法第九条の規定から，自衛隊を海外に派遣することに国内外で強い拒否反応があったため，日本は PKO に対して財政的支援などの間接支援にとどめてきました。しかし，冷戦後の1991年の湾岸戦争において，総計114億ドルという巨額の資金援助をしながら，人的貢献は果たそうとしない日本の対応に，国際社会から「小切手外交」と強い批判の声があがりました。このため日本国内に PKO に対する人的貢献が必要だとの世論が高まり，92年に国際平和協力法が制定されました。同法施行後，日本が PKO の軍事部門に自衛隊を派遣した初めてのケースは国連カンボジア暫定機構（UNTAC）でした。その任務は停戦監視，道路・橋の修復などの後方支援，文民警察，選挙監視などで，要員は総勢約1300名に上りました。日本はその後16年間で延べ5000名を上回る要員を PKO に派遣しましたが，スウェーデンの10分の1にとどまっています。

　PKO の活動経費は，国連の通常予算とは別に PKO 予算が建てられ，基本的に国連加盟国の分担金でまかなわれることになっています。現在，日本の費用分担率は米国に次ぐ約11％となっています。近年では PKO の大型化・長期化に伴って，その活動経費は当初の年間12億ドルから75億ドルへと約6倍増加しています。PKO に対する日本の財政面での貢献は，北欧4ヶ国の合計を大きく上回っており，この点はもっと評価されてしかるべきでしょう。

（3）開発援助

　小国である北欧諸国が国際社会での政治的発言力を確保する上で第三世界との連帯は非常に大きな意味を持っています。このため北欧諸国は政府

開発援助（ODA）を通じた開発途上国援助に力を入れてきました。では，まずODAとは何か，から説明していきましょう。

　経済協力開発機構（OECD）の下部組織である開発援助委員会（DAC）では，ODAをつぎのように定義しています。①政府ないし政府の実施機関によって開発途上国および国際機関に対して供与されるもの，②開発途上国の経済開発や福祉の向上に寄与することを主たる目的とするもの，③供与条件が，金利や返済期間など条件の緩やかさを計る指標であるグランド・エレメント（GE）25％以上のものであること，をいいます。

　ODAを形態別に分類しますと，被援助国に直接供与される「二国間援助」と国連や世界銀行などへの拠出を通じた間接的な供与である「多国間援助」の2つに分かれます。そして二国間援助は，返済義務のない贈与を意味する「無償資金協力」，日本では円借款と呼ばれる「有償資金協力」，専門家派遣，研修員受け入れ，機材供与などの「技術協力」の3つに分かれます。北欧諸国は多国間援助がODA全体の20％〜30％を占めており，他の援助国と比べその比率は高いといえます。最近では国際赤十字など国際機関からの支援要請に基づく「緊急援助」に力を入れています。二国間援助の対象国ではアフリカ諸国が多く，とくにサハラ以南の最貧国を援助重点国に指定し，食糧・医療・衛生面での社会インフラに重点を置いていることが特色といえます。一方日本は，近年多国間援助の比重を高めてきていますが，多国間援助では援助国の顔が見えにくいことからODA全体の約80％が二国間援助向けとなっています。地域別でいえば，全体のほぼ半分がアジア諸国を対象としています。日本の対アジア援助には地理的な近接性ということもあるのですが，そこにはアジア・太平洋戦争の戦後賠償の意味合いを包含するという歴史的要因も込められています。

　日本と北欧の開発援助を比較する場合，援助の「量と質」の問題がよく議論されます。そこにはどのような違いがあるのでしょうか。

　まず，日本と北欧のODAの「量」から比較して見ていきましょう（表1）。

　日本のODA実績の総額は，1990年代の10年間はDAC加盟22ヶ国のなかで第1位を誇っていましたが，2001年にODA予算の減額から米国にその座を譲ってからは順位を下げ続け，2016年には米，独，英に次いで第

表1　ODA実績額（2016年）

順位	国　名	実績額 （百万ドル）	シェア （%）	対前年比 （%）
1	米　国	35,121	22.3%	10.7%
4	日　本	16,808	10.7%	11.8%
8	スウェーデン	5,014	3.2%	△ 30.1%
10	ノルウェー	4,403	2.8%	2.3%
14	デンマーク	2,521	1.6%	△ 5.4%
18	フィンランド	1,060	0.7%	△ 19.0%
	DAC 29ヶ国合計	157,682	100%	10.2%

出典：DAC 統計

4位となっています。日本のODA実績は1997年がピークで，円ベースで1兆1687億円もの援助をおこなっていましたが，その後は財政再建を旗印に「聖域」にあった援助予算が削減され，一時は約40%も減少しましたが，近年若干回復傾向にあります。とはいえ2016年の日本と北欧のODA総額を比較しますと，日本は北欧のトップで，DAC全体のなかでは第8位のスウェーデンの約3倍，ノルウェー，デンマーク，フィンランドを加えた北欧4ヶ国の合計額を上回っていることがわかります。経済規模の小さな北欧諸国にとってODAの絶対額では低位に留まるのもやむを得ないのかもしれません。ODA実績の対前年比を見てみますと，DAC全体で10.2%の伸びを示しているのに対し，北欧諸国はノルウェーを除きマイナスとなっており，とりわけスウェーデンの大幅な落ち込みが目立ちます。

　ではつぎに，ODAの「質」，つまり経済規模に見合った援助を実施しているかどうかを日本と北欧の間で比較してみましょう。

　表2はODAの国民総所得に占める割合を示したものですが，表1の実績額と見比べた場合，その順位が大きく様変わりしているのがわかります。フィンランドを除く北欧諸国が上位を占め，日本と米国が下位に位置しています。国連では1970年に合意した「国連開発の10年」目標のなかで，援助額を70年代半ばまでに国民総生産（GNP）比0.7%とすることが掲げられていました。その後，実施目標年次が85年に繰り延べられましたが，目標を達成する国は北欧を除いてほとんどありません。日本は1998年のODA白書において2007年までに対GNI比0.45%，2010年までに0.7%を達成するとの目標を掲げましたが，現状はその目標をはるかに下回ってい

表 2　ODA の対国民総所得（GNI）比（2016年）

順位	国　名	対GNI 比（%）
1	ノルウェー	1.12%
3	スウェーデン	0.94%
4	デンマーク	0.75%
10	フィンランド	0.44%
20	日　本	0.20%
23	米　国	0.19%

出典：DAC 統計

表 3　ODA の国民 1 人当たり負担額（2016年）

順位	国　名	国民 1 人当たり負担額（ドル）
1	ノルウェー	832.7
3	スウェーデン	489.6
5	デンマーク	412.0
10	フィンランド	192.7
17	米　国	106.5
21	日　本	82.1

出典：DAC 統計

るだけではなく，米国と日本の二大経済大国が DAC の平均値にも満たない低い数字に止まっており，批判の声が上がっています。一方，ノルウェー，スウェーデン政府は対 GNI 比 1 ％を目指すことを表明し，ノルウェーは唯一 1 ％を超えています。

　さらに，ODA の相対的な評価をおこなう上でよく引き合いに出されるのが，表 3 の国民 1 人当たりの負担額です。

　ここでも上位は北欧の 3 国で，日本や米国は下位に止まっています。国民 1 人当たりの負担額で最も多いノルウェーと日本では10倍以上の開きがあります。さらに ODA のような政府レベルだけではなく NGO を通じた開発途上国援助を国民 1 人当たりで比較しますと，その差はさらに拡大し，日本は北欧諸国の約10分の 1 に止まっています。ODA 全体の規模の比較からだけでは見えてこない北欧諸国の援助に対する積極的な取り組みが伺えます。

　また，ODA の「質」は開発途上国に対してどれだけ緩やかな条件で資

金が供与されているかで見ることもできます。たとえば，ODAに占める無償資金協力の割合である贈与比率を見てみましょう。2016年の北欧諸国の贈与比率はノルウェーが100％，スウェーデンが99.6％，フィンランドが98.7％，デンマークが95.2％となっているのに対し，日本は35.6％と最下位となっており，円借款という有償資金協力の比重が大きくなっています。

　しかし，贈与比率が低いことが必ずしも開発途上国の貧困軽減や生活改善への貢献の度合いが低いことを意味するわけではありません。日本と北欧の贈与比率の違いは援助理念の違いが表れたものといえる言えるかもしれません。日本はこれまで開発途上国が経済的に自立し，貧困から脱出するためには経済的な基盤整備が不可欠であるとして，ダムや橋の建設など経済インフラ重視の大型プロジェクトを円借款主体で実施してきました。それは大規模な資金を調達する必要性とともに，開発途上国に返済義務を負わせることで自助努力を促す効果を期待してのことでした。これに対し，北欧は貧困層への人道支援に重点を置き，食糧・医療・保健衛生・教育分野の社会インフラ整備や緊急援助に対して無償資金協力あるいはNGO活動支援を通じて実施してきました。

　日本のODAに対しては，重点援助対象地域であるアジアの中から韓国やシンガポールなどODA卒業国が生まれ，アジアの急速な経済発展に寄与したとの評価がある一方，日本が援助する物資やサービスを日本企業から調達することを義務付ける，いわゆる「ひもつき援助」であるとの批判や賄賂・汚職など不正行為の温床となってきたとの指摘が繰り返されてきました。一方，北欧諸国は主要援助対象国としてアフリカの最貧国に力を注いできましたが，それらの国は依然貧困から抜け出せず，援助効果がでていないことに国内世論から批判の声も出始めています。

　これまで見てきたとおり，日本と北欧のODAはその理念や実施方法において競合関係にあるわけではなく，むしろ相互の長所・短所を補い合う補完関係にあるといえます。今後，ODA政策で日本と北欧の協力が進展していけば，開発途上国の自立にとってより効果的な援助が実施可能となるのではないでしょうか。

おわりに

　北欧が地域協力や国際貢献を積極的に進めるのはなぜなのでしょうか。
こうした外交の前提条件にあるのが，自らが「小国」であるとの自己認識
です。人口，経済力，軍事力といったハード・パワーが小さな北欧にとっ
て，二国間外交よりも多国間外交，単独行動よりも国際協力の方が自らの
発言力を高める有効な外交手段となっているのです。その際，北欧は「「小
国」だからできない」ではなく，「「小国」だからこそできる」へと発想を
転換させ，その外交に「小国」としての利点を最大限に活用しているとい
えます。「大国」と比べ，「小国」はその政治的野心，経済的利害，軍事的
威圧感は小さく，その分相手側には安心感や信頼感を与えることができま
す。また，組織が小さいが故に機動性，迅速性，柔軟性に優れているとい
えます。「小国」北欧の持つこうした強みは仲介外交，平和活動，開発援
助などの現場でいかんなく発揮されており，そのことで北欧は国際社会か
ら高い評価と信頼を得ているのです。

　「情けは人のためならず」という言葉がありますが，北欧が紛争当事者
や貧者に対して積極的な支援の手を差し伸べようとするのは，むしろ北欧
自身の平和と安全を確保するためなのかもしれません。

統計から見る北欧

池上佳助・佐保吉一

　「北欧は幸福度が高い」とよく言われます。毎年，国際幸福デー（3月20日）に国連の機関によって発表される世界幸福度ランキングの2019年度版を見ると，対象となる156ヶ国のうち1位がフィンランド，2位がデンマーク，3位がノルウェー，4位がアイスランド，そしてスウェーデンが7位となっています。確かに上位を北欧諸国が独占しており，統計の上では幸福度はかなり高いようです（日本は58位となっています）。他の統計で北欧諸国はどのような位置にいるのか見ていきましょう。

　政治や行政分野の統計に「腐敗認識指数」というものがあります。これは世界の国や地域の公的部門における腐敗度，つまり公務員や政治家が汚職に関わるなどして「腐っている」度合いを数値で示したもので，国際NGO「トランスペアレンシー・インターナショナル（TI）」が毎年発表しています。2018年度の対象国は180ヶ国でしたが，腐敗が少ない順に1位がデンマーク，2位がニュージーランド，そして3位にスウェーデンとフィンランドが入っています。さらにノルウェーが7位，アイスランドが14位に位置していますが，日本は順位を2つあげて18位となっています。ここでも北欧が上位を独占し，政治や行政における北欧の「清潔さ」を見ることができます。そして，それが国民の公的部門に対する信頼の高さにつながっていきます。

　次に，政府や行政を監視する役割を果たす「報道」について見てみます。パリに本部を置く国際NGO「国境なき記者団」が毎年各国の報道の自由度ランキングを発表しています。2018年度の調査対象180の国と地域のうち1位がノルウェー，2位がフィンランド，3位がスウェーデン，5位にデンマークが入っています。アイスランドは14位です。一方，日本は毎回のように順位が低く，今回も67位となっています。上位5位までに北欧4ヶ国が名を連ねており，報道に関しても北欧全体として自由度が高いこと，つまり国民の知る権利が尊重されていることがうかがえます。

　今度は経済関係の統計を見てみましょう。世界経済フォーラムが毎年発表している国際競争力ランキング（2018年度）では，140ヶ国中1位がアメリカ，2位がシンガポール，3位がドイツとなっており，日本は5位です。北欧ではスウェーデンが9位，デンマークが10位，フィンランドが11位につけ，ノルウェーが16位，アイスランドが24位と

なっています。経済大国が上位を占める中で，小国でありながら北欧はかなり健闘していることがうかがえます。とくにイケア，レゴ，ノキアなど世界的企業を擁する国々が北欧の中でもより高い競争力を持っています。

　最後に，社会に関係する統計の中から男女平等に関するものを見てみましょう。世界経済フォーラムが毎年発表するものに「ジェンダーギャップ指数」があります。この指数は男女格差を測るもので，経済，教育，健康，政治の4分野におけるデータをもとに作成されます。153ヶ国を対象とした2019年度のランキングを見ると，格差が小さい順に1位がアイスランド，2位がノルウェー，3位がフィンランド，そして4位がスウェーデンと，これまた北欧諸国が上位を完全に独占しており，男女平等の実現度が高いことを世界に示しています（ちなみにデンマークは14位，日本は何と121位です）。

　ここまでで見たように，「世界幸福度ランキング」の上位を占める北欧諸国は，政府や行政機関への信頼度が高く，報道の自由が保障され，経済，男女平等といった面でも統計の上では世界でもトップレベルにあるといえます。しかし，この地位は一夜で築かれたわけではありません。歴史を振り返れば，北欧諸国は数百年前までヨーロッパの北辺に位置する貧しい国々でした。人々が協力し血と汗を流して社会を築いてきた，その積み重ねの上に現在があるのです。そして，統計の上では素晴らしい場所に見える北欧諸国にも実際にはホームレスがいますし，失業者も多く経済格差も広がりつつあります。百聞は一見に如かず。ぜひ自分の目で北欧の姿を確かめてみてはどうでしょうか。

　話は大きく変わりますが，北欧の人々はコーヒーをよく飲みます。オフィスの机の上には（少し大袈裟かもしれませんが）花瓶のように大きなマグカップを置き，仕事の合間にコーヒーを飲む姿をよく見かけます。「国際コーヒー機関（ICO）」の統計による国民1人当たりのコーヒー年間消費量（生豆ベース，2013年）を見ますと，フィンランドはルクセンブルクに次ぐ世界第2位で，約12キロを消費しています。日本は3.4キロですので，フィンランド人は日本人の4倍近くコーヒーを飲んでいることになります。スウェーデン，デンマーク，ノルウェーのコーヒー消費量も7キロから9キロですので，どうやら北欧の人々のコーヒー好きは確かなようです。しかし，コーヒー豆など全く生産されていない北欧でどうしてこれほどコーヒーが愛飲されているのでしょうか。

　真実のほどは定かではありませんが，コーヒーがアルコール抑制に一役買っているという説があります。北欧では長く暗い冬が続くために，どうしてもウオッカやアクアビットのような強いお酒に依存しがちです。北欧では昔からアルコール中毒の健康被害が

深刻な問題で，スピリッツ類のお酒は国営酒店でしか購入できないなど国家による統制や，あるいは禁酒運動もおこなわれてきました。そうした節酒政策の一環として，政府がコーヒーを奨励し，一般にコーヒーが普及していったというのです。納得できるようなできないようなこの説に誰か挑戦して，真相を究明しませんか。

氷でできたテーブルとグラス（ヘルシンキのアイスバーにて）

第8章

北欧における教育の特徴
―「競争」ではなく「共生」による社会をめざして

上倉あゆ子・吉田欣吾

はじめに

　私たちはほぼ例外なく学校教育を経験しているため，教育についてはある程度の知識や自分なりの考えをもっています。また，教育が非常に重要な問題であることについても私たちは同意するでしょう。ただ不思議なことに，たとえば経済の問題などに比べると教育の問題が広く真剣に議論されているとは感じられません。そのような議論を可能にするためには，自分の経験にもとづく主観的な考えや意見だけではなく，日本の教育について客観的に知ることが必要です。そして，日本の教育を客観的に見るためのヒントとなるのが北欧の教育です。この章では大きく4つの視点から北欧の教育を見ていきますが，いずれも日本の教育とは大きく異なった視点を提供してくれます。

　一つ目には「学力」や「創造性」という観点からフィンランドの教育を見ていきながら，「競争」ではなく「協同」にもとづく教育こそがよい結果をもたらす可能性について考えます。次には協同をさらに発展させ「包摂」という視点からノルウェーの教育について検討し，皆が平等に社会に「参加」するための方法を探ることにします。三番目に目を向けるのがスウェーデンです。スウェーデンの教育においては，子どもたちの間に存在する「差異（違い）」をどのようにとらえ，いかに子どもたちの「可能性」を引き出そうとしているのかに注目します。そして最後に，現代の世界でしばしば話題になる「生活の質」と「市民性教育」という言葉が何を意味するのかを確認しながら，デンマークの教育の特徴を見ていくことに

します。

1．「協同」と「分権」による創造性の育成―フィンランド

　フィンランドの教育が世界的に注目を集めるきっかけになったのが，経済協力開発機構（OECD）という組織が2000年に実施した「生徒の学習到達度調査（PISA）」でした。その調査には32ヶ国から約26万5,000人の15歳児が参加し，「読解リテラシー」に加え「数学的リテラシー」「科学的リテラシー」の調査が行われました（「リテラシー」とは「学力」あるいは「能力」だと考えてください）。すべての分野において好成績を収め，とくに2000年調査で中心分野とされた「読解リテラシー」において第1位となったフィンランドは，その後「学力世界一」という称号を手に入れることになります。その結果，「フィンランド式教育で頭がよくなる」といった宣伝文句とともに日本では多くの書籍が出版されることになりました。ただ，ここで注目しておかなければならないのは「学力とは何なのか」という問題です。

　PISA調査で測られる学力は英語では Knowledge and Skills for Life と表現され，日本語では「生きるための知識と技能」と訳されています。つまり，PISA が調べようとしているのは，学校で勉強した教科の内容をどれだけ理解し記憶しているのかということではなく，これからの人生を生きていくうえで必要な力をどの程度身に着けているのかということです。そのような目的で行われた調査においてフィンランドが好成績を収めたということは，フィンランドの教育が「生きるための知識と技能」を身に着けさせることに成功していたということだと言えるかもしれません。そのようなフィンランドの教育は日本の教育とはどのように異なっているのか，「協同」「教員」「分権」「創造性」といった言葉を鍵として考えていきます。以下の記述では「第8章の推薦図書」（297ページ）に挙げる OECD による資料を参考に議論を進めていきます。

（1）協同

　フィンランドの子どもたちの学力が高いということと同時に注目すべき

ことは，フィンランドでは学校間や生徒間の学力差が小さいということです。それは，フィンランドでは大多数の子どもたちが平等に教育を受けることができていることを示しています。さらに，フィンランドにおける学校教育の原則となっているものは「協同」だということに目を向けるべきです。「協同」とは助け合い力を合わせることを意味しますから，日本の教育の原則ともいえる「競争」とは正反対の考え方です。日本の学校では当たり前とされる「テストのための指導」「生徒間・学校間の競争」といったことは行われず，生徒同士，そして学校同士が協力し連帯し合うことを教育の原則にしていると言われます。

　フィンランドの学校では，たとえば全国の生徒たちが「標準テスト」といったものを受験して学校ごとの，そして生徒ごとの得点を出し比較することもありませんし，そもそも5年生になるまでは数字による成績をつけることもないそうです。その根底には，本当の意味での学習にとって「競争」は決して望ましいものではなく，逆に「協同」し「連帯」することが結果的には学習にとって効果的だという考え方があると言えます。ただ，そのような教育を行うためには，教員は大きな責任を担うことになります。

（2）教員と分権

　教育を行ううえで「競争」や「点数」といった手段をもたないということは，それだけ教員の仕事が難しいものになることを意味します。「競争」や「点数」というものに頼らずに，生徒たちの学習意欲を高めるという難しい課題に教員は向き合うことになるからです。「協同」という原則にもとづく教育を進め，すべての生徒に多様な学習の機会を提供するためには，教育の専門家としての力が試されます。そのような教員になるために，フィンランドでは原則として修士号を修めることが求められます。日本でいえば学部での4年間の勉強に加え，大学院での2年間の勉強が必要だということになります。それだけの時間をかけて教育の専門家になるわけですが，小学校の教員になるためには大学での学習時間の15%程度を教育実習に費やします。日本での教育実習がせいぜい1ヵ月ほどであることを考えると，5倍以上の長さになるはずです。このようにして，教員志望

の学生は教育と研究の専門家となってから学校という現場に立つことになります。

　多様な学習を可能にするためには教員の専門家としての力に加え，教員や学校全体が常に柔軟に物事を判断し迅速に決断を下していくことが必要になります。つまり，教員や学校には比較的大きな権限が認められることが必要条件になります。もちろんフィンランドにも全国の学校や教員が従わなければならない一定の指針がありますが，同時に各学校や教員は学校運営や授業計画について大きな権限を与えられています。たとえば，教科書や教材を選ぶときに，日本では学校のもつ裁量がわずか43.4%であるのに対して，フィンランドでは99.4%となっており，学校で使用する教科書・教材は実質的に学校が決定しています。あるいは，公立学校で教員を採用する際に各学校がどの程度の権限をもっているかを比較すると，日本では約18%とされるのに対してフィンランドでは約79%となっています。

　ただ，各学校や各教員に強い権限を与えるためには，保護者や子どもたちが学校や教員を信頼できている必要があります。フィンランドでは政治家や官僚に対する信頼度が非常に高いことが国際調査で分かっていますが，同じように学校や教員に対する信頼度も高いと言えます。それが可能になるのも，すでに述べたように長い教育実習を経験し修士号の学位を取得した教員が教育の専門家として高い能力をもっているからです。教員の高い能力が保護者の間に信頼感を生み出し，その結果として学校や教員は自信をもって多様な教育を実践できます。

（3）生きるために必要な創造性

　OECD による『PISA から見る，できる国・頑張る国2』という報告書では，他のいくつかの国とともにフィンランドを取り上げています。そのタイトルは「フィンランド：経済競争力のための競争なき教育」となっていますが，このタイトルの中にこそフィンランド教育の特徴が隠されていると言えるかもしれません。「競争」ではなく「協同」の精神にもとづく教育により，結果的にフィンランドが国際的に高い競争力をもつ国になっているということです。それでは，なぜ「競争」を否定する教育が国際的

に高い競争力を生むことにつながっているのでしょうか，そしてその競争力を支えるものとは何なのでしょうか。

　まず確認しておくべきことは，現代の世界において競争力を支えるものは単なる知識の量ではないということです。必要とされるのは「創造性」です。物事が速いスピードで変化していくような現代世界においては，新たなものを生み出す「創造性」が何よりも重要だと考えられています。そして，フィンランドの教育はまさしく「創造性」を高めるものになっていると評価されています。それでは，なぜ「競争」よりも「協同」にもとづく教育が「創造性」に結びつくのでしょうか。

　OECD の分析によれば，創造性を高めるのに必要なことは安心感だと言えるようです。失敗を恐れずに未知の世界へ向かって進んでいけることが創造性に結びつきますが，そのためには失敗をしても大丈夫だという安心感，何かひらめいたときにそれを口に出したり実践したりすることができる環境が必要です。「競争」の原理にもとづく教育では常に失敗を恐れ，思いついたことを口に出したり実践することは好ましくないものとみなされます。その結果，現代世界で生きていくために必要とされる力，たとえば失敗を恐れずに挑戦する意思，柔軟に考え行動する態度，物事に自発的に取り組む意欲，周りの人々と協調する姿勢，あるいは知識を新しい状況にあてはめる能力といったものは競争によっては生まれにくいと考えられます。「協調関係が最大化し，競争が最小化したときにこそ創造性やコミュニケーション能力が花開く」と OECD は結論づけています。そして，そのような教育を実践しているのがフィンランドだという結論に達しています。このようにして，フィンランドの教育の基盤となる「協同」という考え方は「創造性」に結びつくわけです。そして，その「協同」はさらに「包摂」という考え方に結びついていきます。

２．「包摂」と「参加」による権利の保障―ノルウェー

　子どもの教育について考える際に必ず話題になる重要な条約が二つあります。それは国際連合による「子どもの権利条約」と「障害者の権利条約」です。北欧の５ヶ国も日本も両方の条約を批准しています。条約を批

准するということは，その条約で謳われている目的や内容を国内で実現さ
せる約束をしたことを意味します。ここでは，これら二つの条約の中でも
とくに重要だと思われる「包摂」と「参加」という視点からノルウェーの
教育を見ていくことにします。

（1）包摂

　「命が守られ自分の可能性を十分に伸ばし成長できること」「子どもに
とって最善のことを優先して考えること」「子どもが自分の意見を表明し，
その意見を尊重されること」そして「いかなる理由によっても子どもが差
別されないこと」の4つが「子どもの権利条約」の大きな原則となってい
ます。そのために，同条約は「守られる権利」「生きる権利」「育つ権利」
「参加する権利」という大きく4つの権利について定めています。そして，
第2条では「いかなる差別もなしに権利を尊重すること」を定めています。
そこでは，もちろん「障害」による差別も許されません。そして，第23条
では障害をもつ子どもが社会に積極的に参加できるようにすべきことも定
められています。それでは，障害をもつとされる子どもたちが差別される
ことなく社会に参加するために，彼ら自身にとって最善のこととは何なの
でしょうか。そこでヒントになる一つの考え方が「障害者の権利条約」に
も登場する「包摂」という考え方です。

　「包摂」のことは英語では inclusion（インクルージョン），形容詞であ
れば inclusive（インクルーシブ）と言いますが，これらは include という
語からできています。include とは「含む」「包み込む」といった意味です
ので，インクルージョンとは「含むこと」「包み込むこと」といったこと
を意味します。インクルージョンは「包括」「包容」「包含」などとも訳さ
れますが，それは「排除」「除外」（英語では exclusion）と逆のことを表
します。この「包摂」が「障害者の権利条約」において大きな原則の一つ
となっており，その第24条では包摂的な教育をあらゆる教育段階で実現す
べきことを謳っています。

　「包摂」と「排除」を学校教育に当てはめて考えれば，包摂はすべての
子どもが通常の学校・学級で勉強することを意味しますし，逆に排除とは

たとえば「障害児」と呼ばれる子どもたちを通常の学校・学級とは別のところへ追いやることを意味します。たとえば，「障害児」は特別支援学校へ入学するのが当たり前だと考え，近所の普通学校へ通わせない日本の現状は「排除」に当たると言えるかもしれません。同じように北欧のノルウェーでも，かつては「障害児」たちを普通の学校には通わせず，ときには親から引き離し遠くにある全寮制の特殊学校へ閉じ込めていました。そのようなノルウェーに「包摂」という考え方が入ってきたのは1990年代だとされていますが，そのずっと以前からノルウェーでは実質的に「包摂」という考え方にもとづく改革が行われていました。

　第2次世界大戦後のノルウェーでは障害児たちを障害の種類などで分類し，近所の普通学校とは別の「特殊学校」に通わせていました。普通学校と特殊学校から成る二重学校制は1800年代の終わり頃から続いていましたが，早くも1975年には「特殊学校法」という法律が廃止され，誰もが近所の普通学校に通うべきだという方向へ転換します。つまり，この時点でノルウェーの学校教育は「排除」から「包摂」へと舵を切ったと言うことができます。ノルウェーの教育法の第8−1条では「子どもは近隣の学校へ通う」という原則が定められていますが，これは「子どもの権利条約」第9条で定められた「子どもが親と引き離されない権利」を保障するものだということにもなるでしょう。

　ノルウェーでは6歳から16歳の子どものうち97％が近隣の普通学校に通っており，世界でも最も包摂的な国だとされています。このようなことが実現する背景には「障害」をどのようにとらえるかという視点の問題があります。一つの見方は「医療モデル」と言われています。医療モデルにしたがえば「障害」は治療や矯正の対象であり，「障害」をもつ個人に目が向けられます。この医療モデルと対立する考え方が「社会モデル」ですが，それによれば「障害」とは人々の参加を阻むように社会が生み出しているものです。ノルウェーの教育は「社会モデル」にもとづいたものであり，子どもたちが近隣の普通学校に通うことを阻んでいる「障害」を取り除くことで，すべての子どもたちの社会参加を促そうとするものです。それでは参加とは何かを次に考えましょう。

（2）参加

　「子どもの権利条約」と「障害者の権利条約」のどちらにおいても，重要な原則に「参加」があります。子どもも障害者も差別されることなく，他の人々と同じように社会に参加することが当たり前だという考え方です。子どもは未熟な存在なのだから，本当の意味で社会に参加すべきなのは大人だけであり，また障害をもつ人々は自立して考えたり行動することが難しいのだから，やはり社会に積極的に参加するのは「健常者」だけであるという考え方が支配的でした。それに対して「子どもの権利条約」や「障害者の権利条約」がめざそうとしているのは，子どもや障害者たちも他の人々と同等に社会に参加すべきであり，また参加する権利も力ももっているという考え方です。では，子どもや障害者が社会に参加できるためには，どのようなことが前提となるのでしょうか。

　もっとも重要なことの一つは「子どもの権利条約」第12条で定められた自分の意見を表明する権利であり，そのような意見を尊重される権利だといえるでしょう。そして，自分の意見をもつためには適切な情報を手に入れられる権利が欠かせませんが，その権利を定めているのが第17条です。もちろん子どもにも「表現の自由」が認められなければならないことも第13条で述べられています。一方，「障害者の権利条約」の第23条では「障害をもつ子どもの自立を促し，社会へ積極的に参加できることを容易にするような条件」を作り出さなければならないことが定められています。ということは，当然のことながら障害をもつ子どもたちに対しても，適切な情報を手に入れ，自由に考え，そして自分の意見を表明し，それを尊重される権利が保障されなければなりません。

　ノルウェーには「子ども法」という法律があり，子どもの権利とともに親や社会の義務を定めています。その第31条「共同決定をする子どもの権利」の中では，子どもにとっての重要な権利の一つとして「意見表明の権利」が定められています。それによれば，7歳に達している子ども，あるいは7歳未満であっても自分の意見をもつことのできる子どもは，自分自身に関わる問題について決定がなされる前に情報を与えられ，自分の意見を表明する権利があり，その意見は尊重されるべきだと定めています。も

ちろん，この子どもたちには障害をもつとされる子どもたちも含まれていま
す。このような権利を明確に規定することにより，子どもも自分の意志
にもとづき社会に参加することがめざされています。

　以上見てきたように，すべての子どもを近隣の普通学校へ迎え入れ，そ
して子どもたちにも自分の考えを表明する権利を保障しようとしているノ
ルウェーですが，これらのことを求める「子どもの権利条約」や「障害者
の権利条約」をノルウェーが批准していることを考えると，むしろ当たり
前のことをしているとも言えます。なぜなら，条約を批准しているという
ことは，条約の中身を国内で実現すると約束したことを意味するからです。
一方の日本では，依然として「障害」をもつ子どもたちを無条件で特別支
援学校・学級に入れることで「排除」が続いており，それについて子ど
もたちは自分の意見を表明する機会も与えられていません。その結果，当
然のことながら子どもたちは社会へ完全な意味で参加することを阻まれて
いると言えるでしょう。その意味では，日本は批准し実現を約束した「包
摂」とは逆の方向へ動いているわけです。ただし，すべての子どもをただ
同じ学校に入れることが本当の「包摂」なのかどうか，議論の分かれる問
題もあります。次はその問題を見ていくことにします。

3．「差異」を肯定することによる「可能性」の追求—スウェー
デン

　「子どもの権利条約」の第30条では，少数派の子どもたちは自分の文化
を享受し，自分の宗教を実践し，自分の言語を使う権利をもつとされてい
ます。また，同じ条約の第2条では人種や性，あるいは言語などによる差
別は許されないことが定められています。歴史的にみると，少数派の子ど
もたちが多数派の学校に通わされることにより，彼らの多くが自分の言語
や文化を奪われてきました。学校教育がそのような役割を果たさないため
には，少数派自身の文化的背景に考慮したカリキュラムにもとづき，彼ら
自身の言語を使って教育を行うことが求められます。つまり，同じ学校・
学級に通わせることが「包摂」なのだと単純に考えることが，逆に子ども
たちの権利を踏みにじることになる可能性があるわけです。重要なことは

「差異」をどのようにとらえるかということです。

（1）差異の肯定と子どもの可能性

　少数派の中で，北欧や日本を含めどの国にも存在する人々がいます。それは「ろう者」と呼ばれてきた人々です。ろう者とは「耳の聞こえない人」「聴力の低い人」というように理解されてきましたが，今では異なる見方が優勢になっています。それは「手話という言語を話し，独自の文化をもつ人々」という考え方です。つまり，ろう者は言語的・文化的な少数派だという考え方です。「手話」がジェスチャーとは異なり，音声を使う言語とまったく同じ意味で「言語」であることは，言語学や脳神経学の分野ではすでに常識になっています。そして，「障害者の権利条約」も手話が言語であり，手話話者に対しては手話による教育を行うべきだと定めています。なぜなら，ろう者がもっとも自然に習得し使用できるのが手話だからです。また，彼らにとって音声言語の習得が必ずしも容易でないことは想像してみればすぐに理解できるでしょう。

　すでに述べた医療モデルにしたがえば，ろう者は治療や矯正の対象であり，ろう者を「ろう者でない人間」に変えることが目的になります。それに対して，ろう者は手話という言語と，それにもとづく独自の文化を共有する人々だと考えれば，社会モデルにもとづき彼らに手話を使った教育を用意すべきだという結論に至ります。手話を使う人々は異なる言語を使い異なる文化をもつ人々なのだということ，そのような差異を肯定的にとらえることが重要だという考え方です。そのような視点に立ち世界でもっとも早く手話による教育を実践してきたのが北欧のスウェーデンです。

　スウェーデン国会はすでに1981年という早い段階で，スウェーデン手話が独自の言語であることを決議しています。その後，スウェーデン手話を第一言語，スウェーデン語を第二言語とする二言語教育（バイリンガル教育）が開始されています。つまり，習得できるかどうかもわからない音声言語であるスウェーデン語の学校に子どもたちを押し込むことで，その子どもたちが本来もっている可能性の芽を摘んでしまうのではなく，彼らがもっとも自然に習得し使うことのできる手話による教育を開始したのです。

その中で，スウェーデン語の読み書きの習得をもう一つの柱とする二言語
教育を実践しているのです。

　以上のことを考えると，「包摂」とは「差異」を無視して単純にひとま
とめにするということではないということが分かります。そもそも「包
摂」とは子どもたち一人一人が自分の可能性を十分に伸ばし，その結果と
して社会に参加できるようにすることをめざす考え方です。そうであれば，
確実に習得できる手話を学習する機会を作り出すためにろう児たちだけの
学校・学級を作り，それにより子どもたちのもつ可能性を最大限に伸ばす
ことが必要です。そうすることにより彼らの社会参加を促していくという
意味において，結果的には社会全体として「包摂」を実現することにつな
がるからです。「包摂」とはけっして皆が同じようになることを意味する
のではなく，差異を認め合ったうえで一人一人の可能性を伸ばすことなの
だということを確認しておく必要があります。

（2）「進歩」が生み出す新しい問題

　日本では，ろう児たちに対して手話を使った教育を行うことはむしろ例
外です。よほど幸運でなければ彼らは手話による教育を受けることができ
ず，よく理解できない音声言語である日本語での学校生活を強いられ，結
果的に自分たちのもつ可能性を十分に花開かせることができずに成長して
いくことになります。「子どもの権利条約」や「障害者の権利条約」を批
准していながら，それらの条約がめざす目標へ向けて動き出す気配はなか
なか見えません。一方で，北欧でも手話による教育は新しい問題に出会っ
ています。それは技術や研究の「進歩」の結果として普及し始めた人工内
耳という問題です。

　人工内耳とは手術で耳の奥に装置を埋め込み，また耳の外にも装置を取
りつけ聴力を獲得させようとする仕組みです。この人工内耳の手術を行い
普通学校に通う子どもたちが北欧では劇的に増加しています。ただし，人
工内耳を装着したからといって十分な聴力を獲得できるわけではなく，彼
らは依然として「難聴者」だと考えられますし，あるいは水泳をするため
に装置を外せば聴力は活用できません。人工内耳を埋め込んだ後は継続的

なリハビリテーションを行う必要があり，また音声言語をきちんと習得できない可能性も十分にあります。問題は人工内耳に過度な期待をするあまり，自然に習得できるはずの手話を学ぶことを避け音声言語の習得だけをめざそうとしてしまう傾向があることです。その結果，期待していたようには音声言語も習得できず，一方で，自然に手話を習得できる年齢も過ぎてしまう可能性があります。そうなれば，どの言語の習得も中途半端なままになってしまいますが，それは子どものもつ可能性の芽を摘んでいることになります。北欧がこのような問題も抱えていることは知っておく必要があるでしょう。

　いずれにしても，大切なことは子どもたちが本来もっているはずの能力を最大限に伸ばすことができるような教育，そして社会を作ることです。そうでなければ「生きるための知識と技能」を身に着けることはできないでしょう。そして，その「生きるための知識と技能」というものは一度習得してしまえばよいという性格のものではありません。現代という世界において「生きるための知識と技能」を身に着けることは学び続けることを前提としています。そして，そのようなことが私たち一人一人の「生活の質」を高めてくれるのだという考え方について，デンマークを例に検討していくことにします。

４．多様な学びによる「生活の質」の向上と「市民性教育」──デンマーク

　現代とはめまぐるしい変化が継続的に起こる世界です。その中で生きていく私たちは絶えず新しいものと出会います。そして，そのような変化に対応しながら成長していくためには，常に新しいものとの出会いを自分の中で消化していく必要があります。言い換えれば，現代世界に生きる私たちは絶えず学び続けることを求められています。すでに述べた PISA で求められる「生きるための知識と技能」というのは，まさしく学び続けるための基礎的な力のことです。そのような力を学校で身に着けたうえで，卒業した後もそのような力を伸ばしていくことになります。学びは高校や大学を卒業した段階で終わるものではなく，その後も続いていくものです。

そして，学び続けることにより自分の可能性を最大限に伸ばしていくことが必要です。そのような学びについてデンマークを題材に二つの視点から見ていきます。

（1）多様化・高度化する職業教育

　経済や労働について話をする際に「フレキシキュリティ」という言葉が使われることがあります。これは英語の flexibility「柔軟性」と security「安全」を組み合わせた単語で，1990年代にデンマークの首相が使い始めたとされています。簡単に言えば，企業は業績が思わしくなくなれば労働者を「柔軟に」解雇できるが，その代わりに失業手当を充実させるなどして労働者の「安全」を確保しようとする考え方です。そして，労働者の「安全」を確保するためにもう一つ重要なことが職業教育です。北欧諸国は職業教育が充実していることでも知られています。

　北欧における職業教育については多様化と高度化という特徴を挙げることができるでしょう。北欧では中学に当たる学校を卒業した後，希望すればさまざまな分野の職業教育を受けることが可能です。さらに，その職業教育が高度化していることに注目する必要があります。なぜなら，現代社会において仕事をするためには高い知識や技能が必要とされますし，また常により高いレベルの知識や技能の習得を求められるからです。そのために，北欧では大学レベルに相当する職業教育が行われており，デンマークでは「専門職学士」と呼ばれる資格を得ることができます。さらには，大学院の修士課程レベルの職業教育を受けることも可能になっています。そして，社会に出た後もさまざまな職業教育を受ける機会が存在しており，それが人々の「安全」を守ることにつながります。

　多様で高度な職業教育を受けることにより，人は絶えず自分の可能性を広げていくことができます。ただし，学ぶということを職業と結びつけてだけ考えるのは誤りです。学ぶということは就職をしてお金を稼ぐためではなく，あくまでも人生を豊かにするために行われるべきものです。教育，そして「学び」というものは何よりも私たち自身の人生を豊かにするためのものであるという視点をもつことが重要です。そのような視点に立つ実

践の好例がやはりデンマークに見つかります。

（2）対話を通じた成人教育―フォルケホイスコーレ

　デンマークにはすでに1800年代から，通常の学校教育とは別に行われる「自由な学校・自由な教育」という考え方があり，さまざまな教育の機会を提供してきました。その代表となるものが「フォルケホイスコーレ（folkehøjskole）」と呼ばれる学校です。folk は「民衆，国民」，høj は「高い」，skole は「学校」という意味で，日本語ではしばしば「国民高等学校」と訳されます。最初のフォルケホイスコーレは1844年に南デンマークで誕生し，現在ではデンマーク全土に約70の学校が存在します。このような学校が誕生するきっかけになったのがグルントヴィと呼ばれる人物です。グルントヴィは牧師であり，また思想家・教育家でもありました。

　デンマークは1848年から大きな戦争を戦うことになりましたが，その結果として1864年には領土の40%を失うことになります。そのような状況の中でグルントヴィは，デンマークを復興させ民主主義にもとづく国を作るには人々が教育を受けることが重要だと考えました。その教育は子どもだけに限定されるものではなく，生涯続くべきものであると考えましたが，それは現在の「生涯学習」という考え方をすでに示すものだったといえます。そのような教育により人々が積極的な社会の一員になるべきだとグルントヴィは考えました。

　70校ほど存在するデンマークのフォルケホイスコーレでは17歳半以上の人々が自らの意思で学んでいますが，入学をするために特別な学歴などは必要なく，また試験もありません。原則として全寮制となっており，音楽，演劇，スポーツ，人文科学，社会科学，自然科学，保健，メディアなど多様なコースが設置されています。数週間の短期コースもあれば，数ヵ月続く長期コースもあります。そこでは，通常の学校のように決まったカリキュラムに沿って勉強したり，試験により成績評価をすることはありません。そこは，生徒と教員が共同生活を送りながら対話を基盤として「学び」を実践する場です。またフォルケホイスコーレには多くの移民・難民たちも在籍し，デンマーク社会について学び，あるいは職業訓練を受けています。

その意味では，フォルケホイスコーレは彼らがデンマーク社会で生きていくうえで重要な役割を担っていると考えることもできます。

（3）「生活の質」の向上と責任ある「市民」

　フォルケホイスコーレに関する冊子を見ると，フォルケホイスコーレの主要な目的は「生活の質」を向上させ，また民主的社会の責任ある積極的な「市民」を生み出すことだと書かれています。ここには日本を含め世界中で話題となり続けている重要な二つの問題が含まれています。その一つは「生活の質」という考え方です（英語では Quality of Life と言い，頭文字を取って QOL などということもあります）。それでは，「生活の質」を向上させるとはどのようなことを意味するのでしょうか。

　「生活の質」という考え方は，経済的に豊かになり財産を増やし生活水準を高めることが人間の幸福につながるといった考え方とは鋭く対立する概念です。「生活の質」という考え方にとって重要なことは，私たちが日々の生活の中で満足感を得ることができているのか，生きがいを感じながら人生を送っているのかということです。そして，そのような意味での「生活の質」を高めるためには，安心して暮らせる社会が存在していることが不可欠な前提条件となります。そして，安心して暮らせる社会は，責任感をもち積極的に社会に関わろうとする「市民」が努力することによってはじめて成り立つのだというのがフォルケホイスコーレの理念です。

　日本を含め世界中の多くの国々において，人々の「生活の質」を高めることが重要な課題だと考えられています。そして，人々の生活の質を高めることができるような民主的な社会の担い手となる市民を育てる「市民性教育（シティズンシップ教育）」の重要性が20世紀後半から叫ばれ続けてきました。そのような考え方と通じるものを，すでに19世紀にデンマークで生まれたフォルケホイスコーレが理念としてもっているということには注意を払っておいてよいでしょう。グルントヴィの思想に端を発するフォルケホイスコーレの考え方は他の北欧諸国にも伝わり，あるいはドイツや日本にも影響を及ぼしてきました（グルントヴィの思想に感銘した松前重義博士が東海大学を設立したことは「まえがき」にも書きました）。

おわりに

　フィンランドの教育が「協同」の原則にもとづき「創造性」を培おうとしていること，ノルウェーでは「包摂」という精神にのっとりすべての人々の社会への「参加」を促してきたこと，また，スウェーデンでは人々の間に存在する「差異」というものを肯定的にとらえることで一人一人の「可能性」を高めようとしていることが確認できました。そして最後に，19世紀に生まれたデンマークのフォルケホイスコーレが，現代の世界で追及される「生活の質」の向上と「市民性教育」という考え方を先取りしていたことを確認しました。これら4つの国に共通していることは，教育が「競争」ではなく「共生」にもとづく社会をめざすものになっているということです。

　北欧では大学を含め教育は原則として無償ですが，そこには徹底して「平等」という価値観が反映されていると考えることができます。また，形式にとらわれない柔軟な教育体制により，学校や教員は新たなことに挑戦しやすい環境が整っています。たとえば，「体を動かし運動することが学力の向上に結びつく」という研究結果が出たことを受け，ある学校が教室から椅子をなくしてしまったことが話題になっています。あるいは，学習に積極的に電子機器を導入するなど数多くの大胆な取り組みが行われています。そして，そのような教育を支えているのは当然のことながら教員です。

　教育にとって教員が重要なものであるのであれば，教員がどのような環境に置かれているのかに注目する必要があるでしょう。たとえば，日本の教員の1週間の労働時間は約54時間なのに対してフィンランドでは約32時間，また生徒の指導に費やす時間は日本では約18時間なのに対してフィンランドでは約20時間としている資料があります。日本の教員は労働時間が長く，一方で生徒の指導に費やす時間が必ずしも多くないということは，それ以外の仕事が山のようにあるということを意味します。そもそも日本では過労死ラインを超える教員が小学校で3割，中学校で6割もいるという調査結果もあります。その結果，「もう一度仕事を選ぶなら教員」と答

える教員がフィンランドでは約85％に達するのに対して，日本では約58％
にとどまるそうです。このような状況に置かれている教員に，さらに努力
を期待するのは正しいことでしょうか。

　教員一人当たりの生徒数が日本の学校では約20人，フィンランドの学校
では約10人という報告があります。あるいは，中学校の 1 クラスの生徒数
が日本では約31人，フィンランドでは約18人という調査結果もあります。
このような状況を改善し，教員がよりよい環境で教育活動に取り組めるよ
うにするには，簡単に言えばお金が必要です。OECD は各国が教育にど
のくらいの支出をしているのかを調査しています。それは小学校から大学
までの教育機関に対する公的支出が国内総生産（GDP）の何パーセント
を占めるのかという調査です。それによれば，2018年に調査対象となった
34ヶ国のうち教育に対する支出の占める割合がもっとも高かったのがノル
ウェーの6.3％，続いてフィンランドの5.6％，アイスランドの5.5％と北欧
の国々が上位に並んでいます。それに対して日本は2.9％なっていますが，
これは34ヶ国の中では最下位です。

　教育は誰にとっても身近な問題でありながら，深い議論がなされていな
い気がします。その意味で，北欧の教育について学ぶことは日本の教育に
ついて深く議論するためのきっかけやヒントを与えてくれます。この章で
取り上げたテーマ以外にも環境教育，それと深く関係する消費者教育，あ
るいは幼児教育や就学前教育，そして性に関する教育など興味深いテーマ
は数多くあります。ただ一つ注意しておかなければならないことは，北欧
の教育を理想化してはいけないということです。北欧の教育も「いじめ」
や「地域による格差」など多くの問題を抱えており，その克服へ向けて現
在も努力が続けられています。一方で，「北欧と日本では国の大きさが違
うから参考にならない」というような子どもじみた姿勢をもつことも許さ
れません。誰にでも身近で重要な問題であるからこそ，皆が教育について
考えることを求められます。

第9章

北欧における多言語・多文化共生
―ことばの役割と環境・権利

吉田欣吾

はじめに

　人間のさまざまな行為や行動は「ことば」に基づいています。そして，人と人とが関係を築いていく土台になるものも，やはり「ことば」です。人間同士が関係し合うことを「社会」と呼ぶとすれば，結果的に「社会」は「ことば」を土台にして築かれ維持されていると言えるでしょう。そのような「社会」の中で人間が生み出すものが広い意味で「文化」と呼ばれます。「ことば」をもとに成り立つ「社会」の中で生み出されるものが「文化」であれば，当然のことながら「文化」も「ことば」を基盤として生み出されるということになります。

　「社会」の成り立ちが「ことば」に基づいているのですから，安定した平穏な社会を望むのであれば「ことば」に目を向けることが重要になるはずです。また，「ことば」と「文化」の間に密接なつながりがあるのであれば，ある文化を理解するためには「ことば」に注目する必要が出てくるのも当然のことです。このことを頭に入れると，国際連合が2008年を「国際言語年」と定め「ことば」に目を向けたのも当然のことだと納得がいきます。たがいの社会や文化に対する理解が世界の平和を築くために欠かせないものであり，その社会や文化を作り出している基盤が「ことば」であるということを国際連合は十分に認識しているからです。

　日本にはアイヌ語や琉球語といった言語が伝統的に存在してきましたし，朝鮮語／韓国語や中国語を話す人々も日本社会の重要な一部を構成してきました。また，外国からやって来て定住する人々も増え，その数は今後さ

らに増えていくでしょう。あるいは，日本には日本手話ということばも存在しています。このように多様なことばが話されているということは，それらに基づく多様な文化が存在していることを意味しますし，自分たちのことばや文化を大切なものだと考える多様な人々が暮らしていることを示しています。そのような多様なことばと文化，それらを話す人々を含めた「日本」を安定した社会として築いていくには，やはり「ことば」に目を向ける必要があるはずです。

　北欧の国々にも多数の言語・文化が存在してきました。そして，人間や社会にとって言語・文化が重要な意味を持つことを認識した北欧諸国は，それぞれの言語を使うことや自分の文化を発展させることを権利として認めようと努力してきました。たとえば小学生や中学生は，たとえ外国からやって来たとしても，自分の言語を学習する権利を認められています。もちろん，何もかもがうまくいっているわけではありませんが，日本語以外の言語を話す人々の数がますます増えると思われる日本にとって，北欧の試みが教えてくれることは少なくないはずです。

１．北欧の言語事情

　北欧各国に存在する言語をざっと見ておくことにします。デンマークではデンマーク語が最大の言語ですが，ドイツと国境を接する南部にはドイツ語系の人々も存在しています。また，デンマーク領ではありますが高い自治を獲得しているフェーロー諸島とグリーンランドでは，それぞれフェーロー語とグリーンランド語が話されています。

　スウェーデンではスウェーデン語が多数の人々によって話されていますが，フィンランド語を話す人々が人口の5％前後も存在します。さらに，フィンランド語と親戚の関係にあるメアンキエリ語という言語もスウェーデン北部で話されています。メアンキエリ語がスウェーデンに伝統的に存在してきたことは20世紀の終わりに公式に認められました。

　言語という面から見たときに興味深いのがノルウェーの状況です。ノルウェーではノルウェー語が最大の言語ですが，そのノルウェー語には「ブークモール」と「ニューノシュク」という2つの書きことばが存在してい

ます。たとえば,「ノルウェー」のことはブークモールでは Norge と書き,ニューノシュクでは Noreg と書きます。両者はもちろん非常に似通っていますが,あくまでも異なる書きことばとして確立されています。またノルウェー北部には,フィンランド語の親戚であるクベン語という言語も存在しています。

フィンランドではフィンランド語が話されているのが当然のような気がしますが,スウェーデン語もフィンランド語と同じく国語とされています(これについては第4章を参考にしてください)。憲法ではフィンランド語とスウェーデン語がフィンランドの国語であり,それらを話す人々の権利は平等に保障されるとされています。ただし,スウェーデン語を話すフィンランド人は総人口の6％足らずとなっており,明らかに少数派の立場に立たされています。

アイスランドではアイスランド語が話されていますが,それ以外にアイスランド手話も重要な言語です。手話は北欧諸国それぞれに存在し,デンマーク手話,スウェーデン手話,ノルウェー手話,そしてフィンランド手話と呼ばれています。日本では日本手話が話されていますが,手話同士であっても別の言語ですから,たがいに話が通じるわけではありません。

ノルウェー,スウェーデン,フィンランドの北部を中心にサーミ語という言語が話されています。実際には10ほどの言語から成る「サーミ諸語」というグループを作っており,そのいくつかはロシアで話されています。また,北欧やヨーロッパのほとんどすべての国にはロマニ語と呼ばれる言語も存在しています。彼らは「ジプシー」とも呼ばれてきましたが,いまでは「ロマ」や「ロマニ」と呼ばれることが多くなりました。そして,北欧のどの国にも移住者や外国人が少なからず存在し,彼らの言語や文化も北欧社会の一部となっています。

2．ことばの役割

それでは「ことば」とは何のために存在しているのでしょうか。まず,ことばは伝達をしたり意思を伝え合う手段です。人と人との関わりが,それぞれの考えや思いを伝え合うことで成り立つとすれば,ことばの重要性

はすぐに理解できます。逆にことばが通じなければ相手としっかりとした関係を築くことが難しくなる場合もあります。とくに，子どもや高齢者にとって，自分の言いたいことを相手に理解してもらうことの重要性ははかりしれません。しかしながら，現実には自分の言いたいことを理解してもらうことに困難を感じている人々が少なくありません。ですから，保育や教育，あるいは保健や福祉といった分野においては「ことば」の問題に目を向けることがとくに重要です。

　ことばが伝達の手段であることは確かですが，ことばには他にも重要な働きがあります。まず「ことば」は私たちが世界を理解しようとする手段だということです。たとえば，英語の sister という語を日本語では何と訳せばよいでしょう。「姉」ですか，それとも「妹」ですか。sister という語からは，それが年上なのか年下なのかはわかりません。しかし，日本語を話す人間は必ず年上なのか年下なのかを区別します。そのような区別をすることは日本語を話す人間にとってはごく当たり前のことですが，それは「姉」と「妹」という語があるからです。「姉」と「妹」という語があるせいで，私たちは同じ親から生まれた女性について，年上なのか年下なのかを抜きにしては考えられなくなっています。

　こうして「ことば」は私たちが周りの世界を理解する方法に大きく影響しています。ある環境に置かれたときに，その環境をどのように切り分け，そして理解するのかには，ことばが大きく影響しています。日本語では「稲」と「米」は別のものですし，また袋に入った「米」と炊飯器で炊いた「ご飯」は異なるものとして扱われますが，これらを英語に訳せば，いずれも rice という語で表現されるでしょう。英語を話す人々が rice としてとらえているものを，日本語を話す人々はもっと細かく分類しているわけです。もちろん，細かく分類するのは，それが重要だからです。周りの世界は誰にとっても同じものだと考えられがちですが，このように言語によって周りの世界の分類・理解の仕方は異なっています。言い換えれば環境・世界の「切り分け方」が異なっているのです。

　同じことばを話す人間同士は同じような環境の切り分け方をするので，異なることばを話す人々とよりも，周りの世界を理解する方法が近い可能

性があります。ですから，人間は同じことばを話す人々に親近感を抱き，同じ仲間だという意識を持つ可能性が高くなります。つまり，「ことば」には人々をまとめる力もあるわけです。ことばを通じて人間はある集団の一員だという気持ちを持ち，その集団の一員であることが安心感を与えてくれます。これも「ことば」の持つ重要な働きのひとつです。ただし，このことは，異なる言語を話す人々に対して人は敵意を抱きやすいということを意味するわけではありません。

　以上のように，自分の考えを表現し意思を伝え合う手段だと考えられている「ことば」には他にも重要な働きがあります。考えや思いを伝え合うことを通じて人間関係を築く働きを「ことば」は持っていますが，それは「社会」や「文化」を作り上げるということを意味します。また，「ことば」には周りの世界を理解する橋渡しとしての働きもあります。言い換えれば，「ことば」によって世界の理解の仕方が異なり，それが「文化」の違いを生み出すことにもなります。そして，「ことば」を通じて世界の理解の仕方を共有していることによって，人間はある集団の一員であるという気持ちを持つことになります。

3．ことばと環境

　ことばには周りの世界，つまり環境を切り分けて理解する役割があると書きました。そして言語ごとに，その切り分け方が異なることにも触れました。北欧の先住民族サーミ人たちの言語には「雪」に関わる語が200近くもあると言われています。たとえば，「雪」自体を表す muohtta［ムオッフタ］という語がありますが，「トナカイなどの足跡が目立つような降ったばかりの新雪」のことは áinnádat［アインナダフトゥ］と呼び，まったく別の語で表現します。これはなぜなのでしょうか。

　北欧の北部でトナカイを飼育してきたサーミ人たちの言語に「雪」に関する語が多数あるのは，もちろん彼らにとって「雪」が重要だからです。今ではトナカイ飼育にたずさわるサーミ人も多くはありませんが，トナカイ飼育を続けるサーミ人たちにとっては，放し飼いにしているトナカイを狼から守ったり，いなくなったトナカイを捜すために「雪」の状況をしっ

かり把握しておくことはいまでも重要です。そして，「雪」に関する情報をすばやく仲間に伝えることも重要です。たとえば，トナカイがいなくなったので狼に食べられる前に見つけようとしているときに，仲間に向かって「トナカイなどの足跡が目立つような降ったばかりの新雪」などとのんびりとしたことを言っている余裕はありません。ですから áinnádat という，状況を端的に表現できる語があるわけです。

　それでは，ある環境をもっともよく理解しているのは誰でしょうか。それは，その場所で長い間暮らし，その環境をとても重要だと考えている人々であるはずです。そして，その人たちは自分たちの環境を理解すると必ず，それを「ことば」として表現するはずです。そうすることで，皆で環境理解の方法を共有することができますし，またつぎの世代に伝えていくことも可能になります。「ことば」の中には，それを話す人々が長い間を通じて獲得してきた周りの世界に関する知識や情報が詰め込まれているわけです。

　それでは，周りの世界の様子が大きく変化したら，ことばはどうなるでしょうか。もちろん，周りの世界の変化に応じてことばも変化します。何かが存在しなくなってしまえば，それを表す語も使われなくなり，そのうちに忘れ去られてしまうでしょう。逆に，新しいものが現れてくれば，それを表す新しい語が使われるようになります。こうして，「環境」と「ことば」は歩調を合わせて変化します。

　逆の考え方をしてみましょう。「ことば」が変化したり，あるいは消えてしまったときに「環境」はどうなるのでしょうか。「ことば」が変化したからといって「環境」が変化するわけはないのでしょうか。たとえば，見かけは非常に似ている草でありながら，一部は薬になるのに，残りは役に立たないとしましょう。そして，それを知っている人々は「薬になる草」のことを A と呼び，「何の役にも立たない草」を B と呼び分けて区別するはずです。その人たちは長い時間をかけて「薬になる草」と「役に立たない草」を区別できるようになり，その区別を違う名前で呼ぶことで明確にしてきました。そんな人々が畑を作らなければならなくなったとしたら，きっと B という草の生えている場所を選び，A という草の生えてい

るところは残そうとするでしょう。それでは，そんな言語が話されている場所へ別の言語を話す人々がやってきて，もともと話されていた言語を滅ぼしたとしたら何が起こるでしょうか。

　新しくやってきた人々は，見かけが同じなので「薬になる草」も「役に立たない草」も区別ができず，ただ「草」と呼ぶでしょう。さて，畑を作ろうとするときに彼らはどうするでしょうか。おそらく，何も考えず片っ端から草を抜いてしまうでしょう。こうして「役に立たない草」と一緒に「薬になるはずの草」まですべて消えてしまうことになります。つまり，「ことば」が消えることは周りの世界に関する重要な情報や知識が消えてしまうことを意味し，結果的には周りの世界を破壊することにもつながる可能性があるのです。難しい言い方をすれば，環境理解とそれを蓄積した言語・文化が失われれば，環境破壊の可能性を生み出すことになります。

　以上のような話は突飛なものに聞こえるかもしれませんが，環境を守ることと言語・文化を守ることの間には密接な関係があることは国際的にも常識になっています。このような考え方を支持する声は北欧においても大きく，具体的に環境政策に反映されています。たとえば，環境政策の充実度を調べる「環境持続可能性指数」調査で2005年に1位に位置づけられたフィンランドの環境政策においても，言語や文化を守ることが重要だということがしっかりと認識されています。フィンランド環境省は，とくに北部の環境を守るためには，そこに長い間暮らしてきたサーミ人たちとの協力が不可欠だという考えに立ち環境政策を進めています。その中では，サーミ人たちの文化・社会を守ることが環境を守る重要な前提であることが明確にされ，もちろんサーミ人たちの文化・社会の基盤である「ことば」を守ることが環境を守ることと密接に結びついていることがしっかりと認識されています。

　日本でも北海道の知床が世界遺産に登録された際に，登録を決めたユネスコは知床の自然を守るためには先住民族であるアイヌ人が関わることが重要だと指摘しています。その結果，日本の環境省は知床の環境保全にアイヌ民族の考え方や文化を反映させるという方針を打ち出しました。そもそも「知床」はアイヌ語の「シリエトク」（「地の突出部」）ということば

に由来するそうです。そうであれば，アイヌ民族によって蓄えられてきた知識や知恵が「シリエトク」の環境保全に重要な役割をはたすはずだと考えられます。

4．ことばと権利

　世界には6000から1万もの言語が存在していると言われています。一方，地球上に存在する国家の数はわずか200程度にすぎません。計算をすればすぐにわかることですが，1つの国の中に複数の言語が存在していることは例外的なことではありません。日本にも多数の言語が存在していますし，北欧諸国でも事情は同じです。つまり，国の中に異なる言語を話す人々が住んでいるのは，ごく当たり前のことなのです。それでは，異なる言語を話す集団同士は，どのようにつき合っていけばよいのでしょうか。

　ひとつの答えは，皆が同じ言語だけを話すようにしてしまうということです。実際に日本も，そしてヨーロッパの多くの国々も，過去には国内の小さな言語を消滅させようとしてきました。しかしながら，さきほど見たように言語・文化の消滅は環境破壊に結びつくという主張もあります。多様な言語・文化を背景にした多様なものの見方・考え方があってこそ人間社会は豊かなものになるのであり，多様性が失われれば人間，そして地球は危険な状況へ向かうという意見も大きな支持を得ています。

　言語や文化を共有する人々は集団としての意識を持ち，集団に属することによって安心感を得られるという点も重要です。なぜなら，人々は安心感が何らかの危機に見舞われると，それを食い止めようとする傾向があるからです。ですから，外部から言語・文化を消し去ろうとすれば，それは紛争の原因になる可能性があります。多様な言語・文化が存在すること自体は必ずしも争いの原因にはなりませんが，そのような多様性の存在を認めようとしない態度は紛争に結びつく可能性があると言えます。

　以上のようなことから「言語に対する権利」という考え方が生まれてきました。言語に対する権利の代表的なものは，「自分の言語をしっかりと学ぶ権利」「いろいろな場面で自分の言語を使うことのできる権利」です。そして，このような権利はすべての人に対して保障されるべきだという考

え方が主張されるようになっています。ただし，自分の言語を学び使うということは，他の言語は学ばない，そして使わないということを意味するわけではありません。「言語に対する権利」の中には「国の公用語を学ぶ権利」も含まれています。つまり，自分の言語を学び使う一方で，国の中で勢力を持っている言語も学ぶ「権利」があるのです。そうすることにより，異なる言語を話す集団が同じ国の中にいたとしても意思の疎通が図れるようになるはずです。

　手話が単なる身振りやジェスチャーとはまったく異なる独自の言語であるということを，スウェーデンはすでに1981年に公式に認めています。それと同時に，手話を話す子どもたちが学校でしっかりと手話を習得すべきであることも表明されました。そのような子どもたちは手話を第1言語として勉強し，そしてスウェーデン語を第2言語として学ぶべきだと考えられたのです。ここでは，手話がスウェーデン語と同じように言語であり，それをしっかりと習得することが重要であると考えられているだけではなく，多数派の言語であるスウェーデン語もしっかりと学ぶ権利が保障されていると言えます。

　デンマーク領でありながら高い自治を獲得しているフェーロー諸島ではフェーロー語が，そしてグリーンランドではグリーンランド語が公用語と認められています。また，デンマークの南部にはドイツ語系の人々が住んでいますが，幼稚園や学校ではドイツ語による教育もおこなわれています。それらの幼稚園や学校はデンマーク政府だけではなくドイツ政府からも支援を受けています。

　ノルウェーは1991年にノルウェー語とサーミ語が同等の言語であることを法律の中で宣言しました。限定された地域内ではありますが，サーミ語の教育が本格的におこなわれるようになっていますし，また役所などの公的機関においてもサーミ語を使う権利が広く保障されるようになっています。ノルウェー北部にはサーミ語の大学も存在し，またサーミ人自身が自分たちのことを研究するために「サーミ研究所」も設立されています。

　フィンランドもノルウェーと同じ時期にサーミ語の使用に関する法律を作り，サーミ語教育や公的機関でのサーミ語使用が少しずつ可能になって

きています。これらの取り組みは，どの言語を話しているのかに関わらず，人は自分の言語を話しながら幸福で安心できる生活を送れなければならないという考え方に基づいています。そして，そのような取り組みを進めることが相互理解を深めることになり，それが結果的には国のまとまりを強め，そして安定した社会作りに結びつくのだと考えられているのです。

　さらに，北欧諸国は外国からやって来た人々にも自分の言語を学ぶ機会を提供しようと努めています。たとえばフィンランドのエスポーという町では放課後に40近くの言語の授業が週2時間おこなわれています。このように，外国からやって来た子どもたちが自分の言語をしっかりと習得しながら，さらにフィンランドの国語であるフィンランド語やスウェーデン語を習得することが重要だと考えられています。

おわりに

　「ことば」というものが単なる伝達の道具ではなく環境を理解する手段であり，また社会や文化を築く土台であることを確認しました。そこからは，環境を守ることと言語・文化を守ることの間に重要な関係があることもわかりました。あるいは，人は「ことば」を通じて集団を作り，その集団に属すことにより安心感を得るといったことにも触れました。そして自分の言語を学び使うことが権利のひとつだと考えられていることもわかりました。言語や文化が多様であることは個人にとっても，そして人類全体にとっても重要なことです。その多様性を壊そうとすることは環境破壊と結びつく可能性がありますし，あるいは人間同士の間に紛争を生み出す原因となる場合もあります。

　以上のような考え方を，いずれの北欧諸国も支持しています。多様な言語，そして多様な文化が共生することが個々の人間にとっても，人間の作り上げる社会や文化にとっても，そして環境にとっても重要だという考え方です。そして，そのような考え方に立ち，たとえば手話の教育を充実させるべきだとしたり，サーミ人がサーミ語を使用できる可能性を広げるべきだとしてさまざまな努力がなされてきました。それでは北欧の取り組みが日本にとって何か参考になる可能性はあるのでしょうか。日本では誰も

が日本語を話していますから，とくに学ぶべき点もないのでしょうか。

　すでに述べたように日本にも日本語以外の言語がいくつも存在してきました。し，また「日本語」も，その中身を見れば多様性を抱えています。さらに，日本には外国からますます多くの人々がやって来るようになりました。その結果，定住して日本社会の一員となる人々も増えてきましたし，今後もさらに増えていくと予想されています。そんな人々に対して，自分たちの言語など捨てて日本語だけをしっかり勉強しろと言っているだけでは，極端な場合には紛争が起こる可能性もあります。なぜなら，人間にとって自分の言語，それにもとづく文化，そしてそれらを通じて作られる仲間・社会というものは，何物にも代えがたいほど大切なものとなる場合があるからです。

　国際連合が2008年を「国際言語年」と定めたことについてはすでに触れましたが，欧州連合（EU）も2008年を「欧州異文化間対話年」と定めました。これは，異なる文化を理解することがヨーロッパの平和にとって非常に重要だという考え方にもとづいています。そしてユネスコは言語と文化の多様性を擁護する目的で，2月21日を「国際母語の日」と定めています。北欧もヨーロッパも，そして国際社会も，言語や文化の相互理解が平和を築く上で欠かせない条件だと考えるようになっています。ですから，私たちの住む日本という社会においても，北欧や他の国々が「ことば」や「文化」に関してどのような「共生」の取り組みをしているのかを学んでおくことには大きな意義があると言えます。なぜなら，そうすることで，ますます多様な人々から構成されることになる日本を，安定した平和な社会にできる可能性が広がるからです。

column 北欧の先住民族サーミ人の文化—伝統工芸とヨイク

● 山川亜古

　北欧には多様な文化が共存していますが，何世代にもわたり引き継がれてきたサーミ人の伝統文化の存在も，この多様性を生み出す源になっています。それでは現在の北欧社会を構成する重要な要素とされるサーミ人の豊かな文化を特徴づけているものは何なのでしょうか。

　そのひとつとして「トゥオッジ（duodji）」を挙げることができます。トゥオッジとは「日々の暮らしの中で使われる，美しい装飾が施された伝統工芸品」を意味する北サーミ語の単語です。そのトゥオッジはサーミ人にとって日々の生活の一部でした。衣類やさまざまな道具などの生活必需品は可能な限り自分たちで作っていたからです。これらは見た目も美しく「芸術」だともいえますが，単なる装飾品や売り物としての商業工芸ではありません。かつてのサーミ人たちは季節による移動生活をしていました。ですから，日用品は軽くて持ち運びがしやすく，しかも丈夫であることが重要だったため，トゥオッジは実用性に優れたものになっているのです。このようなトゥオッジとして，たとえば食事のための道具，ナイフ，バッグ，手袋，民族衣装，あるいは靴などを挙げることができます。

　トゥオッジは素材によって「柔らかい」ものと「硬い」ものに分けられます。「柔らかい」ものはウール製品や，トナカイのなめし皮や毛皮を使った製品，あるいはサーミ人の民族衣装などです。一方，「硬い」ものは，たとえばトナカイの角，あるいは木や

トナカイの毛皮製の靴（ノルウェー・カウトケイノ）

フィンランド・イナリにあるサーミ博物館に展示されたサーミ人たちの手工芸品

白樺のこぶなどを使用した製品などです。日本でも近年知られるようになってきた白樺のこぶの部分をくりぬいて作ったカップ「ククサ（フィンランド語： kuksa，北サーミ語： guksi)」は観光客にも人気です。また，トナカイは角や皮だけでなく筋にいたるまですべての部位を使いつくすなど自然の恵みを無駄なく使います。そして，さまざまな材料を最良の方法で融合させたサーミの伝統工芸トゥオッジには，エコロジーの観点からも学ぶべきところがあります。観光客相手に大量生産されるような「まがいもの」と区別するため，サーミ人が作った本物のトゥオッジには1982年より「SÁMI DUODJI」の商標が使用されています。

　音楽の分野では「ヨイク」という伝統的な吟唱形態があります。ヨイクには歌詞のないハミングだけのもの，あるいは短い歌詞をメロディにのせたものがあります。それらは人や動物，あるいは自然の景観や出来事を表現します。偉大な人物や近しい人などを歌うパーソナルヨイクもあり，ヨイクは人を覚えておく手段だとも言われます。誕生日などの記念にヨイクをプレゼントすることもあります。

　17世紀以降，サーミの地へのキリスト教布教に伴いヨイクは異教的な「悪魔の歌声」として禁止され，サーミ人の間にもヨイクは罪深いものだという意識が生まれました。しかし，1960年代終盤から70年代の「サーミ・ルネッサンス」と呼ばれる民族覚醒の時期に，ニルス・アスラク・バルケアパー（Nils-Aslak Valkeapää, 1943-2001）が公の場でヨイクを披露し始めるのです。彼はトナカイ飼育を生業とするサーミ人の家庭に生まれたサーミ人ですが，1968年にスウェーデンのヨックモックでのヨイクコンペで伴奏つきのヨイクを披露し，同年にCDもリリースしました。当初，ヨイクという異教

左から時計まわり　白樺のこぶでできたカップ，トナカイ革製手
袋，ビーズ刺繍のついたトナカイ革製ショルダーバッグ，トナカ
イの角製バターナイフ

の行為を復活させたことにより地獄行きだと彼は断罪されました。しかし，サーミ人が
自分たちのヨイクの伝統に再び魅力を感じられるようにと楽器演奏を取り入れた「ニュ
ー・ヨイク」のコンセプトは次第に受け入れられていきました。彼は1994年にノルウェ
ーのリレハンメルで開催された冬季オリンピック開会式においてヨイクを披露したこと
で国際的にも知られた芸術家となり，現代サーミ音楽の発展に貢献したパイオニアとみ
なされています。

　彼の活躍以降，ヨイクは音楽祭典やラジオなどを通じて公の場で耳にすることが増え
ていきました。また，次々と「ヨイク音楽家」が誕生したことで，ヨイクは再びサーミ
人の間で非常にポピュラーなものになっていきます。現在も，伝統的なヨイクを継承し
ながら現代的な音楽と融合させた新しいサーミ音楽の創造が，若い世代により模索され
ています。

　生活環境も大きく変化し，さまざまな職業にたずさわるなど，現代を生きるサーミ人
たちは北欧の多数派の人々となんら変わることのない生活様式の中で暮らしています。
だからこそ，サーミ人としてのアイデンティティにとって彼らの伝統文化が果たす役割
には大きなものがあります。とくに若い世代にとってトゥオッジやヨイクなどの伝統文
化は，「自らがサーミ人であり，サーミ人社会に帰属している」という意識を再確認す
るための大切な要素になっているのです。

第 **4** 部

想像と創造の北欧

第10章
北欧文学の流れ
―北欧5ヶ国を代表する作家たち

山崎陽子

はじめに

　本章では北欧5ヶ国の文学の流れを追ってみたいと思います。5ヶ国の言語のうちアイスランド語，デンマーク語，ノルウェー語，スウェーデン語はゲルマン語系の言語ですが，フィンランド語のみはウラル語系の言語です。ゲルマン語を使用する近接した国々，デンマーク，ノルウェー，スウェーデンはひとつの文化圏として捉えられることも多いようです。しかし各国はそれぞれの歴史を持っていますし，文学においては共通点を持ちながらも，個性的な作家を輩出しています。また文学は社会を映しだす鏡といえますので，文学を読む場合には背景となる社会の動きを考えることも重要です。

　日本における北欧文学の紹介は，残念ながら十分とはいえません。本章では膨大な数の名前をあげることは不可能ですので，北欧5ヶ国のとくに重要であると思われる作家，さらに日本で紹介された作家を中心に，13世紀から20世紀後半にかけて活躍した作家について述べていきます。

1．中世

　スカンジナビアから遠く離れた絶海の孤島アイスランドには，ゲルマン人の神話の語られる『韻文エッダ』『スノッリのエッダ』そしてバイキング時代以降の古い歴史を知ることのできる『サガ』と呼ばれる物語群が残されています。とくに13世紀はアイスランドでサガがたくさん書かれた時代でした。デンマークではサクソ・グラマティクス（13世紀初めに死亡）

が歴史書『デンマーク人の事績』をラテン語で著しました。

　北欧の国々がキリスト教を受け入れたのは1000年頃ですが，16世紀にドイツで起こった宗教改革の影響で，16世紀半ばに北欧の国々もカトリックからプロテスタントに改宗しました。新約聖書が翻訳され，自国語での説教がおこなわれるようになり，新たな讃美歌が作られ，歌われるようになりました。16世紀，17世紀には歴史書も著され，民謡の収集もおこなわれました。

　18世紀は大国フランスの影響を強く受けた時代です。「光をあてる」という意味の啓蒙主義の時代でもあり，人々を教育することが重要とされました。北欧はノルウェーのベルゲン出身のルズヴィ・ホルベア（1684～1754年）を生みました。当時ノルウェーはデンマークの支配を受けていたため，ホルベアはデンマークの首都コペンハーゲンで活躍しました。彼は著作をおこなうほか，演劇で国民を啓蒙することを目指し，喜劇『山のイェッペ』などを残しました。ホルベアはフランスを代表する喜劇作家に因んで「デンマークのモリエール」とも呼ばれました。

　演劇は宗教から解放されて娯楽となり，フランスやイタリアからはさらにオペラももたらされました。スウェーデンの啓蒙王グスタヴ3世は，自らも台本を書き，舞台にも立つほどの演劇好きとして知られています。

2．19世紀前半　ロマン主義の時代

　19世紀のヨーロッパは，ナポレオン戦争下の混乱から始まります。18世紀にドイツで生まれたロマン主義の思想は，ノルウェーに生まれ，ヨーロッパで学んだ自然科学者ステフェンスを介してデンマークにもたらされました。北欧のロマン主義はデンマークのアダム・エーレンスレーヤ（1779～1850年）の古代を憧れる詩『黄金の角杯』（1802年）で開花しました。この時代のデンマークを代表する思想家がN・F・S・グルントヴィ（1783～1872年）です。キリスト教会を批判し，キリスト教を信者の手に取り戻そうとし，国民の教育者として「国民高等学校」を構想し，北欧の理想実現のために努力しました。また童話で知られるH.C. アンデルセン（1805～1875年）がオーデンセの貧しい靴職人の息子として生まれています。

　やがて天才思想家として知られるセーレン・キルケゴール（1813～1855年）が，「神を見失った時代」とといわれるこの時代に出現し，著作を残しました。幼いころから病弱であり，感受性の強かったキルケゴールは，家庭に起こった不幸なできごとを神の呪いとして受け止めます。しかし彼は，厳しい現実があるからこそ，人は冷静に考え生きる道を選択すべきだと考えました。

　ノルウェーは14世紀末から1814年までデンマークの支配を受けたため，とくにアイデンティティーを模索する傾向が強く，国語問題に関しては国を二分する議論が起こりました。ノルウェー語は首都圏で支配者階級，知識階級の使用していたデンマーク語の影響の強いリクスモールと，庶民の使用していたランスモールとに分かれましたが，どちらを使用すべきかの議論が起こったのです。そのような中で，1842年から44年にかけて，アスビョルンセンとモーが庶民の話し言葉を取り入れた『ノルウェー民話集』を出版し，それは多くのノルウェー国民に読まれました。

　スウェーデンは12世紀頃からフィンランドを植民地化していましたが，ロシアとの戦いに敗れたため，1809年にロシアにフィンランドを譲り渡すことになりました。それはロマン派の詩人たちにとっても大きな衝撃でした。フィンランド喪失の2年後，エサイアス・テグネール（1782～1846年）は長編詩『スヴェーア』を発表して注目を浴びました。ロシアとの戦争に敗れ，フィンランドを失ったスウェーデン人を戒めつつ，スウェーデンは美しい国であるとうたい，スウェーデン人に自覚を促す，愛国心にあふれる詩です。1825年には，バイキングである主人公フリショフが敵に対する復讐心を克服して和解に至る『フリショフ物語』を発表しました。またイェイイェル（1783～1847年）は二部作『バイキング』『自作農』において，勇気と忍耐力の大切さを説き，さらに『民謡集』を出版，歴史家としても活躍し『スウェーデン国民の歴史』を残しました。

　スウェーデンの支配を数百年間受けたフィンランドには，スウェーデン語で作品を発表する詩人がいました。たとえばトペリウスです。彼の童話は翻訳され，日本でも読まれています。また1832年にはヨーハン・ルードヴィ・ルーネベリ（1804～1877年）が，貧しくも忍耐強い庶民を描いた

『大鹿撃ち』を発表しました。従来のロマン派の詩の主人公としては、理想的な英雄が好まれましたが、ルーネベリの作品は韻文で書かれたものの、内容的には写実的な内容であるため、その傾向は「詩的写実主義」と呼ばれます。

　そしてフィンランドは自国語による文学を初めて世に出すことになります。1835年はフィンランド文学にとって記念すべき年であるといえるでしょう。当時ロシアに隣接していたカレリア地方に、農民が語り継いできた豊かな伝承文学が存在することを発見したのは、医師エリアス・リョンルートでした。リョンルートはフィンランド北部にも赴き、語り手たちから聴き取った歌謡をつなぎあわせ、改変しながら一つの大きな叙事詩を創り上げました。それが民族叙事詩『カレワラ』です。そこには天地創造から主人公ワイナミョイネンの退去までが語られていますが、カレワラとポホヨラの二つの部族の争いなど多くのエピソードを含む、豊かな物語の世界が展開します。『カレワラ』詩は、単語の最初の音を合わせる「頭韻」と、行の最後で音を合わせる「脚韻」を持つために、力強い独特のリズムを持ち、民族楽器カンテレの伴奏で歌われることもありました（『カレワラ』については269頁のコラムも読んで下さい）。

3．19世紀後半

　北欧では19世紀の半ば頃から近代化が始まりました。鉄道が敷かれ、大量の人や物資を運ぶことが可能になり、工業化も進みました。工場で働く労働者階級が出現し、社会の構造が大きく変わりました。またこの時代には自然科学の発展により、従来の価値観が否定されたことが特徴的です。自然科学者ダーウィンはその著書『種の起源』（1859年）で、生物は生存競争の中で環境に適する性質をもつように進化するという「進化論」を打ち立てました。この説は、神がすべてを創造したという従来の考え方とは異なるものです。

　1870年代は北欧文学において大きな転換期をもたらした年といえます。ヨーロッパ各地の先進性を体験した文芸評論家ゲオウ・ブランデス（1842〜1927年）が、この時代の作家たちに大きな影響を与えました。彼は権力

子どもたちに囲まれるトペリウス像（ヘルシンキ）

ヨーハン・ルードヴィ・ルーネベリ（1804〜1877年）

に対する反抗，自然科学の受容，思想の自由などを説き，文学は問題を明るみに出して議論を引き起こすべきだと主張しました。デンマークのヤコブセン（1847〜1885年）はブランデスの影響を受け，人間も自然の中のひとつの生物としてとらえ，『マリー・グルッペ』（1876年），『ニイルス・リーネ』（1880年）などを書きました。

　ノルウェーのヘンリク・イプセン（1828〜1906年）はすでに『ペール・ギュント』（1867年）などの戯曲を発表していましたが，ブランデスの言葉を受け止め，社会問題を扱った『社会の柱』（1877年）を発表，2年後には女性のあり方をめぐり大いに議論を巻き起こした『人形の家』を発表しました。結婚前には父親の庇護を受け，結婚してからは夫の庇護を受け，自らの意思で行動すると非難される女性がついに人間として目覚め，夫と子どもを残して家を出ていきます。その最終場面は当時の人々にとっては大きな衝撃でした。

　『人形の家』により，イプセンは女性解放者と呼ばれることもありましたが，イプセン自身は「自分が何者であるのか」を発見することが，男女を問わず人間の義務であると考えました。さらにイプセンは1881年の『幽霊』において，古い習慣から抜け出せない家族を描きました。タブーであった性病にも触れ，息子が父親を恨みながら死んでいくなど，従来の価値観を覆した内容であったため，スキャンダルを巻き起こした作品でした。3年後に書かれた『野鴨』（1884年）はイプセンの心理劇のひとつです。「厳しい現実を乗り越えてこそ真実の幸福を築くことができる」と信じる青年が，自分の正義感を押し通すことで，ひとりの少女を悲劇へと導きます。

　イプセンは人生の大半を外国ですごし，64歳のときに祖国に戻りましたが，この時代ほぼその人生をノルウェーで送った作家がいます。それがビョルンスチャーネ・ビョルンソン（1832〜1910年）です。イプセンの作品が主として戯曲であったのに対して，ビョルンソンは，小説，戯曲，詩など多くの分野で活躍しました。1859年に書かれた詩はのちに国歌として歌われるようになりました。

　ビョルンソンは初期には，農民の青少年に光をあてた小説を書きました

ヘンリク・イプセン（1828〜1906年）
Daniel Georg Nyblin, 1863, IBSEN.NET より

　が，1875年には最初の社会劇を発表しました。破産の事実を認めようとし
ない実業家がついにそれを認めるにいたるジレンマを描いた『破産』です。
また性のモラルを問う劇『手袋』（1883年）を発表，結婚に対する皮肉も
語られ，最終場面では女性が男性の顔に手袋を投げつけるという，当時と
しては衝撃的な展開をしています。ビョルンソンは1903年に，北欧の作家
として初めてノーベル文学賞を受賞しました。
　スウェーデンで初の社会批判の書が現れたのは1879年も終わる頃でし
た。それがアウグスト・ストリンドベリ（1849〜1912年）の自伝的長編小
説『赤い部屋』です。ストリンドベリはストックホルムに商人の子として
生まれ，ウップサーラ大学に入学するものの，退学して首都に戻り，新聞
記者や図書館の司書などの職業を体験し，作家活動を続けました。若い頃
から社会を批判的に見てきたストリンドベリは『赤い部屋』（1879年）に
おいて，さまざまな世界を絶え間なく攻撃しましたが，そこには彼独特の
ユーモアも込められていて，ときに笑いを誘うものでもあります。この作

品は，文学に興味を示さなかった人たちまでもが議論に参加するような話題作となりました。

　ストリンドベリは1880年代にはすぐれた戯曲を多く発表しました。娘の主導権をめぐり，父と母が争う『父』（1887年），令嬢が使用人に誘惑された結果自殺をする『令嬢ジュリー』（1888年）がよく知られています。

　1890年代にはストリンドベリは精神の危機に襲われました。数年間は作品を書くこともできず科学実験などに費やしますが，やがてその危機を克服して創作力を取り戻します。そして歴史劇や自らの精神的危機を描いた作品を始め，多数の作品を発表しました。危機を克服したあとの作品は象徴的な性格を帯びています。

　ストリンドベリは一か所に落ち着くことができず，国内のみならずヨーロッパ各地に居住しました。三度目の結婚は失敗に終わりましたが，自分の結婚生活をも作品にしてしまうという大胆さも持っていました。また当時は女性の権利が法的に認められてきた時代で，そのような動きに関してストリンドベリは敏感に反応し，嫌悪感をあらわにしました。しかし彼は今なおスウェーデン国民の誇りとする作家です。

　フィンランドでは文学がスウェーデン語ではなく，フィンランド語で書かれることが重視されるようになりました。アレクシス・キヴィ（1834～1872年）はフィンランド語で作品を書いた最初の作家です。キヴィの代表作『7人の兄弟』（1870年）はフィンランド人の生活が詳細に描かれた喜劇的な作品です。

　19世紀後半は，女性の作家が活躍を始めた時代としても注目されます。女性たちもペンで自分たちの立場を訴えるようになったのです。ノルウェーの詩人ヴェルゲランの妹，カミラ・コレット（1813～95年）の小説『郡長の娘』（1854～55年）には，因習的な社会に疑問を持つ女主人公が登場します。女性が自らの意思で行動することの難しい社会が存在したのです。スウェーデンのフレードリカ・ブレーメル（1801～1865年）は写実的な小説をいくつか発表しましたが，とくに『ハッタ』では，女性のより自由な立場と教育の必要性を主張しています。またノルウェーのアマーリエ・スクラーム（1846～1905年）は結婚生活を綴った小説『コンスタンス・リン

グ』（1885年）を始め，自らの経験を通して精神病医療に対する批判をこめた作品も残しています。

4．世紀末から20世紀へ

　19世紀の末には文学の新しい傾向があらわれてきました。現実を見つめ社会を攻撃してきた作家たちのあとには，詩，幻想的な文学が歓迎されるようになりました。

　デンマークでは1890年代から1900年代にかけて多くの詩人が活躍しました。また北欧プロレタリア文学の先駆者といえるマーティン・アナセン・ネクセー（1869〜1954年）は『勝利者ペレ』（1906年）で，虐げられた労働者が社会主義を学び，労働者の権利を手にする過程を描いています。ユトランドの北部に生まれたヨハネス・イェンセン（1873〜1959，1944年ノーベル文学賞受賞）は『ヒンマルラン短編集』（1904〜26年）などを発表しました。

　ノルウェーでも新しいタイプの作家が登場しました。それがクヌート・ハムスン（1859〜1952，1920年ノーベル文学賞受賞）です。貧しい家に生まれたハムスンは，放浪生活をしながら祖国とアメリカでさまざまな仕事を体験しました。1890年に発表した小説『餓え』は，主人公が一人称である「私」という新しい形の小説でした。従来の小説は三人称が主人公だったからです。『パーン（牧神)』は美しいノルウェー北部のノランドを舞台にしたロマンティシズムあふれる短編小説です。1917年に書かれた『土の恵み』は，人は根源的なもの，つまり自然と密接に結びついて生きるべきだという彼の価値観をあらわしています。

　スウェーデンでは1880年代の終わり頃に，ヴェルネル・フォン・ヘイデンスタム（1859〜1940，1916年ノーベル文学賞受賞）が異国的なモティーフの色彩豊かな抒情詩を発表して，新たな時代の到来を告げました。ヘイデンスタムは80年代の写実主義・自然主義文学に対しては反感を抱いていた人でもあります。

　セルマ・ラーゲルレーヴ（1858〜1940年）は教師時代に小説『イェスタ・ベーリングの物語』（1891年）を発表しましたが，いままでにない不

セルマ・ラーゲルレーヴ（1858～1940年）
MÅRBACKASTIFTELSEN,
Mårbacka, Selma Lagerlöfs hem より

思議な空想的な物語であること，そして作者が無名の女性教師であること
に世間は驚きました。その後も次々と作品を発表し，執筆活動に専念する
ようになりました。ダーラナ地方からイェルサレムに移住した人たちの実
話をもとにした『イェルサレム』（1901～02年）は代表的な作品のひとつ
です。

　1900年頃，スウェーデンでは，子どものための新たな教科書が発行され
ることになり，ラーゲルレーヴは教員組合からスウェーデンの地理の教科
書の執筆を依頼されました。その結果誕生したのが，いたずら好きな男の
子が小人にされ，ガチョウの背に乗ってスウェーデン全土を旅する『ニル
スのふしぎなスウェーデン旅行』（1906～07年）です。作者の予想に反し
てこの作品は世界中で読まれる児童文学の傑作となりました。ラーゲルレ
ーヴは1909年にスウェーデン人として，また女性として初めてノーベル文
学賞を受賞しました。

　この時代のもうひとりのノーベル文学賞受賞者として，詩人エーリク・アクセル・カールフェルト（1864〜1931年）をあげることができます。スウェーデン中部のダーラナ地方の農家に生まれ，放浪と安定の間に揺れる若者を扱った詩を書きました。1931年にはノーベル賞を受賞しましたが，これは死後受賞という特殊なケースでした。

　スウェーデンにおける上記の作家たちは，その前の時代の「写実主義・自然主義」に対して「新ロマン派」の作家と呼ばれます。

　ノルウェーでは女性作家シグリ・ウンセット（1882〜1949年）が，平凡な夫を愛せなくなった女性の赤裸々な姿を描いた小説『マルタ・クーリエ夫人』（1907年）でデビューし，世に衝撃を与えました。その後発表された小説『イェンニー』（1911年）も波乱万丈の人生を送った女性を描いたもので，ウンセットの名前をヨーロッパに広めた写実的な作品です。しかし彼女の代表作は3部作の長編小説『クリスティン・ラヴランスダッテル』（1920〜22年）です。この作品は14世紀のノルウェーを舞台としています。ウンセットは，キリスト教が大きな力を持っていた時代の人間の姿を借りて，人間の本質を描き出そうと考えました。1928年にウンセットはノーベル文学賞を受賞しました。ウンセットは1930年代からナチス・ドイツに批判的な意見を公の場で述べていたため，1940年にナチス・ドイツがノルウェーを侵略したとき，ノルウェー政府から国外退去を命じられ，ソ連，日本を経てアメリカに逃亡した経験を持っています。

　フィンランドの小説家フランス・エーミル・シッランパー（1888〜1964年）は『聖貧』（1919年）などで農民の姿を静かに暖かく描きました。第二次世界大戦が始まった1939年，ソ連がフィンランドを攻撃し「冬戦争」が始まった頃，シッランパーはノーベル文学賞を受賞しました。

　デンマークの作家カーレン・ブリクセン（1885〜1962年）は，ケニアでコーヒー農園を営んだ後に執筆活動に従事しました。アフリカを舞台とした作品，あるいは「ゴシック小説」とも呼ばれる恐怖小説が彼女の特徴です。イーサク・ディーネセンという名前をペンネームに使っていたこともありました。『7つのゴシック小説』（1934年），『アフリカの日々』（1937年），『草原に落ちる影』（1960年）などは日本でも読まれています。

　スウェーデンの作家パール・ラーゲルクヴィスト（1891〜1974年）は詩，小説，戯曲などの分野で大胆な新しい作風を示しました。初期の作品には不安に満ちた世界が描かれ，その後悪しき時代を写実的にあるいは象徴的に描き，やがては神の問題へと移行していきます。第二次世界大戦中に発表され，人間の悪を象徴的に描いた『こびと』（1944年），信仰をテーマとした『バラバ』（1950年），『巫女』（1956年）などは日本語に翻訳されています。ラーゲルクヴィストは1951年にノーベル文学賞を受賞しました。

　1955年にはアイスランド人，ハトルドゥル・ラクスネス（1902〜1998年）がノーベル文学賞を受賞しました。『サルカ・ヴァルカ』（1931〜32年）や『アイスランドの鐘』（1943〜46年）などには新旧アイスランドが描かれ，『原爆基地』（1948年）には，政治に対する皮肉がこめられています。

　1974年には2人のスウェーデン人がノーベル文学賞を受賞しました。エイヴィンド・ユーンソン（1900〜1976年）とハリー・マーティンソン（1904〜1978年）です。ユーンソンの『岸うつ波』（1946，邦訳『暗い歳月の流れに』）は，古代ギリシャを背景としていますが，現代に通じる問題が扱われています。

　マーティンソンは多くの詩を残しましたが，小説の分野でも才能を発揮しました。1956年に発表された長編詩『アニアーラ』は，人間を乗せ，宇宙をさまよう宇宙船をテーマにした作品です。

　その後も北欧各国は優れた作家を輩出し，多くの文学作品が読まれていますが，現在では文学の内容と形式も多様化しています。なお2011年には，暗喩を駆使して神秘的な世界を表現したスウェーデンの詩人，トマス・トランストロンメル（1931〜2015年）がノーベル文学賞を受賞しました。彼は心理学者として若者に向き合い，病を克服し，日本の俳句に影響を受けた作品をも残しました。

おわりに

　北欧の国々は，人口の少なさに比して図書の発行部数の多い国々であるといわれています。毎月たくさんの出版社から新刊書が何種類も生まれていきます。高緯度に位置するが故の寒さと長い夜が，読書好きの国民性を

つくりあげていったのかもしれません。また厳しい自然の中に生きている北欧の人々は，豊かな想像力を持ちながらも現実的であるように思われます。そして「個」を尊重し，「孤」を恐れないといえるでしょう。北欧文学の世界をのぞいてみると，光と影の向こうに，私たちに似た，あるいは私たちとは違う人間がうごめいているのが見えてくるのではないでしょうか。

　確かに北欧文学の日本語翻訳は多くはありませんが，いまでは少しずつながら新しい文学が紹介されていることも事実です。図書館によっては書棚に「北欧文学」という分類があるかもしれませんし，大手書店のホームページにアクセスしてみると，思いのほか北欧各国の文学が紹介されていると感じられるかもしれません。子供時代に北欧の児童文学に接した人は少なくないでしょう。さらに一歩踏み込み，成熟した文学に接することは，北欧の人々の姿を知る上でも大いに役に立つに違いありません。

スウェーデン人と「アルソング」

column

●カール・アーネ　ヨンソン

　スウェーデン人は歌う国民であると言われており，歌うことは「普通の人々」の間に深く根ざしています。60万人以上が合唱に参加していることが，それを証明しています。スウェーデンの人口が1000万しかないことを考えれば，60万というのは決して少ない数ではありません。スウェーデン国内で合唱よりも多くの参加者がいる活動はスポーツだけです。コンサートホール，教会，学校，テレビ番組，学生のパーティー，さまざまな団体の集会，親族の集まりで歌が歌われています。「歌うスウェーデン」の姿は，スウェーデンで「アルソング（allsång）」と呼ばれるものの中にもっとも明確に表れているかもしれません。複数のパートに分かれて歌う合唱と違い，アルソングでは集まった人全員が同じパートで歌います。また，アルソングは人前に出て行うものではありません。歌唱リーダーがいたり，全員が歌集を手に持っていたりする場合もあります。歌われる曲は，一般によく知られていて，誰でも歌えるように作曲もしくは編曲されているものです。

　人々が集まって一緒に歌うということは，スウェーデン・テレビが夏の間に放映する「アルソング・アット・スカンセン（Allsång på Skansen）」という人気番組のコンセプトでもあります。スカンセンというのは，ストックホルムにある野外博物館のことです。通常ではスカンセンの野外ステージの客席数は5000程度ですが，スカンセンから「アルソング・アット・スカンセン」が生中継される時にはもっと大きな人波ができます。ときには25000を超える人々が，それぞれアルソングの歌集を手にやってくるのです。そして，家のソファーでテレビを見ている人も一緒に歌うことができるように，テレビ画面には歌詞が流れます。この生中継は毎回100万人以上が視聴していて，最多では200万人が見たという記録があります。スウェーデンでこれだけの視聴率を誇るテレビ番組は他にほとんどありません。この番組がそれだけの人気を保ち，40年以上にわたって放映されているということが，アルソングがスウェーデン文化の中にいかに深く根ざしているかを示しています。

　このようにスウェーデンにおいて全員が同一の旋律を歌うこと，つまり「ユニゾン」が発展したことは，19世紀半ば以降のスウェーデン国内におけるナショナリズムの高ま

りと関係があります。それは社会や文化が大きく変わった時代でした。古い農村社会が産業化と都市化によって変化し，人々は都市に移住しました。多くの人々が貧しく，将来への希望がもてず，アメリカに移民することを選びました。19世紀から20世紀への世紀の変わり目前後のスウェーデンでは，過去を振り返る保守派と未来を見る社会主義的労働者運動が激しくぶつかり合っていました。しかし，この二つの流れをつなぎたいと考える人たちもいました。スウェーデンは近代化されなくてはならず，新しい，より民主的な国が作られなくてはなりませんでした。そこでユニゾンがその助けになるかもしれない，共に歌うことが異なる社会階級を一つにまとめ不安な時代における慰めとして機能するのではないか，と考えられました。

　19世紀の間ずっと，歌うために人々が集まるというのは一般的なことで，様々な歌の愛好グループの中で歌われる歌や，教会の礼拝で歌われる讃美歌は一種のアルソングでした。労働者運動や禁酒運動も，グループ内の結束を強めるためにアルソングを利用しました。一緒に歌うことは未来への希望を感じさせてくれたのです。1905年にはユニゾン協会が設立され，発起人の一人で著名な作曲家であるアリス・テグネールは，国民的な歌集の編集長を務めることになりました。彼女は1892年に『わたしたちと歌いましょう，お母さん！』という童謡集を出していましたし，歌集の編さんという非常に大変な作業に適任だったのです。1906年には歌集『歌え，スウェーデンの人々よ！』が刊行され，翌年の1907年春，ユニゾン協会はこの歌集の大々的なプロモーションを展開し，スカンセンでアルソング・フェスティバルを開催しました。しかし，当日は豪雨に見舞われたこともあり，参加者は予想を下回りました。新しい歌集については，愛国的な歌が多すぎるという批判の声も上がっていました。しかしながら『歌え，スウェーデンの人々よ！』は，部分的に内容を変えつつ，その後長年にわたって多くの新しい版が出されることになります。1994年には第41版が刊行されました。

　アルソングへの新たな関心は1920年代の終わり頃に生まれます。日刊紙ダーゲンス・ニーヘーテルのスポーツ部部長がイギリスに旅行をし，そこでサッカーの観客が皆で一緒に歌うことで一体となるのを目の当たりにします。1927年にダーゲンス・ニーヘーテル紙が行なったコンテストで，それをスウェーデン語では「アルソング」と呼ぶことが決まりました。サッカーの試合と結びつけたアルソングは，スウェーデンではまったく成功しませんでした。しかし，1935年にユニゾン協会が有能で人気のある歌唱リーダーをドイツから招くと，アルソングはよりうまくいきました。この熱心な歌唱リーダーに

よるイベントは高い関心を呼び，同じ年の5月には音楽教師スヴェン・リリヤを歌唱リーダーとしたアルソングがスカンセンで開催されました。人気が高まり，スカンセンのアルソングには毎年50万人が集まりました。

　1950年代には，スウェーデン・ラジオがスカンセンでのアルソングを放送し始めました。これにより，アルソングはさらに国中に広まりました。そして1979年，スウェーデン・テレビが「アルソング・アット・スカンセン」のタイトルで番組を始め，これまで40年にわたってゴールデンタイムに放映され続けています。

　アルソングのもともとの意図は，さまざまな面で国が弱体化したことにより国民の自尊心が揺らいでいた時代に，愛国心を高めることにありました。しかし，孤独と疎外感と共にある個人主義化が強まった今日のスウェーデンにおいて，アルソングは別の役割を果たしています。アルソングは人との結びつきと喜びを与えてくれます。アルソングを歌っている間，老いも若きも人々は寄り添って座り，一体になった気持ちになります。そのことがおそらくとても重要なのです。

歌集『歌え，スウェーデンの人々よ！』表紙

第11章

北欧の児童文学
─北欧5ヶ国の多彩な子どもの本

福井信子

はじめに

　北欧という遠い国から日本の私たちのところへ，これまでに数多くの本が届いています。アンデルセンがデンマーク人とは知らないまま，明治時代にアンデルセン童話を読むようになりました。大正時代にはスウェーデンからラーゲルレーヴの『ニルスのふしぎな旅』が，ノルウェーからはビョルンソンの『日向が丘の少女』が伝えられました。昭和に入ってからも，戦前にまた戦中でさえ北欧の本が紹介されています。フィンランドから来たトペリウスの童話や，『カレワラ』などがそうです。これら明治期以来の北欧の本は，戦後も繰り返し，少年少女のための名作文学全集に収められました。粗末な紙に挿絵がわずかという時代に，お話だけで人々の心をとらえました。訳者の名前を見ると，ほんの一握りの人たちです。はじめは英語や独語から，そして後には北欧語を学び原典から訳されたこれらの方たちは，大変なご苦労をなさったはずです。ともかく紹介したいという一心だったのでしょう。こうした本を読むことで日本の子どもたちは心豊かに成長できるという確信があったからにちがいありません。先人たちの熱い思いに接すると，北欧の子どもの本が持っている力を改めて考えなくてはならないという気持ちになります。

　経済成長とともに世の中が豊かになり，1960年代以降，北欧の子どもの本が絵本を含め盛んに日本に入ってくるようになりました。スウェーデンのアストリッド・リンドグレーンの本，トーベ・ヤンソンのムーミン，エルサ・ベスコフの古典的な絵本はもちろんのこと，現代の新しい絵本作

家たちのものまで大変な勢いで紹介されているように見受けられます。色
彩豊かでおしゃれでまた愛らしいデザインの絵本を手に取り，「北欧らし
い」と若い人たちは口ぐちに言います。明治期に寒く遠い異国であった北
欧は，時代とともにイメージを変えてきたようです。北欧のデザインに関
心を寄せる人，北欧へ旅行する人も増えました。その意味で，北欧と日本
のあいだはぐっと縮まったといえます。

　この章ではまず，神話や民族叙事詩の古典が子ども向けの本として紹介
されてきたことについてふれ，つぎに，北欧各国を特徴づける代表的なも
のを取り上げていきます。それから時代毎に，各国でどのような子どもの
本が生まれ，どのような作家や画家が活躍してきたかを紹介したいと思い
ます。北欧各国を同時に見ると，アンデルセンの童話の最初の冊子『子ど
ものために語られた童話』の出版と，子どものためではありませんがフィ
ンランドの民族叙事詩『カレワラ』が刊行されたのは，ともに1835年とい
う興味深い一致にも気付きます。

1．子どもの本の大きな包容力

　どの国も民族の歴史や伝統を子どもたちに伝えたいと強く願うものです。
本来ならば難解で理解するには多大な努力が必要とされる文献も，わかり
やすく噛みくだかれて子どもたちに紹介されるや，それは自国にとどまら
ず世界中の子どもたちを大いに楽しませ，さらに子どもの本を覗きこむ大
人たちにとっても世界の国々を知る最良の機会をもたらします。北欧の民
族や歴史を知る第一の遺産は，「北欧神話」と『カレワラ』だと言ってよ
いでしょう。

　「北欧神話」はキリスト教以前のゲルマン民族の世界観・人生観がうか
がえる貴重なものですが，オージンやトールなどの神々が活躍する話に私
たちは無条件に心惹かれます。厄介な問題を引き起こすロキ，ロキの子ど
もとされるフェンリル狼，ミズガルズの大蛇，地獄のヘルなど関心は細部
に広がっていきます。『カレワラ』についても同様です。ワイナミョイネン
やアイノ，ヨウカハイネン，イルマリネン，レンミンカイネンたちの話を
知り，サンポの鋳造について聞き，楽器カンテレの由来を知ることで，ど

れだけフィンランドへの愛着が強まることでしょう。大人は子どもたちに
こうした古典を伝えることに労力を惜しみません。日本でも昭和15年に森
本ヤス子が『カレワラ物語：少年少女への物語』を出版しています。

　もし私自身が明治・大正期の原点に返り北欧の本を日本の子どもたちに
紹介するとしたら，私はさらにつぎのような本を思い浮かべます。デンマ
ークの「サクソ」とホルベアの喜劇です。「サクソ」とは13世紀はじめに
『デンマーク人の事績』をラテン語で書き上げた人物，サクソ・グラマティ
クスのことです。背景には，12世紀半ばにデンマークがヴァルデマー大
王によって統一されるまでの歴史を，古代に遡りまとめるよう当時の大司
教アブサロンがサクソに命じたという事情があります。この中にはシェイ
クスピアの「ハムレット」の題材となった「アムレズ王子」の話，無能と
思われていた「ウフェ」がドイツ人を破って王位に就く話，弓の腕を妬ま
れた「トーケ」が，息子の頭の上に置いたりんごを射るよう命じられる話
など，とくに前半部にさまざまな伝説やお話が集められています。

　ホルベア（1684〜1754年）はノルウェーのベルゲン出身の作家・学者で，
コペンハーゲンで活躍し「デンマーク文学の父」と呼ばれています。ラテ
ン語で書かれた『ニルス・クリムの地下旅行』（1741年）では，地底に落
下した主人公が猿の国や木の国などガリバーのようにさまざまな国を巡り
歩きます。またデンマーク語の喜劇『エラスムス・モンターヌス』（1731
年）では，大学で勉強した主人公ラスムス・ベアが名前も題名のようなラ
テン語風に変え学問を鼻にかける人間となって帰郷します。周囲の人たち
がそれをこらしめ思い上がりを改めさせるという話です。

2．民族意識の高まりと子どもの本のめばえ

　バイキング時代，キリスト教の導入，カルマル連合時代，16世紀の宗教
改革，啓蒙主義の18世紀を経て，19世紀に入ると北欧各国の政治状況は大
きく変化します。それぞれの国で民族意識が高まり，ロマン主義の流れと
相まって「子ども」に対する関心が高まりました。

（1）アンデルセンのデンマーク

　デンマークは19世紀に国土が大きく縮小されました。デンマークの童話
作家アンデルセン（1805〜1875年）は19世紀を生きた作家です。アンデル
センは生涯にわたって童話を書き続けています。「童話」はアンデルセン
に限らずロマン主義の時代に盛んに書かれましたが，その大半はもはや忘
れられてしまい，アンデルセンの童話だけがいまなお世界中の子どもたち
に読まれています。アンデルセンの童話には時代を経ても古びない秘訣が
何かあるのでしょう。作家ヨハネス・メルヘーヴェはアンデルセン童話に
は独特のユーモアがあり，それが生命力を長持ちさせる「塩」として働い
ているのだと言っています。

　アンデルセン童話は挿絵入りの版が1849年にまずドイツで，すぐさまデ
ンマークで出版され，いっそう親しまれるものとなりました。そのとき挿
絵を描いたのはヴィルヘルム・ペータセン（1820〜59年）です。その後も
ロレンス・フレーリク（1820〜1908年），ハンス・タイナー（1853〜1932
年），ルイ・モー（1875〜1945年）など，20世紀にはスヴェン・オットー
（1916〜96年），イプ・スパング・オルセン（1921〜2012年）など数々の画
家がアンデルセン童話を描いてきました。「みにくいアヒルの子」「人魚
姫」「はだかの王さま」など代表的な童話は，現在も世界中で繰り返し描
かれ出版されています。

　アンデルセンが知人の家で子どもたちに童話を読んで聞かせていると
き，それは家族団らんの場であり，大人たちもその童話に耳を傾けていま
した。家族を中心とした文化が発達し，クローン兄弟が出版した絵本『ペ
ーターのクリスマス』は，家庭でクリスマスをどのように準備して迎え祝
うか，その様子を描いたものでした。1866年の初版の装丁ではドイツ由来
の「冬おじさん」の絵に似せたものでしたが，1870年にまったく新たに作
り直されます。この絵本はクリスマス絵本の古典となり，内容は細部にい
たるまでデンマーク人に親しまれています。19世紀のデンマークはドイツ
との関わりが深く，ハインリッヒ・ホフマンの絵本『もじゃもじゃペータ
ー』（1845年）もすぐに『大バスティアン』（1847年）としてデンマーク語
の絵本になりました。

　アンデルセンと並んで，フィンランドのトペリウス（1818～1898年）も
1840年代から童話を書き始め，童話を通して子どもたちに愛国心，勇気，
気高い心を教えようとしました。「星のひとみ」「白樺と星」「きいちごの
王さま」などのお話がよく知られています。スウェーデン語で書かれたト
ペリウスの童話は，スウェーデンの子どもたちにも愛読されました。
　やがてフィンランドでは，スウェーデン語を話す作家もフィンランド語
で書くようになります。アンニ・スワン（1875～1958年）は童話をはじめ
さまざまな作品を発表し，フィンランドの児童文学を高いレベルに押し上
げました。「童話の父」であるトペリウスに対し，アンニ・スワンは「童
話の母」と呼ばれています。画家としてはフィンランド作家のもののほか
グリム童話やアンデルセン童話など幅広く描いたルドルフ・コイヴ（1890
～1946年），フィンランドの自然を叙情的に描いたマイヤ・カルマ（1914
～1999年）の名があげられます。

（2）昔話のノルウェー

　ノルウェーはデンマークと同君連合のまま19世紀に入り，その間はデン
マーク語が書き言葉として使われていました。そのため，1814年にデンマ
ークの支配を離れてからは，ノルウェー語の書き言葉をいかに確立するか
が大きな課題となります。そのときに大きな役割をはたしたのがノルウェ
ーの昔話です。ドイツのグリム兄弟にならい，ペーター・クリステン・ア
スビョルンセン（1812～85年）とヨルゲン・モー（1813～82年）の２人が
ノルウェーの昔話を収集し，積極的にノルウェー語らしい表現を取り入れ，
1841年から1844年にかけて出版しました。その後1883年になってから，子
ども向けに挿絵入りのものが作られます。絵はエーリック・ヴェーレンシ
ョルとテオドール・キッテルセンが描き，キッテルセンの描くトロルの姿
は強い印象を残しました。
　19世紀末には伝承の詩や歌が集められ，エイヴィン・ニルセンの絵で
『子どものためのノルウェー絵本』（1888年）が出版されました。これはノ
ルウェー最初の絵本と見なされており，現在でもそのままの形で版を重ね
ています。

（3）絵本のスウェーデン

　19世紀末から20世紀初頭にかけて，スウェーデンでは児童教育に関する議論が盛んになり，子どもの本に対する関心が高まります。スウェーデン最初の絵本と言われているものはイェンニ・ニューストレムの『子ども部屋の本』（1882年）です。続いて『さっぱりペレとめちゃめちゃ村のこどもたち』（1896年）などのオッティリア・アーデルボリ（1855〜1936年）が登場し，イーヴァル・アロセニウス（1878〜1909年）が愛娘のために描いた『リッランとねこ』（1909年）が出版されるなど，いまも愛読されるスウェーデン絵本の古典が誕生しました。また，この時期にスウェーデンの国民的画家といえるカール・ラーション（1853〜1919年）が活躍します。ダーラナ地方を舞台にラーションは四季折々の家族の暮らしを描き，スウェーデン人の心をとらえて離しません。現在もスンドボーンにあるラーション家の居間は，絵葉書により国の内外で親しまれ「スウェーデンで最も有名な居間」とさえ言われています。

　スウェーデン国内で児童教育がどれほど重要視されていたかは，ノーベル文学賞を受賞した女流作家セルマ・ラーゲルレーヴ（1858〜1940年）にスウェーデンの地理を教える本を依頼したことからもうかがえます。こうして生まれたのが『ニルスのふしぎな旅』（1906〜1907年）です。主人公ニルスがガチョウのモルテンの背中に乗って空を飛び，スウェーデンを空から眺めます。故郷のスコーネに戻るまでに，ニルスは動物たちとの交流を通じ人間としても成長します。

　20世紀前半を代表する絵本作家としてエルサ・ベスコフ（1874〜1953年）はとりわけ重要な存在です。野の花や草，ベリー類，森の動物たちなどスウェーデンの自然が細やかに描きこまれ，穏やかな淡い色彩は優しく，文章に温かみがあります。『ブルーベリーもりでのプッテのぼうけん』（1901年），『もりのこびとたち』（1910年），『ペレのあたらしいふく』（1912年），『みどりおばさん，ちゃいろおばさん，むらさきおばさん』（1918年）など，30冊以上の絵本は日本でもそのほとんどが翻訳紹介されています。没後の1958年にはスウェーデンの優れた挿絵画家に贈られる賞として「エルサ・ベスコフ賞」が創設されました。

　ベスコフの影響は長く続き，スウェーデンの絵本に新たな表現はなかなか生まれてきませんでした。やがて1930年代，40年代に入ると隣国のデンマークで力強い斬新な絵本が作られるようになります。その代表がアーネ・オンガマン（1902〜81年）とエーゴン・マティーセン（1907〜76年）です。ポスターや舞台美術など多方面で活躍したオンガマンは，躍動する汽車など，子どもに現代の躍動感を伝えようとしました。イェンス・シグスゴーが文を書きオンガマンの絵による『この世にパーレただひとり』（1942年）では，ひとりだったら何でも好きなことができるのにと思っていた男の子が，ひとりではつまらないことにやがて気付きます。1974年に男の子の絵が現代風に描きなおされたこともありますが，いまではまた本来の絵で親しまれています。エーゴン・マティーセン作『さるのオズワルド』（1947年）では，わがままなボスざるに対してみんなが一致団結して反抗します。背景が白くすっきりとした現代的な絵は，北欧のモダンデザインを感じさせます。とくに大きな赤いりんごの横にオズワルドが小さくすわっている絵は印象的です。

3．子どもの本の黄金時代

　第二次世界大戦が終わり1945年にスウェーデンのアストリッド・リンドグレーン（1907〜2002年）が『長くつ下のピッピ』を発表したことは象徴的な出来事です。リンドグレーンはこれ以降，伝統や規範を打ち破りながら子どものために書き続け，スウェーデンのみならず北欧の児童文学を牽引する存在となりました。やがて50年代から60年代へと経済的にも繁栄した時代になるにつれ，各国で絵と文が絶妙に組み合わされた子どもの本が次々と誕生します。北欧の子どもの本の魅力が一気に花開いたかのようです。

　デンマークではハルフダン・ラスムセン（1915〜2002年）の詩にイプ・スパング・オルセン（1921〜2012年）が絵を描き，スウェーデンではレンナート・ヘルシング（1919〜2015年）の詩にスティグ・リンドベリ（1916〜82年）やポウル・ストロイエル（1923〜96年）が絵をつけたものが代表的です。ノルウェーではインゲル・ハーゲルップ（1905〜85年）が子ども

のために詩を書きました。韻を踏んだ言葉遊びに絵が加わり，いまなお愛されている愉快な ABC の本なども作られ，子どもたちの言葉に対する感性は大いに高められたと思われます。

　ノルウェーでは1952年から「子どもの時間」というラジオ番組がほぼ毎日放送されるようになり，この番組から 3 人の作家が育っていきました。3 人とも多才な人物で，「スプーンおばさん」で知られるアルフ・プリョイセン（1914～70年）はノルウェー人なら誰もが口ずさむ歌を多数作っており，歌い手としても親しまれました。トルビョルン・エグネル（1912～90年）は自分で絵も描き歌も作り，子どもの口の中に住む虫歯を主人公とした『カリウスとバクトゥス』（1949年），カルデモンメという町が舞台の『ゆかいなどろぼうたち』（1955年）などで知られています。もう 1 人は「オーレ・アレクサンデル」「おばあちゃん」など多数のシリーズ物を発表したアンネ＝カット・ヴェストリー（1920～2008年）です。

　フィンランドでは，スウェーデン語の作家トーベ・ヤンソン（1914～2001年）による「ムーミン」が世界的に読まれるようになります。ヤンソン自身の挿絵が独特の世界を生み出しています。1945年に第 1 作目の『小さなトロールと大きな洪水』が出版されてから1970年の『ムーミン谷の11月』まで，「ムーミンシリーズ」は全部で 9 冊書かれ，さらに『さびしがりやのクニット』（1960年）などムーミン絵本も 4 冊あります。日本では1964年に山室静の訳により最初に「ムーミン谷の冬」が紹介されました。同じくスウェーデン語で書いたイルメリン・サンドマン・リリウス（1936～）も，架空の町トゥラヴァルを舞台にした多数の作品を発表しています。

4．70年代から80年代

　70年代には親や学校，社会に対する反抗などが描かれ，また孤独な子どもの心に深い洞察が加えられるようになります。デンマークではオーレ・ロン・キアケゴー（1940～79年）が学校でいじめられてばかりの少年を『こしぬけターザン』（1969年）で描き，子どもたちの共感を呼びました。セシル・ボトカー（1927～2020年）はシリーズ 1 作目となる『シーラスと黒い馬』（1967年）の後，2001年に第14巻で完結するまで少年シーラスの

人間的な成長を描き続けました。スウェーデンでは『忘れ川をこえた子ど
もたち』（1964年）などのマリア・グリーペ（1923～2007年），ノルウェー
では『夜の鳥』（1975年）などのトールモー・ハウゲン（1945～2008年）
があげられます。

　絵本の方では，スウェーデンのサンドベルイ夫妻が生み出した「アン
ナちゃん」「おばけのラーバン」，グニッラ・ベリィストロム（1942～）の
「アルフォンス」，デンマークのフレミング・クヴィスト＝メラー（1942
～）の「自転車乗りの蚊エーゴン」などは，その後も子どもたちに長く愛
されるキャラクターとなりました。

　80年代には日常の世界が豊かに描かれるようになり絵本が大きく発展し
ます。スウェーデンのレーナ・アンデション（1939～）は「マーヤ」の絵
本で自然を丹念に描き，エルサ・ベスコフの流れを汲む絵本作家といえま
す。フィンランドのマウリ・クンナス（1950～）は『サンタクロースとこ
びとたち』（1979年）のほか，犬や動物たちが登場するユーモアあふれる
絵本を次々と発表しています。同世代ではクリスティーナ・ロウヒ（1950
～），カーリナ・カイラ（1941～）などの画家も活躍しています。

　また，これまで比較的上の年齢層を対象とした作品が多かったノルウェ
ーでも，絵本に力が注がれるようになり，『さよなら，ルーネ』（1986年）
などを描いたヴェンケ・オイエン（1946～）の名前があげられます。

5．90年代以降

　90年代以降，大人向けの本と子どもの本のどちらも手がける作家や画家
が増えるなど，北欧の子どもの本はさらに多彩な表現を見せるようになり
ました。

　デンマークでは70年代から活躍していたベント・ハラー（1946～）が社
会的なリアリズムからファンタジーへと作風を大きく変えながら常に意
欲的な作品を発表しています。ビャーネ・ロイター（1950～）はデンマー
クで最も読まれている作家といえます。80年代に活動を始めたルイ・イェ
ンセン（1943～）の自在な語りも注目されます。画家ではリリアン・ブレ
ガー（1950～），ドーテ・カーベク（1946～），ディーナ・ゲラート（1961

～）がそれぞれの持ち味を発揮しています。

　スウェーデンのエヴァ・エリクソン（1949～）はバルブロ・リンドグレーン（1937～）作の「きかんぼほうや」や「犬のローサ」，ウルフ・ニルソン（1948～）作の「子ウサギ」などの画家として知られるほか，『おじいちゃんがおばけになったわけ』（2005年）など多くの作家とともに仕事をしています。アンナ・ヘグルンド（1958～）は『おじいちゃんの口笛』などウルフ・スタルク（1944～2017年）の作品を多く描いています。ティードホルム夫妻，ランドストレム夫妻も長く活躍している絵本作家です。スヴェン・ノードクヴィスト（1946～）は言葉のわかる猫とおじいさんの交流を絵本にし，ヴィーランデル夫妻による好奇心旺盛なめ牛としっかり者のカラスの話も，ノードクヴィストの絵で知られています。どちらのシリーズも子どもたちの心をとらえました。新しい世代ではヨックム・ノードストレム（1963～）があげられます。

　ノルウェーではヨースタイン・ゴールデル（1952～）が『ソフィーの世界』（1991年）以降，次々に作品を発表しています。ルーネ・ベルスヴィク（1956～）が1991年より書き続けている「ドゥステフィエルテン」は小さなアヒルとその仲間たちの世界を描き，ムーミンにも匹敵するような豊かな世界を生み出しています。またトリル・トシュタ・ハウゲル（1943～）は歴史小説で知られています。絵本では独特な表現を見せるファム・エークマン（1946～）のほか，スヴェイン・ニューフス，アキン・デュサキン，ペール・デュブヴィグ，グリュー・モウルスンなど60年代生まれの多くの画家が活躍するようになりました。現代では自由奔放な絵が印象的です。

　フィンランドではノポラ姉妹による「麦わら帽子のヘイナとフェルト靴のトッス」，「リストとゆかいなラウハおばさん」などのシリーズが多くの読者を得ています。作家ではハンネレ・フオヴィ（1949～），ティモ・パルヴェラ（1964～），画家ではヴィルピ・タルヴィティエ（1961～）を代表として，多くの才能が活躍しています。

おわりに

　1967年に「スウェーデン子どもの本研究所」が設立され，1983年にはストックホルム大学に児童文学の講座が設けられるなど，スウェーデンは児童文学の創作・研究の面で常に先頭に立ってきました。スウェーデンの積極的な活動により北欧諸国全体の児童文学が注目されるようになったのは幸運なことです。

　「北欧神話」は別としてまだアイスランドの子どもの本について触れていませんでしたので，最後に少し紹介したいと思います。『ディンマリンのおはなし』というアイスランドで長く愛されてきた絵本があります。作者は画家グズムンドゥル・ソルステインソン（1891〜1924年）で，心やさしい王女が白鳥の姿に変えられていた王子の呪いをとくという素朴な水彩画の絵本です。その後80年代にはイギリス出身の画家ブライアン・ピルキントン（1950〜）が，グズルン・ヘルガドッティル作『女トロルと８人の子どもたち』（1981年）やインギビョルグ・シグルザルドッティル作『やねのうえの花』（1985年）などの絵を描き，活動を始めます。近年ではソウラリン・エルドヤルンの詩，国の内外で広く読まれたアンドリ・スナイル・マグナソン作『青い惑星のはなし』（2000年）などがあげられます。

　デンマークの自治領である人口約５万人弱のフェーロー諸島からも古典的な子どもの本を紹介できます。昔から伝わる歌やお話を集めた『夕暮れに』という1948年出版の本があります。その後フェーロー諸島独特の地形や風景に因んだ伝説，アザラシと子どもの交流を描いた本なども書かれるようになりました。現在活躍している詩人としてアレクサンドゥル・クリスチャンセン（1949〜），画家ではエドヴァルド・フーレー（1965〜）があげられます。

レースのペチコート—私の素敵なクリスマスの思い出

column

●奥田ライヤ

　少女はオートミールを食べようとしませんでした。夏の太陽と鮮やかな色を思い出せるようにと，お母さんが蜂蜜とブルーベリー，そしてイチゴも入れてくれたのに。少女を見て，そろそろサンタの小人たちが動き出す頃だとお母さんが教えてくれました。子どもたちが悪いことをしたり意地悪を言ったりすると，小人たちは何でもリストに記録してサンタに見せるのだと。小人が窓の向こうからのぞき込んで，オートミールを食べずにお母さんを困らせている少女がいることに気づけば，リストに大きなマイナスが書かれることになります。そうなったら，あのペチコートはどうなるのでしょう。

　少女は世界で一番すてきなペチコートを夢見ていました。純白で，裾のところには幾重にもレース飾りが並んでいるような。そんなペチコートが手に入ったら，まるで本物のお姫様かバレリーナのようです。サンタからペチコートをもらえるのなら，少女はずっと良い子でいて，弟とも決して喧嘩などしないでしょう。そう，オートミールだってきちんと食べます。お皿からはまずイチゴが，そして次にはブルーベリーが消え，まもなく蜂蜜の味のするオートミールはすっかりなくなりました。

　薄暗く色のない世界も 12 月になると少しずつ白い雪景色へと変わります。空中を舞い踊る雪片もクリスマスの到来を待ち焦がれているようです。家では毎晩することが山ほどあります。ある晩には，いろいろな型にはめてジンジャークッキーを作ります。ハートや星や子豚の形，どれもパリパリして，それはそれはおいしいクッキーです。クリスマスにはジンジャークッキーを組み立ててお家も作ります。そのための部品も焼きましたが，お家を組み立てるのはクリスマスの直前になってからです。

　クリスマスカードを書いたり，ツリーに新しい飾りを作ったりもしなければなりません。外では気温も零下まで下がっています。それでも，家の中にはシナモン，クローブ，そしてジンジャーなどクリスマスの香りが満ち溢れ，その香りとロウソクのやさしい光が家の中も，そして皆の心も暖めてくれます。

　クリスマスイブは朝から大忙しです。皆で大掃除をして，お父さんはツリーを買いに市場へ出かけ，子どもたちは飾りつけに取りかかります。曾おばあちゃんのお墓にもロウソクを供えます。テーブルはご馳走で溢れています。分厚いハム，ホワイトソースで

煮た魚，サラダ，カブやジャガイモやニンジンのキャセロール，そしてデザートはミル
ク粥です。ミルク粥に入っているアーモンドは弟が手に入れました。アーモンドは翌年
の幸運をもたらしてくれるのです。

　ご馳走の後で片づけが済むと，いよいよドアのベルが鳴ります。そう，とうとう待ち
焦がれていたサンタがやってきたのです。そして，サンタは毎年同じことを尋ねるので
す。「ここに良い子ども達はいるのかな？」小人たちの作ったリストを持っているので
すから，そんなことはサンタにはよくわかっているはずなのに！

　サンタは長くて白いヒゲをはやし，そして毛皮の帽子をかぶって赤い服を着ています。
橇を引いてきたトナカイは町の外へ置いてきました。サンタはなぜか隣のおじさんと同
じ匂いがしました。きっと同じタバコを吸っているのでしょう。

　サンタが夜中に煙突からやってくる国もあるそうです。あんなにお腹の大きなサンタ
が煙突に入れるのでしょうか。フィンランドではサンタはベルを鳴らしてドアから入っ
てくるので何の心配もありません。少女はサンタから軽やかで柔らかな包みを受け取り
ました。包みからは真っ白なペチコートがのぞいています。裾に幾重にもレースの飾り
のついた，まさに少女が夢見ていたようなペチコート。サンタの小人たちは本当に上手
に作ってくれました。

　ペチコートの上にお母さんの縫ってくれた赤いドレスを着れば，まるでお姫様のよう
です。ペチコートのレース飾りがドレスの裾の下からのぞいています。そうでなければ
いけないのです。さあ，これでいとこたちのところへ遊びに行くことができます。これ
を見ればいとこたちだって，サンタは本当にいるのだと納得するはずです。サンタが本
当にいるのかどうか，いとこたちとは言い争いをして喧嘩にまでなったことがあるので
す。少女には証拠があります。なぜなら，こんなにすてきなペチコートはどんなお店で
だって買うことなんてできないはずですから。

　冬の空には数知れない星が瞬き，家の中ではツリーのロウソクと子どもたちの瞳が同
じくらい眩く輝いています。クリスマスはまだまだ続きます。そしてクリスマスは次の
年も，その次の年も，そう永遠に地球上のすべての家へやってくるでしょう。

第12章

北欧のこどもと文化
─こどもの権利と文化芸術

上倉あゆ子

はじめに

　日本でも「ムーミン」シリーズや『長くつ下のピッピ』が知られているように，北欧で生まれ世界中で親しまれているこどもの本が多くあります。第11章でも示されているように，北欧の国々では絵本をはじめとする児童文学への関心が高く，多くの作家や画家がこの分野で活躍しています。20世紀に入ってから，とりわけ第二次世界大戦後にこどもの本の世界は大きく発展しましたが，それと連動するように発展を遂げてきたのがこどものための演劇です。イプセンやストリンドベリといった著名な劇作家を生んだ北欧は演劇が盛んな地域でもあります。日本では一般にはあまり知られていないかもしれませんが，北欧のこども・若者向けの演劇は国際的にも高く評価されています。

　北欧では，こどものための本も演劇も単なる娯楽としてではなく，誰もが触れることができるべき芸術であるととらえられています。そして，実際に誰もが触れることができるように，さまざまな取り組みがなされています。加えて，北欧のこどものための本や演劇の大きな特徴としては「難しい」，「重い」，「取り上げにくい」と考えられるような話題を積極的に取り上げるという点が挙げられます。同様のことはこどものためのテレビ・ラジオ放送にも言えます。この章では，こうした北欧におけるこどものための文化芸術とその周辺環境がどのようなものであるかを見ていきます。そして，それらのこども・若者のための取り組みの背景にはどのような考え方があるのかについても考えます。

1．こどもの本

　冒頭でも述べたように，北欧は人気児童文学作品の宝庫です。アンデルセン童話，エルサ・ベスコフの絵本，アストリッド・リンドグレーンの数々の作品，「ムーミン」シリーズ，「スプーンおばさん」シリーズなど，国際的に知られ古典として読み継がれているものが多くあります。その一方で，北欧の国々では毎年多くの新たなこどもの本も生まれ続けています。北欧諸国のように人口規模がさほど大きくない場合，何もせずに放っておくと本の市場も英語などからの翻訳作品に席巻されてしまう可能性があります。そうならないために，北欧の国々はそれぞれに，自国の文学・児童文学振興のためのさまざまな取り組みを行なっています。その効果もあるのか，北欧の児童文学においてはたいへん活気のある状況が続いています。

　近年の北欧児童文学の傾向としては，ジェンダーや性的マイノリティの問題を取り上げる作品が増える，ミステリー要素の強い作品の人気が高まるなど，一般社会で話題となっていることがそのまま反映されるということが見られます。こどもの社会と大人の社会は隔絶しているわけではありませんから，これは当然のことかもしれません。また，もともと北欧の児童文学においては，取り上げることのできない話題はないというくらいに，現実的で難しい問題を取り上げるのは一般的なことである，ということが言えます。

　スウェーデンの作家アストリッド・リンドグレーン（1907〜2002）が1945年に発表した『長くつ下のピッピ』は，北欧を代表する児童文学作品の一つですが，発表当初は大きな議論を呼びました。主人公の女の子ピッピが当時の大人たちからすればとても行儀の悪いこどもだったからです。しかし，ピッピは新しい時代の到来を示していたとも言えます。ピッピが登場した1945年，すなわち第二次世界大戦終結の年以降，北欧の児童文学は大きく発展していきます。それまでの，道徳的・教育的内容が中心だった時代の価値観に縛られない，新しいこどもの本が生まれるようになっていったのです。とくに1960年代後半以降，社会全体も大きく変わっていく中で，親の離婚，いじめ，死といった，こどもたちが現実の世界で体験し

うる難しい問題が積極的に取り上げられるようになっていきます。孤児や重い病気を抱える子ども，そして貧困や死といったものを作品の中で積極的に取り上げたリンドグレーンは，その流れを作った重要な作家の一人です。

　現代フィンランド文学を代表する一人であるレーナ・クルーン（1947～　）は，1970年に環境問題に注目した絵本『緑の革命』でデビューしました。1976年に発表した児童文学作品『ペリカンの冒険』（原題は『人間の服を着て』）では，環境汚染が進む中で人間の世界に入り込もうとするペリカンと，人間の少年エミルとの交流を描いています。エミルは両親が離婚したため故郷を離れ，母親と共に都会で暮らしています。慣れない都会での暮らし，シングルマザーとして働く母親，お金を渡されて一人で夕食をとるエミル，父親やその新しいパートナーとのうまくいかない関係など，主人公エミルの視点からは，家庭環境の変化によってこどもも大人も苦悩する様子が描かれます。ある晩，夜遅くに酒に酔って帰宅した母親を見たエミルは，自分の母もまた弱さのある一人の人間であるということに気付きます。一方，人間になろうとするペリカンの視点からは，文明を発展させ環境を破壊していく人間社会の理不尽さや不可解さが示されます。この作品は，こどもの本が安心安全な世界だけを描くわけではなくなったことを示す好例の一つと言えます。

　ノルウェーの作家グロー・ダーレ（1962～　）は，こどもたちが抱える心理的な問題をしばしば絵本において取り上げます。2003年に発表された『パパと怒り鬼』は，父親による家庭内暴力を扱った作品です。主人公の少年ボイとその母親は，ちょっとしたきっかけで荒れ狂ってしまう父親の機嫌をうかがいながら，息をひそめるようにして暮らしています。ボイは，家の中で何が起こっているのかは外では話してはいけないことだと考え，父親が暴力をふるうのは自分のせいであると思っています。作品終盤でボイは王様に手紙を書くことができ，父親は王様の助けで適切なケアを受けることになります。ボイに対して，そして同じような状況にあるこどもに対して「誰かに話していいんだよ」「あなたのせいではないんだよ」というメッセージを投げかける作品です。北欧の児童文学では，幼児向け

の絵本であれ10代向けの小説であれ，こういった困難な状況に置かれたこ
どもが描かれることがよくあります。難しいと思われるテーマを取り上げ，
同じような状況にあるこどもが読んだ時に「自分もこうだ」「自分だけで
はないのだ」と感じることのできる作品の存在の大きさは，北欧児童文学
の大きな特徴の一つです。

　北欧の中でもとりわけデンマークの児童文学は，その独特なユーモアや
アイロニーで注目されることが多いのですが，その代表格として，作家
キム・フォプス・オーカソン（1958～　），作家オスカー・K（1950～　），
そして絵本作家ドーテ・カーベク（1946～　）の名前が挙げられます。こ
れらの作家の作品の中には，挑戦的とも言えるようなテーマや表現が見ら
れ，「絵本」や「こどもの本」とは何なのかと考えさせられるものがあり
ます。オスカー・Kとドーテ・カーベクが組んで作られた作品がいくつか
ありますが，そのうちの一つに『キャンプ』（2011）という絵本がありま
す。サマーキャンプに参加したはずのこどもたちが大人たちに衣服や名前
を奪われ，強制収容所のような場所で番号によって呼ばれる生活を送るこ
とになるという内容のこの作品は，誰もが経験するこども時代におけるこ
どもの「無力さ」を描いています。個であることを奪われ，決定権を大人
に握られるという，弱い存在としてのこどもが示されていますが，カーベ
クの独特なタッチのイラストによってそういった状況の怖さがいっそう強
く伝わってきます。明らかに幼児向けではないとはいえ，絵本というもの
が誰に向けて何を伝える媒体であるのかを考えさせられる作品となってい
ます。

2．こどもと図書館

　北欧の児童文学自体は活況を呈していますが，今日のようにインターネ
ットが広く普及した社会において，こどもたちは文学にどのようにして触
れるのでしょうか。

　日本の図書館や学校でも多く見られるように，北欧においても本の読み
聞かせは盛んです。多くの図書館が児童書コーナーに読み聞かせのための
部屋やスペースを設けています。インターネットでさまざまな情報を得ら

れるようになっても，図書館の利用率は高いと言われています。本が安い
ものではないということもありますが，小学校入学前の幼児が通う就学前
学校を通しての利用など，図書館で本を借りて読むことは幼い頃から人々
の日常生活に根付いています。大都市以外では，バスやボートによる移動
図書館も重要な役割を果たしています。

　北欧ではCDブックや音声ブックで本を「聴く」ことも一般的なことと
なっていますし，児童文学の分野も含めて電子書籍として刊行されている
ものも多数ありますから，それらの貸し出しを行っている図書館も増えて
います。例としてストックホルム市立図書館のホームページを見てみると，
対象年齢が0〜12歳の児童書においても電子メディアの形態で貸し出され
ているものがかなり多くあります。ホームページでは，借りた本を専用の
アプリケーションを使ってスマートフォンやタブレット端末で読む方法が
わかりやすく説明されています。このように，こどもが読むものや図書館
で借りるものは必ずしも紙の本であるとは限らないという状況になってい
ます。

　北欧の図書館の活動を詳しく見ていくと，近年は本やCDの貸し出し以
外のさまざまな活動が盛んであることがわかります。北欧各国で移民・難
民などの外国出身者が増え続ける中，言語教室の場になったり，市民が交
流できる「言語カフェ」が開かれたり，こどもたちへの「宿題支援サービ
ス」が行なわれたりといった活動が目立ちます。それから，とくに新しい
取り組みとしては，こどもや若者の創造的活動への支援があります。3D
プリンター，シルクスクリーン，ミシン，本格的な工具セットなど，個人
で購入することが難しい道具を用意し，若い市民が無料で使用できるよう
にしている図書館が増えつつあります。規模の小さい地方都市の場合には，
図書館がアートギャラリーであり，劇場であり，児童館である，というよ
うなことは珍しくありません。限られた公共施設がさまざまな役割を担っ
ているのです。

　そういう意味では，図書館の存在は今日ますます重要になっているとも
言えます。さらに，北欧では建造物として，外観および内装のデザイン性
の高さで注目される図書館が次々に登場しています。黒い大理石の外壁に

覆われた外観が印象的なデンマーク王立図書館新館（1999）は、「ブラック・ダイアモンド」という通称で呼ばれています。フィンランド南西部にあるセイナヨキは人口6万人余りの町ですが、市立図書館新館（2012）のデザイン性が国内外から注目を集めています。もともと建築家アルヴァル・アールト設計の市立図書館（1965年）があることで知られていましたが、その旧館と地下トンネルで繋がる形で新館が建てられました。デンマーク第二の都市オーフスの市立図書館（2015）は、国際図書館連盟による2016年の「公共図書館賞」を受賞しています。これは、世界で一番の公共図書館であるという高い評価を得たことを示しています。2018年12月に開館したヘルシンキ中央図書館（2018）も、2019年に「公共図書館賞」を受賞しました。オスロ市立ダイクマン中央図書館は、2020年に国立オペラハウスや新しいムンク美術館と同じ地区の新しい建物に移り、注目を集めています。

　こうした新しい図書館に共通しているのは、市民が日常的に足を運び、長時間滞在したいと思う、リビングルームのような場所となることを目指している点です。これは新たに建てられる都市部の図書館に限ったことではなく、地方都市の小さな図書館においても居心地のよさを向上させる取り組みは多く見られます。とくに、乳幼児向けのコーナーでは本を見ながら親子がゆったりと過ごせるような空間づくりが、若者向けのコーナーで

写真1　階段状の広々とした閲覧スペースのあるアルメダール図書館・児童書コーナー（スウェーデン）

写真2　リラックスして本やマンガを読むことができるクリス
チャンサン市立図書館・若者向けコーナー（ノルウェー）

は中高生世代が自分の好きなものにじっくりと向き合えるような空間づく
りが進められています。人口が少なく，目的別に異なる建物を確保するこ
とが難しいという事情からも，こどもや若者の「居場所」として図書館は
重要な存在となっています。

3．こどもと舞台芸術

　児童文学と同じように，教育的・道徳的な内容から始まって幅広い題材
を扱うように発展してきたのが，こどものための舞台芸術の分野です。舞
台芸術というのは舞台で演じる芸術全般を指す言葉で，演劇，人形劇，ミ
ュージカル，オペラ，バレエ，ダンス，パントマイムなどが含まれます。
北欧の国々では，乳幼児から10代の若者まで，若い世代を対象とした多様
なスタイルの舞台芸術が盛んです。その背景にはどのようなことがあるの
か，北欧の劇場事情，こどものための舞台芸術の大まかな流れと今日の状
況を見ていきます。

（1）北欧の舞台芸術環境

　近年，北欧では，国際的にも注目を浴びる新しい劇場の建設が続いてい
ます。代表的なものとしては，デンマーク王立オペラ劇場（2005年），デ
ンマーク王立劇場新館（2008年），ノルウェー国立オペラハウス（2008年），

アイスランド・オペラが拠点を置くハルパ・レイキャビク・コンサートホール（2011年）などが挙げられます。これらはどれもその国の首都に作られた新しい劇場やホールですが，北欧諸国には国立劇場・地方劇場など公的助成のある劇場（公共劇場）が多数あり，首都以外の土地でも多くの人が舞台芸術を楽しむ機会に恵まれています。劇場，オペラハウス，コンサートホール，ダンス専用劇場といったものは，国の規模によって差はあるものの，決して首都だけのものではないという状況です。そして，公共劇場はただ単に舞台を持っている建物というのではなく，専門的な知識と技術を持った人々が雇用されていて，自分たちで作品を制作・上演することのできる組織です。北欧では，俳優，脚本家，演出家，照明，美術など，舞台芸術にプロとして携わる人々は，大学などの高等教育の場で専門教育を受けていることが一般的です。

　北欧各国には，デンマークのユトランド・オペラ劇場（国立巡回オペラ），スウェーデン国立巡回劇場，ノルウェー国立巡回劇場，フィンランド国立劇場の「巡回ステージ」部門のように，国内での巡回公演を目的とした公共劇場も存在しています。大きな劇場やオペラハウスは，やはりどうしても首都や大都市に集中しがちです。そのため，国のどこに居住していても演劇やオペラを体験することができるように，劇場の方が地方を回っていくシステムが公的に構築されているのです。これらの公共劇場はいずれも，割合に差はあるかもしれませんが，こども・若者を対象とする作品も手がけています。

　興味深いことに，北欧五か国の中で一番小さな国であるアイスランドの国立劇場は，こども向け演劇専用劇場（80席）と人形劇専用劇場（70席）を備えています。1950年の劇場開設以降，アイスランド国立劇場では毎年必ず大劇場（500席）においてもこども向けの作品を上演していて，アイスランドにおけるこどものための舞台芸術の中心的役割を果たしてきています。毎年秋には，レイキャビク市および近隣自治体に住むすべての4～5歳児が無料で劇場に招待され，劇と劇場という場を体験することができます。

　人口およそ1000万のスウェーデンには，40の公共劇場が存在しています。

そして，公共劇場とは別に，主として巡回公演を行う小規模の独立グループも数多くあります。独立グループはこどものための公演を中心としているところが多く，この分野において重要な存在です。グループの規模などによってその割合に違いはあるものの，国や自治体からの助成を受けていることが多く，作品作りや公演の条件設定において，商業的な面ばかりを気にする必要がありません。スウェーデンでは，舞台芸術の学校公演に関わる費用を負担する主体は自治体や学校であり，こどもやその親から料金を集めることはありません。親の関心や経済状況に関係なく，こどもが芸術を体験できるようにするためです。このようにして見ていくと，日本と比較して，北欧では舞台芸術がこどもとかなり近いところにあることがわかります。

（2）こどものための舞台芸術の流れと現状

　19世紀末から20世紀初頭にかけ，北欧では絵本の出版が盛んになりました。そして，1910年代には，誰もが知っているような有名な絵本の世界を舞台上で再現するこども向けの劇が作られるようになりました。次いで，国語教育の一環として劇が上演されるようになります。その後，児童文学と同様に，1960年代後半以降の急進的な劇においては，多くのタブーが打ち破られました。社会問題が取り上げられると同時に，こどもたちの日常における感情や人間関係が取り上げられるようにもなりました。

　1971年からストックホルム市立劇場と仕事をしていた演出家スサン・オステン（1944〜　）は，1975年に市立劇場内でこども・若者向けの劇団ウンガ・クラーラを設立し，『メディアのこどもたち』という作品を作ります。これは，古代ギリシアの詩人エウリピデスによる悲劇『メディア』をベースにした作品です。原作では夫に裏切られた王女メディアが主人公ですが，『メディアのこどもたち』では，ひどいいさかいをする両親の元で傷つけられるこどもたちが中心に描かれています。こどもたちの抱える，激しい，揺れ動く感情が舞台の上に登場しました。

　『メディアのこどもたち』をきっかけに，こどもの内面や身近な問題が演劇作品に取り込まれるようになっていきます。離婚，親のアルコール依

存，いじめといったことが劇の題材となり，辛いことや悲しいことをこども向けの劇から遠ざけないスタイルが定着していきます。当初は，そういった内容はこどもたちにとって過激すぎるという反対の声も多くありました。しかし，現実の世界ではこどもであっても辛さや悲しみを避けて通ることはできず，そういったものを演劇から切り離すことはできないという考え方が浸透していきました。こうして，こどものための劇の中心は，心理的な側面に焦点を当てたものに徐々に移っていきます。

　21世紀を迎えた頃からの傾向の一つとして挙げられるのは，絵本などの人気児童書を原作とする作品の舞台化です。日本でも知られるバールブロー・リンドグレーン（1937〜　　）やウルフ・スタルク（1944〜2017）の作品などはよく舞台化されています。それから，0歳児向けのものなど，本当に幼いこどもたちに向けた作品への取り組みもたいへん盛んです。ダンスの人気は非常に高く，音楽劇やコンテンポラリー・サーカスなど，せりふ劇以外にもさまざまなジャンルの作品が上演されています。

　北欧のこどものための舞台芸術では，観客の年齢が厳密に指定されていることがほとんどです。対象が幼いこどもの場合，発達段階によって理解できることや集中していられる時間が異なるため，「2〜4歳」，「4〜6歳」といったように，あまり広くない幅で対象年齢が設定されます。小学生以上を対象としている場合には，たとえば「10歳以上」というように，達していなければならない下限年齢だけを指定していることも多くあります。いずれにしても，こどもたちが自分の年齢にもっとも適した作品を体験することが重要視されるため，学校公演においては対象年齢に達していないこどもにも一緒に見せることはありません。対象年齢未満のこどもが同席しても十分に理解して楽しむことができなかったり，集中できなくって騒いでしまったりすることが考えられます。そうなると，実際に対象年齢に達している他の観客にとっても妨げになってしまい，どちらにとってもよいことではありません。

　観客数についても，年齢と同様，演目ごとに劇団からの指定があります。学校での訪問公演では，クラス単位で25〜50人もしくは学年単位で100人ということがほとんどです。観客全員とコンタクトのとれる距離が大切に

されているからです。公演が行われる際には，開演前に会場に入る段階か
ら，劇団と学校側が話し合って決めた形が取られます。こどもを対象とし
た公演の場合，先生の指示に従って決められた場所に速やかに座ることよ
りも，こどもたちが劇場は特別な場所であると感じ，作品の世界に入る心
の準備ができるような演出が重視されます。作品の内容だけでなく，実際
の公演に至るまで，鑑賞するこどものことが第一に考えられていると言え
るでしょう。

4．こどもとメディア

　北欧諸国では，インターネット，パソコン，スマートフォンなどの普及
率が高く，家庭もしくは学校でこどもたちがデジタル機器に触れることは
日常的なこととなっています。インターネット上で膨大な情報が得られる
ようなった今日，文学や舞台芸術に携わる人々にとっては「自分たちには
何ができるのか」という問いと向き合う時代になっています。では，テレ
ビ・ラジオという，旧来からのメディアはどのような状況にあるのでしょ
うか。

　北欧5か国の公共放送は，いずれも＜こどもチャンネル＞のホームペー
ジを持っています。これは，厳密には「チャンネル」とは言えないかもし
れませんが，こども番組専用のホームページがあり，多くの番組をそこで
視聴できるということです。大人が番組情報を得るためのページではなく，
こどもが自分でアクセスして番組を見ることを前提とした作りとなってい
ます。国によっては，ゲームなどのウェブ版オリジナルコンテンツも非常
に充実しています。インターネットやデジタル機器をこどもから遠ざける
のではなく，むしろ積極的に触れて使いこなせるようになることが意図さ
れています。

　ニュース，ドキュメンタリー，ドラマ，アニメーションなど，北欧各国
の人口規模を考えれば，公共放送によるこども番組の数や種類は豊富であ
ると言えます。また，字幕・手話・音声ガイドへの対応，サーミ語などの
少数言語による番組など，すべてのこどもに届くためのさまざまな取り組
みもなされています。とくにスウェーデンでは，手話によるこども番組の

多さとそのジャンルの幅広さに驚かされます。字幕や手話通訳をつけるのではなく，出演者自身が手話で話す番組が多数作られています。

　ラジオはもともと北欧の人々にとって非常になじみのあるメディアですが，現在ではテレビと同様にインターネット上で聴取可能です。1925年の開設当初からこども向けの番組を放送してきているスウェーデン・ラジオは，3〜13歳向けのラジオ番組に関する専用ホームページ「こどもラジオ（Barnradion）」を設けています。音楽やラジオドラマなど，幅広い番組編成がなされていて，3〜8歳もしくは9〜13歳を対象とする番組が中心ですが，最近では0〜2歳向けの取り組みも行われています。乳児を対象とした番組は遊び歌のような内容で，親が選んで小さなこどもと一緒に聞くことが意図されています。注目したいのは，「こどもラジオ」とは別に，「ラジオ・モンキー（Radioapan）」という3〜8歳向けの専用ホームページも存在していることです。その年齢のこどもが自らサイトにアクセスし，ラジオ番組を聴いたり，ゲームをしたりするように作られています。

　北欧のテレビ・ラジオのこども番組では，「大人が見せたい・聞かせたいもの」というよりは「こどもが見たい・聞きたいもの」が多く取り上げられているように思われます。とくに思春期の若者が抱えがちな問題に対しては，ドラマや相談番組などで積極的に取り組んでいます。2015〜17年に放送されたノルウェーの「恥（Skam）」という人気テレビドラマは，10代の若者の日常生活とその中でのさまざまな問題を取り上げており，その現実的な内容とSNSとも連動した斬新な制作手法が日本など国外でも話題になりました。

　このように，北欧ではインターネットやデジタル機器が広く普及した環境によってテレビ・ラジオが衰退するのではなく，それらを利用して新たな工夫がなされ，若い世代の視聴・聴取につなげていることがわかります。

5．「子どもの権利条約」

　こどもと文化芸術について考えるとき，無視することのできないものに「子どもの権利条約」第31条があります。そこでは，こどもの休息，余暇，遊び，文化的生活，芸術への参加の権利が定められています。北欧5か国

は日本と同様に「子どもの権利条約」を批准していますが，北欧において
こどものための文化について議論される場では，当然のこととしてこの第
31条が取り上げられることがよくあります。こどもがゆったりと休んだり，
遊んだりすること，そして文化芸術活動に参加することは，権利として保
障されるべきものであるということです。

　北欧諸国の学校の年間スケジュールを見てみると，長い夏休み，秋休
み，クリスマス，スポーツ休暇，復活祭など，ある程度まとまった休暇期
間の存在が目立ちます。例年10月末から11月初めに設けられている秋休み
は，かつては「じゃがいも休暇」と呼ばれていたものです。多くの人が農
村地域に暮らしていた時代には，秋の収穫時期にこどもたちが家の手伝い
をする必要があったため，学校が休みになったのです。近年スウェーデン
では，秋休みを「読書休暇」と名付けて，こどもたちが読書に親しむこと
を推進する活動が盛んです。

　2月下旬から3月上旬に設けられているスポーツ休暇には，家族でスキ
ー旅行に出かける人が多くいます。こうした休暇期間をこどもたちが誰と
どこでどのように過ごすのかということは，家族である大人の働き方やラ
イフスタイルとも密接に関係しています。こどもの学校が休みの期間に合
わせて親が有給休暇を取得して家族で過ごすのは，北欧では一般的なこと
です。日頃から定時で仕事を終わらせて帰宅する人が多く，終業後に家族
とゆったり過ごす時間を大切にしています。休暇中に限らず，日常生活の
中でこどもにも大人にも時間的な余裕があるかどうかというのは，こども
の文化芸術活動との関わりに影響を与える要素でしょう。

　ところで，「子どもの権利条約」においては「こども」とは誰を指して
いるのでしょうか。条約では，18歳未満をこどもとしてその対象としてい
ます。「こども」には，乳幼児や小学生だけでなく，多くの10代の若者ま
で含まれているのです。ですから，「こどもの本」は絵本だけを指すので
はありませんし，「こどもの舞台芸術」も幼児向けの人形劇だけを指すの
ではありません。北欧では，10代の若者を対象とする文化芸術活動が充実
しており，学校生活，性やドラッグの問題など，この年代にとって重要な
話題を取り上げた文学作品，舞台芸術作品，テレビ・ラジオ番組が多く作

られています。

　さらに，北欧地域では「子どもの権利条約」を前提としながら，対象を20代前半にまで拡大して，幅広く若い世代を支援する動きが活発です。北欧閣僚会議では「こどもと若者のための北欧委員会（NORDBUK）」を立ち上げ，25歳までを対象にこどもと若者への支援を行っています。「北欧はこどもと若者にとって世界で最良の場所でなくてはならない」ということを戦略に掲げ，こどもと若者は将来においてだけではなく今ここで重要な存在であるとしています。

　そのような流れがある中，近年の北欧において特徴的なこととして，「若い大人」の文化芸術活動に対する支援が盛んであることが挙げられます。オペラなどのチケットが高額になりがちな劇場では若者割引があることが一般的ですし，デンマーク国立デザイン博物館のように25歳までのこども・若者の入場を無料としているところもあります。ストックホルム市立図書館内のLavaという施設は，楽器や工具などを利用してさまざまな創作活動を行うことができる場を提供していますが，対象を14〜25歳の人に限定しています。20代半ばまでは学生である場合も多いですし，仕事をしていたとしても経済力が十分ではないかもしれません。そういった若い世代が興味関心を抱いたことに挑戦しやすい場を，公共の施設が提供することに努めているのです。

おわりに

　ここまで見てきたように，北欧におけるこどものための文化芸術は，技術の進歩とうまく付き合いながら自らも発展し，社会の変化に柔軟に対応しようとしています。そうすることで，可能な限りすべてのこどもや若者に届くことを目指しています。これから先の時代を生きていく新しい世代が，新しい技術や機器に触れることに対して非常に肯定的で，それらを積極的に活用してこども・若者にアプローチしています。そして，こどもが実生活の中で出会うさまざまな問題を取り上げることに対しても，とても積極的です。今日の北欧社会は，移民・難民の増加などにより多文化化が進み，家族形態も多様化しています。性的マイノリティや環境問題なども

頻繁に取り上げられる話題です。こどものための文学も舞台芸術もテレビもラジオも，そういった現実とそこで暮らしているこども・若者に正面から向き合っているように思われます。

　ここで取り上げてきたこどものための文化芸術は，どれも基本的に大人によって作られ，大人によって選択されているものです。文化施設などの環境面がどれだけ整備されるかは大人の決定によります。そして，作品や番組がどのような題材をどう扱うかも，すべて大人次第です。北欧のこども文化に触れてみると，それが決して「こどもだまし」ではないことがわかります。環境整備のようなハード面からも，作品作りのようなソフト面からも，大人たちが真剣に取り組んでいることが伝わってきます。多くの作品が重く難しいと思われがちなテーマをあえて取り上げ，こどもたちが自分で考えることを促してきます。逆に言えば，こどもたちには幼い時から「自律」が求められているとも考えられます。北欧のこどものための文学や舞台芸術で描かれるこどもたちの多くは，自分で考え，自分の意見を表明し，そして自分で決断していきます。何歳のこどもであったとしても，一個人としての存在として描かれていることが伝わってきますし，こどもが周囲の人たちに「見えない」「聞こえない」ことは大きな問題として描かれます。

　こどものための文化芸術が何をどのように描くかは，大人がこどもをどのような存在としてとらえているかによって違ってきます。こどもとこども文化に関係するすべての大人の意識が重要な意味を持つことになります。このことに注目してみると，日本と北欧ではどのような違いが見られるでしょうか。北欧で積極的に取り上げられているような話題が，日本では「タブー」と捉えられることが多いのはなぜでしょうか。そういった難しい話題を北欧ではどのような手法で，どういった視点から描いているのでしょうか。こうしたことを考えてみると，日本におけるこどものための文化芸術のあり方やこれからについて，新しい見方や考えが生まれてくるかもしれません。

第13章
北欧の神々
—北欧神話

森　信嘉

はじめに—比較言語学と神話学

　現代の定説では宇宙が誕生したのが137億年前，地球の誕生が46億年前，海でおおわれていた地球に生物が誕生したのが40億年前ということになっているようです。時は下って，1400万年前あたりからアフリカ大陸とユーラシア大陸が現在のスエズ運河のあたりで途切れることなくつながっており，6万年程前には現在と変わらない大陸配置となっていたとされています。また700万年前には犬歯が縮小し直立二足歩行を始めた人類の誕生があり，250万年前に脳が大型化し，石器作製を始めました。180万年前にアフリカより出て大陸の各地へと移動を始め，7万5千年程前には抽象的なことを考える能力を獲得して言語使用が可能になったのであろうと推測されています。

　ここにあげた数字はあくまでおおよその数字であり，人類の誕生についても言語の起源についても何一つ確かなことはわかっていません。しかし，これが宇宙科学，古生物学，人類学，霊長類学，考古学，言語学などのさまざまな学問分野での研究成果の累積から現時点で推測されている人間の住む世界の誕生についての考え方です。私たちもまわりの世界についていろいろと思いを巡らし，世界の誕生や個々に存在するものに関して何らかの説明を試みてきたように，太古の人々も自分たちが存在する世界について何らかの解答を得たいという衝動を感じていたであろうことは十分に考えられます。

　何かが存在することの理由を示すというのも神話の特徴のひとつとして

あげられるでしょう。ゲルマン民族のなかでもアイスランド人，ノルウェー人，デンマーク人，スウェーデン人等は北ゲルマン諸語を話す北ゲルマン人ですが，これらの人々の間に伝わるのが北欧神話です。紀元前1600年〜450年の青銅器時代に北ゲルマン人が居住していた場所からは宗教儀礼の痕跡が発見されており，人々はその当時にはすでに北欧神話に登場する神々に対する信仰心を抱いていたものと想像されます。彼らの思い描いていた神々の姿や，神々をめぐる物語は3世紀〜6世紀にかけてのゲルマン民族大移動期に各地に伝わっていったものと考えられています。

　この民族大移動期の初期にゴート族がキリスト教に改宗し，続いてアングロサクソン族が改宗しますが，北ゲルマン人は11世紀半ばになってゲルマン民族としては一番最後にキリスト教に改宗することになります。キリスト教改宗まで存続してきた北欧神話の源とも言えるゲルマン民族の原宗教は，結果として2500年以上もの間存在し，アイスランドから黒海に至るまでの広範囲に痕跡を残すことになります。

　ゲルマン語派（英語，ドイツ語，オランダ語，北ゲルマン諸語等）はスラブ語派（ロシア語，ポーランド語，ブルガリア語，チェコ語等）やイタリック語派（スペイン語，フランス語，イタリア語等）あるいはインド・イラン語派（サンスクリット語，ヒンディー語，ペルシャ語等）と共にインド・ヨーロッパ語族という広範囲に広がる一大言語集団に属します。この言語集団に属す諸言語の比較から太古に存在したであろう祖語の構築を目指したのが19世紀初頭に誕生したインド・ヨーロッパ語族比較言語学です。さらに，この言語集団の精神文化を明らかにする目的で，引き続きインド神話，ギリシャ神話，ゲルマン神話などのインド・ヨーロッパ語族の神話も比較研究の対象となり，神話学が誕生することになりました。このように，神話学の生みの親は比較言語学と言ってもよいでしょう。そのため北欧神話についてより深い知識を身につけようとするなら原語（古アイスランド語）の綴りはとくに重要です。

1．北欧神話の資料

　北欧神話に関する最も重要な情報を伝える資料として「散文のエッダ」

並びに「詩のエッダ」と称せられる2種類のエッダ（Edda）があります。「散文のエッダ」は「スノッリのエッダ」とも呼ばれ，アイスランドの豪族出身の学者であり，政治家であり，かつ詩人でもあったスノッリ・ストゥルルソンによって著されたものです。全体の構成は短い序文に続く3部からなりますが，第1部は北欧神話・ゲルマン神話に関する「ギルヴィのまどわし」，第2部はケニングの用い方等を解説した「詩の用語」，第3部は102編の詩を例として挙げており，詩の形式，韻律について解説を加えた「韻律集成」です。

　この「散文のエッダ」の中には数多くの詩が引用されていますが，長い間出典が不明でした。ところが，南アイスランドにあるスカウルホルトの司教ブリュニョールヴ・スヴェインソンによりスノッリが引用した詩を含む書物が1643年に発見され，「王室写本」に加えられました。収められている詩は1270年頃に作成されたものと推測されており，現代では「詩のエッダ」として知られています。この2種類のエッダの中でもとりわけ重要と思われる部分は，「散文のエッダ」では「ギルヴィのまどわし」であり，「詩のエッダ」の中では「巫女の予言」でしょう。

　スノッリはノルウェー王朝史である『ヘイムスクリングラ』も著していますが，この本の第1章である「ユングリンガ・サガ」にも北欧神話関連の記述が見られます。今日およそ40編程のサガが知られていますが，その多くが12世紀〜14世紀に書き記されたものであり，870年〜1030年頃の間のアイスランドへの殖民の時代に生じた事柄を題材としています。

　「詩のエッダ」に見られるエッダ詩と並んで「スカルド詩人」によって作られたスカルド詩も北欧神話の資料を含んでいます。その他，デンマークの聖職者であり，かつ，歴史家でもあったサクソ・グラマティクスが著した『デンマーク人の事績』や古代ローマの歴史家であるタキトゥスが著した『ゲルマーニア』も北欧の神話・宗教の姿を示唆する重要な資料でしょう。

　また，ルーン文字により記録の残る碑文なども北欧神話の資料となるものと思われます。ルーン文字は3世紀から12世紀にかけてゲルマン人により用いられていました。初期のルーン文字は24文字あり，最初の6文字を

とって「フサルク」と称せられますが，言語の音変化によって，ルーン文字も16文字に減少することになります。北欧神話では「詩のエッダ」中の「高き者のことば」に見られるように，神オージンが自らを自分自身に対して犠牲として捧げてルーン文字の知識を得たとされています。

2．世界の始まりと世界樹

　「ギルヴィのまどわし」の中でスノッリは「巫女の予言」他の「詩のエッダ」に収められている詩を引用しながら世界の始まりを描写しています。それによりますと世界の始めには大地も海も天もなく，ただ単に巨大な空間の広がりであるギンヌンガガープがあったとのことです。その北側には暗黒の氷と霧の世界であるニヴルヘイムがあり，南側には火焔逆巻く灼熱の世界であるムスペルヘイムがありました。ニヴルヘイムにはフヴェルゲルミルという名の泉があります。そこから流れるエーリヴァーガルという名の毒を含む川から立ち上る泡が凍って霜となり，その霜が次々と重なり合っています。そこにムスペルヘイムから吹き寄せる火焔の熱があたり，霜が溶けて雫となり，生命を得て最初の巨人であるユミルが現れます。

　ユミルからは霜の巨人族が発生します。このユミルをその乳で養っていた牝牛アウズフムラがなめていた塩からい霜の石からブーリという男が姿を現します。ブーリの息子であるブル（もしくはボル）は巨人の娘であるベストラをめとり，3人の子供である最初の神々オージン，ヴィリ，ヴェーを授かります。この3人がアース神族の最初の神々です。3人は巨人ユミルを殺して，その屍から大地，天，海，樹木等を作りました。3人はまた海辺で拾った2本の木で人間の男のアスクと女のエンブラを作ります。神々はアースガルズ，巨人族はヨートゥンヘイム，人間はミズガルズと呼ばれる世界に住んでいます。

　北欧神話の世界の中心にはユグドラシルと呼ばれるトネリコの木が世界中に枝をひろげています。「ギルヴィのまどわし」では，この木は3本の根に支えられており，その根はそれぞれアース神の世界，かつてギンヌンガガープがあった霜の巨人の世界，ニヴルヘイムの上へと達しているとされています。「詩のエッダ」中の「グリームニルの歌」では3本の根の下

にはそれぞれヘル，霜の巨人，人間が住んでいるとされています。ユグドラシルは「世界樹」と称せられることがありますが，「巫女の予言」第2連では9本の根を地の下に張りめぐらしていることになっています。北欧神話の世界はこのユグドラシルを中心として9つの世界から成り立っているとされますが，9という数字はゲルマン民族の間では3と並んで特別な意味合いを担う神秘的な数字であり，9つの世界を厳密に規定することはできません。

　アース神族にはオージン，トール，バルドル，テュール等のよく知られた神々がいます。かつてヴァン神族と呼ばれる神々と度重なる戦争をおこなっていましたが，たがいに人質を交換することにより両神族の間に和解が成立しました。北欧神話の話に登場する神々は原則としてアース神族であり，かつてはヴァン神族の神々であったニョルズ，フレイ，フレイヤや巨人族の出であるとされるロキもアース神族として扱われています。

　北欧神話になくてはならない存在として巨人族がいます。アース神の中でも主神とされるオージンの母方の血筋は巨人族ですし，そもそも世界の初めに誕生するのも巨人です。北欧神話では神々と巨人族の争い，騙しあいが幾重にも展開し，「神々の運命」を意味する「ラグナロク」と呼ばれる北欧神話の最終段階での最後の戦いにおいて世界が滅亡することになります。しかし，その後新たに世界が再生することを伝えて北欧神話全体の幕をとじます。

3．巫女の予言

　「詩のエッダ」の中でも「巫女の予言」は世界の始まりから世界の終焉，そして再生という北欧神話の世界の流れを描写するエッダ詩として名高いものです。一般には「王室写本」に収められている62連のもの，あるいはこれにハウクスボウクという写本集に収められた4連を合わせた合計66連のものを指します。古代北欧社会において巫女は宗教儀礼や予言などの分野で重要な役割を担います。「巫女の予言」では巫女が巨人に育てられたことになっています。彼女はオージンの望みに従って太古の出来事から，世界滅亡の予兆，滅亡と再生を語ります。

　「巫女の予言」に描かれる世界はブルの息子たち（前出のオージン3兄弟）が大地を持ち上げ，ミズガルズを創り，そこに青々と緑の草が萌え出でたところから始まります。神々はイザヴェルと呼ばれるアースガルズ近くの平原で会合を開き，祭壇と神殿を建て，さまざまな道具や富を生み出し，黄金に不自由することなく日々を楽しく過ごしていました。

　世界樹ユグドラシルも登場します。しかし，そこに不吉な兆しが現れます。3人の巨人の娘であるウルズ，ヴェルザンディ，スクルドがやって来たのです。彼女たちは人々の運命を定めました。「巫女」自身と同一人物か否かに関して異論の多いグルヴェイグという名の魔術に長けた女も登場しますが，この女は何度も神々の槍で突かれ，3度焼かれて3度生きかえり，まだ生きているとされます。また，これがこの世での戦の始まりであると語られますが，なぞの多い部分です。このあと，アース神とヴァン神族の戦いが示唆され，オージンの息子であるバルドルの不幸な運命を予見します。

　一連の凶兆が描写されたあとは一気に巨人族と神々の戦いの場面へと進んでいきます。戦いが済み，神々も巨人も倒れ，太陽が暗くなり，星が天から落ち，大地が海に沈み世界の滅亡を迎えます。ところが，常に青々と緑なす大地が再び海原高く立ち現れてくるのです。他の生き延びた神々は再び「巫女の予言」冒頭の世界で描かれたイザヴェルに集い昔を思い起こします。バルドルも生きかえり，人々も永遠に幸福な生活を送ることになると詠われています。

　ノルウェー国歌の第1連は「いざ，われらは愛す　この国を／風雪に山ひだふかく　きざまれて／千もの家を　おし抱き／海原高く　立ち現れし　この国を」で始まりますが，作詞者であるノルウェー初のノーベル文学賞受賞作家ビョルンスチャーネ・ビョルンソンはノルウェーこそが北欧神話に歌われる新たな再生の地であると考えていたのかもしれません。

4．主要な神々

　私たちがよく目にする北欧神話関連の物語の中で最も頻繁に登場する神々はオージン，トール，ロキの3神でしょう。ここではまずこの3神を

見ていきましょう。

　アース神族のなかでも主神とされるのがオージンです。たくさんの名前を持っており，前出のように人間と巨人の間に生まれましたが，神々の祖とされます。巨人族の女（「女神」ともされる）ヨルズとの間にトールが生まれ，フリッグとの間にはバルドルが生まれています。他にもたくさんの子どもたちがいます。オージンは片目を差し出して知恵の巨人ミーミルの泉の水を一口飲ませてもらい，あらゆる知識を得ました。そのため全知全能の神という側面があります。また9日9夜の間自らを自分自身に対して犠牲として捧げ，呪術にも使われたルーンの知恵を得たとされていることから呪術の神という側面も有しています。さらには詩の神，戦いの神等の面もあります。

　オージンはアースガルズにヴァーラスキャルヴという館を有し，そこにある高座フリズスキャルヴに座して全世界を眺め渡します。オージンの肩にとまっているフギン（思考）とムニン（記憶）という名のカラスが全世界を飛び回ってこの世の出来事を主人に報告します。オージンの馬は8本足のスレイプニルであり，グングニルという槍やドラウプニルという腕輪を持っています。変装にも長けています。オージンの住居グラーズスヘイムには540もの扉を持つヴァルホルという名の館があります。戦いに倒れた戦士たちはオージンの使いであるヴァルキューリアと呼ばれる乙女たちによってその館に運ばれます。オージンの名は「水曜日」を意味する英語 "Wednesday"（＜ wodnes-dæg：「Wodan ＝オージン」の日）やデンマーク語・スウェーデン語・ノルウェー語に共通する "onsdag"（＜ Óðinsdagr ＝「Óðinn ＝オージン」の日）に見られます。ラグナロクではロキの息子であるフェンリル狼に飲み込まれ最期を遂げることになります。この狼はオージンの息子の1人であるヴィーザルにより倒され父親の仇をとられます。

　トール（ソールとも呼ばれる）は天候，自然をつかさどる雷神としても有名ですが，古代においては農民の間に人気のある農耕をつかさどる豊穣の神でもありました。トールの母親であるヨルズは「大地」という意味です。トールは3つの宝物を持っています。一番知られているのは，何人

もの巨人の頭を打ち砕いてきた鎚の「ミョルニル」でしょう。この鎚は浄めの働きも持っています。その短めの柄を握るのに欠かせない鉄の手袋は「ヤルングレイプ」と呼ばれ，そして，腰に巻きつけると力が2倍になる力帯は「メギンギョルズ」と呼ばれています。トールは「タングニョースト」（歯をきしらせるもの）と「タングリスニル」（歯をむくもの）という名の2頭の山羊に自分の乗る車を引かせています。ときにはこの山羊を食べてしまいますが，また生き返ります。北欧神話では巨人との戦いの場面がいくつか描かれています。たいていトールが巨人を倒して終わるのですが，トールが巨人にしてやられることもありました。巨人のスクリーミルと呼ばれることもあるウートガルザ・ロキに騙されてしまったことがあります。また，ラグナロクではミズガルズ蛇と戦いその毒にやられて倒れます。

　もともと巨人族の出であるロキは主神オージンと血盟兄弟の契りを結びアース神の仲間入りをします。奸智に長けていて，いたずらをして神々を困らせたり，あるいは助けたりします。また神々に宝物をもたらしたりします。北欧神話の影の立役者とみなしても差し支えないでしょう。ラグナロクでオージンやトールと戦うことになるフェンリル狼やミズガルズ蛇の父親でもあり，北欧神話最大の山場であり，ラグナロクの引き金となったとも考えられる「バルドルの死」を引き起こした張本人でもあります。最後には神々に捕えられ，狼に変えられた自分の息子の腸で縛り上げられ，毒蛇の毒を顔に滴らせられるはめになります。ラグナロクに際しては巨人族を率いてやってきますが，アース神のヘイムダールと戦って相討ちとなります。

5．その他の主要な神々

　前出の主要な三神以外の男神としてはバルドル，ニョルズ，フレイ，テュール，ヘイムダール，ウル，ブラギ，フォルセティ，ヴィーザル，ヴァリ等が挙げられます。またとくに有名な女神「アースィーニア」としてはフリッグ，フレイヤ，ゲヴィユン，イズン等があげられるでしょう。北欧神話にはこの他にもさまざまな神々が登場しますが，これらの主要な神々

を簡単に見ていきましょう。

　バルドルは「バルデル」と表記されることもあります。オージンとフリッグの間に生まれた，光を発するほど容姿が美しく非の打ちどころがない神で，バルドルの見た不吉な夢の話，またそれに続く死と葬儀の話が有名です。バルドルはロキの策略のため盲目の兄弟ホズの放つヤドリギの矢により命を落としますが，世界の再生の際には甦ります。

　ニョルズはフレイとフレイヤの父親であり，もともとヴァン神族の出身です。ノーアトゥーンに住んでいます。巨人の娘であるスカジと結婚することになりますがうまくいきません。海にかかわりのある神，豊穣神とされています。息子のフレイも娘のフレイヤも豊穣神と見なされますが，フレイは宝物である黄金の豚グッリンブルスティや折りたたみ可能な船スキーズブラズニルを所有しています。フレイヤはフレイの姉妹（もしくは妻）とされていますが見目麗しい愛の女神です。「セイズ」と呼ばれる魔術に長けていて，オージンと同一神かとも思われるオズを夫としています。

　テュールは原始インド・ヨーロッパ語の時代の主神であり，この神の名前自体「神」そのものを意味すると言われています。天の神，軍神とされるこの神はオージンやトールに主神としての座を譲ることになりました。フェンリル狼に片手を食いちぎられました。火曜日を意味する英語（Tuesday），デンマーク語，ノルウェー語（tirsdag），スウェーデン語（tisdag）にテュールの名前が残っています。

　ヘイムダールは角笛ギャッラルホルンを手にし，ミズガルズとアースガルズを結ぶ虹の橋であるビフロストを守っています。ラグナロクの際にはギャッラルホルンを吹き鳴らし敵の来襲を告げます。またリーグという名で旅をしている時にたくさんの子をもうけ，人間の王侯の祖先，自由農民奴隷の先祖を生み出したとされます。

　ウルはトールの義理の息子で弓とスキーの名手です。ブラギはオージンの息子で詩神とされますが，9世紀後半にノルウェー（あるいはスウェーデンでも）において活躍した最初のスカルド詩人であるブラギ・ボッダソン老翁が神格化したものとも考えられています。フォルセティはバルドルの息子であり法の守護者でありよき仲介者と考えられています。ヴィーザ

ルは父親であるオージンの仇を討ったあとヴァリと共に新世界で生き残ります。

　フリッグはフレイヤと共に重要な女神です。オージンの妻であり慈しみに満ちたバルドルの母として描かれます。ローマ神話の愛の女神ヴェヌスと同一視されることもあり，金曜日を意味する英語（Friday），デンマーク語，ノルウェー語，スウェーデン語（fredag）の中にも名をとどめています。

　「ギルヴィのまどわし」第1章ではゲヴィユンがヨートゥンヘイムから4頭の牝牛を連れてきて，現在のスウェーデンの土地を削って海に引っ張り出し，それが現在のシェラン島となったとされています。スウェーデンのメーラレン湖はその痕跡と見なされています。イズンは詩神ブラギの妻であり神々が若さを保つために必要な不老のりんごを持っています。

おわりに

　ラグナロクのあと，新世界に残るのはオージンの息子であるヴィーザル，ヴァリ，バルドル，ホズとトールの息子（オージンの孫）であるモージとマグニです。また人間としてはホッドミームルの森に身を潜めていたリーヴとリーヴスラシルが生き残りますが，この2人からはたくさんの子孫が生まれることになります。

　現在伝わる北欧神話の物語はいろいろな資料のさまざまな部分を繋ぎ合わせてまとめられたものです。そこには編者の憶測や判断が入り込んでいます。「何を根拠にそう言えるのか」「それに関してはどこにどのような記述があるのか」ということをいつも念頭におくことが大切でしょう。北欧神話に登場する名称の語源を解き明かしつつ背後に秘められた意味を考えてみるのも楽しいでしょう。

山室静と北欧神話

大沼郁子

　私が子どもだった頃，「北欧」の神話や物語に興味を持った最初のきっかけは山室静（やまむろしずか，1906～2000）によるものでした。山室静は，アンデルセン童話をはじめ北欧の児童文学を日本の子どもたちに紹介してきました。自分で本が読めるようになって最初に買った文庫本は，山室静翻訳の『たのしいムーミン一家』（講談社）でした。腕に抱えるほどの児童書ではなくコンパクトな文庫本を読めたことで，少しだけ大人になった気がしたのを今も覚えています。確か8歳のことでした。

　「ムーミン」シリーズは日本でもテレビアニメ化され，何度かリメイクもされているので親しんだ方も多いことでしょう。ちなみに，私は「ムーミン」が最初にアニメ放映された頃に生まれているので，正確に言うと私の記憶にあるのは，繰り返し見てきた再放送ということになります。でも幼い頃は，翻訳者やスタッフロールに出る監修者の名前など気にも留めませんから，そこに出ていたはずの山室静の名前を意識することはまったくありませんでした。

　山室静は長野県生まれで，戦時中，30歳を過ぎて家庭を持ってから私の故郷でもある宮城県仙台市の東北帝国大学（現・東北大学）で学び，そこで北欧文学や童話というジャンルに目覚めました。日本にとって，まだ北欧が遠い国である時代，彼は国家の政治的な強さや利益にとらわれることなく，北欧の文学へと導かれていきます。特に関心を寄せたのが北欧文学の原点となる北欧の神話の在り方でした。神々の世界の「滅亡と再生」を語る北欧神話に，彼は希望を見出していきます。一度は焼き尽くされ海中に沈んだ大地が再び浮上し，森に隠れていた男女を祖に人間たちが再び増えていく。さまざまな民族の神話には滅びについて語られるものがありますが，北欧の神話には，「再生」によってより良い生へ復活したいと願う人間の欲求が働いています。山室静は，闘いの末に滅んだ神々が，新たな時代を築こうとする人間たちを見守るという姿勢を持つ北欧神話をこよなく愛しました。

　山室静のそれまでの生き方にも関係していたのかもしれません。マルクス主義運動に挫折したり，戦争の悪化によってそれまで勤務していた商社が解散となったり，挫折の多い人生を経験してきた山室は，尊敬してきた文学者・島崎藤村がかつて仙台で生きる

力を取り戻したという経験をたどるように，杜の都へやって来ました。そして，まさに若葉の芽吹きのように北欧の文学に向かって関心を広げていったのでした。

　私は自分が児童文学を専攻したとき，幼い頃に知らずに触れていた本の多くに山室静がかかわっていたこと，彼が童話や北欧神話に目覚め「再生」を遂げた地が地元・仙台であったことを知り，強い縁を感じました。そして，自分が進学しようと決めた大学院の初代児童文学の教授が山室静であったことも知りました。山室静が教鞭をとっていた学校だったから学びの場として目指したというのが正しい順番でした。残念ながら，私が入学した年に山室静は老齢のため亡くなり，実際に会うことはかないませんでした。しかし，彼の遺したあまたの書物や北欧の神話を通して，いつでも山室静に触れることができます。C.S. ルイスの「ナルニア国ものがたり」やトールキンの『ロード・オブ・ザ・リング』の背景に北欧神話があることに気づいたとき，私は再び山室静に出会いました。ちなみに私自身，家庭を持ち社会人を経て，遅まきながら再び学ぶことを決めたという生き方にも，山室静の影響が少なからずありました。

　山室静が研究を始めた頃にはほとんど顧みられることがなかった北欧神話にも注目が集まり，最近では北欧神話をモチーフにしたゲームソフトも売り出され，ファンタジーブームも起こっていると知ったら，山室静は驚くでしょうか。北欧神話の精神を知らないまま表面だけをなぞったブームがいいのか悪いのか，ここで批判するつもりはありません。きっかけはどうあれ，そうした中から本当に北欧神話を学ぶ人たちも出てくるかもしれないという期待はもっています。

　私自身はといえば，以前から知識としてわかってはいたものの，「滅亡と再生」を語る北欧の神話や山室静の研究に，私が本気になったのは，2011年の東日本大震災がきっかけとなりました。

　　苦渋で悲劇的な現実が，どうしても牧歌的或いは童話的な幸福な素朴性にまとまることを拒むときも，童話の方法のふしぎな自由さは，現実処理における豊かな可能性を示してわれわれを助けてくれるにちがいない。
　　文学の効用の一つには，虚構によって重苦しい生の現実から高々と飛翔する喜びがあると思うが，童話はその道でもすぐれた優越を誇ることができる。
　　　　　　　　　　　　　　　　（山室静『童話とその周辺』朝日選書，1980）

　大震災によって，この世の終わりかと思うような悲惨な光景を目の当たりにし，くじけそうになったとき，私は山室静のこの文章に生きる力を得ました。大地震で崩れ果てた瓦礫の片付けをしていて拾い上げた山室静の本に書いてあった一節でした。日々の暮らしはおろか，泣いた顔を洗う水もない，もう研究なんて続けることはできないのではないか……。そんなことをぼんやりと感じていたときに拾い上げた自分の本の中に，私はすでにアンダーラインを引いていました。前から読んでいたはずの文章を，そのとき心から理解したのでした。

　人はどんな状況からでも再生はできる，希望はある―物語というものは，生きようとする人間を励ますものでなければならないと思います。そして神話には，そうした物語の原型が見られます。

『童話とその周辺』（朝日選書
　1980年）

『北欧の神話』（ちくま学芸文庫
　2017〈1982〉年）

第14章

建築のデザイン
―「北欧らしさ」の作られ方をめぐって

伊藤大介

はじめに

　「北欧の建築」と聞いて，何か実例をすぐに思い浮かべることができるでしょうか。多くの人は「北欧の人物」なら何人か思い出せたとしても，建築となるとお手上げかもしれません。建築といえば，都市の中心部を作りあげているビル街や，郊外に建ち並ぶアパート群のような無名な存在を思い浮かべる人が多いかもしれません。もちろんそうした社会の基盤を作りあげている建築も重要で，いわばハードな面での役割をはたしています。北欧でも，品揃いの充実したショッピング街や設備の整った高齢者施設などは，豊かな社会を成り立たせる一要素となっている建築としてあげることができそうです。

　しかし，建築は多様です。「文化」を表現するものとしての北欧建築も見過ごすことはできません。たとえば北欧の人物として，「叫び」を描いた画家ムンクを思い出すことができるなら，同じように北欧の建築として，湖面に影を落とした美しい姿やノーベル賞受賞パーティー会場としての華やかさとともに，ストックホルム市庁舎（1904〜23年）を思い浮かべることもあってほしいのです（写真1）。

　ここでは，北欧の建築の持つ文化的な価値に焦点を当ててゆきます。そして最終的に，建築を作りだしてきた北欧人の心にまで想像が及べば，それが建築というものを本当に理解したことになるのだと思います。

写真1　ストックホルム市庁舎

1. 古い建築での「北欧らしさ」のあり方

　まずは古い時代の北欧建築から，有名なものや特徴的な例をあげてみましょう。ユネスコ世界遺産に指定されているものの中から選ぶことにします。

　ウルネスのスターヴ教会（1130～50年頃）は，ノルウェーのフィヨルド地帯の奥まった場所に建っており，北欧で最初に世界遺産に指定された建築のひとつです（写真2）。キリスト教会であるのに，バイキングに由来する要素も混合された特異な姿が際立っています。一方，ペタヤヴェシの教会（1763～65年）は，フィンランドの森と湖が続く自然の中に埋もれています。地元の棟梁が手がけた素朴な姿が印象的です（写真3）。

　これらの例では，ノルウェーの険しい地形とフィンランドの平坦な地形という違いこそあれ，どちらも建築が自然の中に同化してしまったような感じが，いかにも北欧らしいと言えるかもしれません。確かにこれらの例は，古い北欧建築の典型的なあり方のひとつを教えてくれています。

写真2　ウルネスのスターヴ教会

写真3　ペタヤヴェシの教会

写真4　ロスキレ大聖堂のクリスチャン4世礼拝堂

　しかし，違うタイプの古い建築もあります。ロスキレの大聖堂（1215〜1300年頃）は，デンマークの古都に残されたゴシック様式の教会で，おもにドイツから導入された技術によって作られています。のちにデンマーク王家の墓所である礼拝堂が増築されましたが，とくに有名なクリスチャン4世礼拝堂（1613〜42年）は，美しいルネサンス様式です（写真4）。もうひとつ取り上げるのは，ストックホルム郊外のドロットニングホルム宮殿（1662〜86，1750年頃）です（写真5）。こちらは，フランスのヴェルサイユ宮殿をモデルにしてスウェーデン王家が作り上げたバロック様式の大宮殿で，本宮殿に付随して宮廷劇場や中国風パヴィリオン，それにフランス庭園やイギリス庭園も持っています。

　これらの例では，ゴシック様式・ルネサンス様式・バロック様式といった言葉が出てきました。どれもヨーロッパの歴史的建築を飾っている建築様式の名前で，北欧にもヨーロッパ建築の様式が導入され利用されるようになったことを示しています。影響源もドイツ，フランス，イギリス，中国と多彩です。

写真5　ドロットニングホルム宮殿

　以上はどれも世界遺産に指定されたものばかりですから，間違いなく北欧を代表する建築だと言えるでしょう。古い建築，つまり「近代以前」の建築というのは，風土や歴史が導いた結果として存在しています。土着性が強い建築はもちろん，たとえ建築家が設計している場合でも，大きく捉えれば強い個性が発揮されているというよりも，多少のバリエーションはあるにせよある一定の範囲内で当然あるべき姿に作られています。歴史的様式をもっているとは，そういうことです。その場所や時代が姿を与えてくれるのです。その意味で，上にあげた実例はとても北欧らしい建築なのですが，これらは自然にそうなっただけで，自分たちが選び取った結果としての北欧らしさではない，と言えるかもしれません。これは重要なポイントです。

2．新しい建築での「北欧らしさ」の作られ方

　19世紀頃以降になると，少し違うタイプの建築が作られるようになります。新しい建築，「近代」の建築の登場です。とくに20世紀になってからは，北欧も含めて世界各地でモダニズム建築が展開されます。

　モダニズムすなわち近代主義は，「イズム＝主義」という語尾が示すよ

うに主張を持っています。建築家の意思によって建築の姿が選ばれている
のです。これが近代以前の古い建築との大きな違いです。モダニズム建築
というと，鉄とガラスとコンクリートでできた無味乾燥な単なる箱のよう
なもの，と思っている人も多いかもしれません。しかしその姿にも，工業
材を用いて無装飾で作る「機能主義」，それに気候風土条件に左右されず
に世界全地域に普及させる「国際主義」という，2つのはっきりとした主
張が込められているのです。

　このモダニズムの主張の影響力は非常に大きく，20世紀を通じて世界中
に広まりました。ところが，これに静かに逆らっていたのが，北欧のモダ
ニズム建築だったと言えるのです。北欧の建築家たちは，まず機能主義の
主張を巧みに「機能性重視」にずらして利用しました。基本的にシンプル
な表現をめざしつつも，装飾や無駄な要素あるいは自然材の使用を適度に
認めて，建築にゆとりやうるおいを残しました。つぎに国際主義の方は，
北欧では完全に「地域主義」に代えられてしまいました。大地に根をはや
し，風土になじむ建築を実践したのです。技術的には純粋なモダニズム建
築を作りあげることもできたのですが，北欧のモダニズム建築家たちはそ
の道を選びませんでした。結果的に生まれたものは，地域の環境とともに
存在することを重視するような，まさに21世紀になって高く評価されるよ
うな建築だったのです。北欧モダニズム建築は，あえて北欧らしさを表現
しました。古い建築の場合とは違い，今度ははっきりとした主張によって
北欧らしさを追求していることになります。

　20世紀の北欧モダニズムの建築をリードした3人の代表的な建築家とし
て，スウェーデンのグンナール・アスプルンド（1885〜1940年），フィン
ランドのアルバル・アールト（1898〜1976年），デンマークのアルネ・ヤ
コブセン（1902〜71年）の名をあげることができます。

　アスプルンドは，ヨーテボリ裁判所の増築（1934〜37年）という優雅な
作品を残したほか，ストックホルム南郊の大きな「森の墓地」（1915〜40
年）にライフワークとして取り組みました。これは20世紀に完成したもの
でありながら，北欧人の死生観を示すものとしてユネスコ世界遺産にも指
定されています（写真6）。

写真6　ストックホルムの「森の墓地」

　アールトは，ロヴァニエミの図書館（1961〜68年）やイマトラの教会
（1956〜58年）などの，空間や光の豊かさが際立つ傑作を実現させた建築
家として，生前からフィンランドの人間国宝的な存在でした（写真7）。
死後もユーロ導入以前のフィンランド紙幣に作品とともに肖像が載ったり，
大学改革で生まれた建築・デザインを中心とする新しい研究・教育機関の
名前が「アールト大学」と決まるなど，話題に事欠きません。

　ヤコブセンの作品例としては，ベラヴィスタの住宅地（1931〜37年），
コペンハーゲンのSASロイヤル・ホテル（1956〜61年）といった建築も
もちろんあるのですが，むしろエッグ・チェア，スワン・チェア，アン
ト・チェアといった1950年代以降にデザインされた椅子がよく知られてい
ます。これらは現代の日本でも大変人気が高く，北欧デザイナーとしても
っとも知られた存在となっています。

　以下では，この3人のうち，とくに北欧らしさを追求した作品を多く残
したアスプルンドとアールトを取り上げて比較しながら，そこにどのよう
な主張が込められているのかを見てみましょう。2人の作品は，大きく北
欧らしさを共有しつつも，重要なポイントである自然との接し方に違いが
あることがわかっています。2人が示す微妙ながら確かな方向性の違いが，
そのまま北欧モダニズム建築の幅の広さや懐の深さになっているのです。

写真7　イマトラの教会

3．建築家アスプルンドとアールト

　「北欧モダニズムの建築家」と聞いて，北欧建築をある程度知っている日本人が思い浮かべるのは，フィンランドの建築家アルバル・アールトの方だと思います。いままでに紹介されてきた北欧モダニズム建築は明らかにアールトを中心としており，北欧イメージもそこから作られてきました。実際，彼の作品はそれに値するだけの魅力を秘めています。

　ところが，北欧の現地での捉え方は少々違うようです。むしろ，スウェーデンの建築家グンナール・アスプルンドからすべての北欧モダニズムは発する，と考えられている節があります。アスプルンドの重要性は，まずストックホルム博覧会の会場建築（1930年）によって北欧にモダニズムをもたらした点です。しかし，そうした公的な理由だけではありません。おそらく北欧の人々は，機能主義一辺倒の建築にない「柔らかさ」をアスプルンド作品に見出し，それこそが北欧モダニズムの美点だと感じています。その柔らかさとは，ある場合は自然とのつながりを大切にする佇まいであ

写真8　アスプルンド設計の「サマーハウス」

　ったり，ある場合は「スウェディッシュ・グレース」とも評される気品あるやさしさであったり，ある場合は作品を性格づける深いロマンティシズムであったりします。北欧人なら共感せずにいられぬ何かをアスプルンドは秘めている……「北欧らしさ」の原点とでも呼べそうなものが，ここにあるのです。

　実は，アールトもアスプルンドの影響を受けています。その関係は密接で，同時に複雑でもありました。それはまず，1920年代に若いアールトが隣国のアスプルンドに接近してゆくことで始まりました。1930年代前半までに，アールトはヴィープリの図書館（1927～35年）やパイミオのサナトリウム（1929～33年）といった，ドイツやフランスなどモダニズム建築の本場からの影響も残す初期の代表作をものにします。その後1930年代後半になって2人はさらに親密になり，頻繁に会い，しだいに北欧建築のあり方をめぐる議論に深入りしていったはずです。

　しかし，大きな節目が訪れます。ちょうどこの時期に，アスプルンドはストックホルム南郊の海に近い草地の中に，自身のためにサマーハウス（1937年）を作りました（写真8）。一方アールトは，わずかに遅れてノー

写真9　アールト設計の「マイレア邸」

　ルマルックという小さな町近くの森に埋もれるように，マイレア邸（1938
〜39年）を完成させました（写真9）。その後，意識的なのか無意識なのか，
2人の建築の方向性は少しずつ離れてゆくようになるのです。
　この1930年代後半に，アスプルンドとアールトは一体何を語り合ったの
でしょうか。これについては，はっきりした証拠は何もありません。しか
し，いろいろと考えめぐらしてみるためのヒントはあります。
　彼らの議論の中心にあったと想定されるもののひとつは，実は「日本」
です。意外に思う人も多いかと思いますが，日本の木造の伝統的建築は，
その構成の簡素さや空間の自由さなどといった面から，ヨーロッパのモ
ダニズム建築にとって大きな手本となったのです。中でも北欧モダニズ
ムにとっては，日本建築の自然と一体化したあり方が多くの刺激を与えた
ようです。この時期，ストックホルムに茶室・瑞暉亭が建てられ，アスプ
ルンドはここをよく訪れて，内部と外部の空間のつながり方などに関心を
示したとの記録があります。一方アールトも，当時の在フィンランド日本
大使夫妻との交流がきっかけで日本文化に没入し，吉田鉄郎著『日本の住
宅』（1935年にドイツ語で書かれた著作）などにも親しんでいたと言いま

す。マイレア邸を設計していた時期に，アールトが日本の浴衣姿でアトリエに現れたという逸話まで伝わっています。実際，サマーハウスとマイレア邸の個々の部分には，それぞれ日本的なモチーフが取り入れられているのです。以上のような事実から，出会った2人の建築家が日本建築を重要な議論対象にしたであろうことは十分想像がつくのです。

　そして重要なのは，2人の関心は日本的モチーフの借用といった表面的なレベルを越えて，しだいに「建築と自然」といった深いテーマにも及んだに違いないという点です。こうして考えてみると，アスプルンドやアールトが生み出した建築の「北欧らしさ」の背景には，かなり大きく「日本」という存在があったことになります。北欧モダニズム建築と日本の知られざるつながり……これは単なるエピソードと捉えるべきでしょうか，それとも実は大きな必然性を伴っていたのでしょうか。

4. 2人の建築家のそれぞれの「自然」

　さらに見方を深めてみましょう。これまでの話だけでは，「北欧らしさ」とはただ建築を自然に溶け込ませること，といった程度の理解で終わってしまいます。実際には，その自然との関係の取り結び方がアスプルンドとアールトで違っていた，といったレベルまで話を進めてゆきたいのです。日本について語り合った結果として，彼らはそれぞれどのような北欧らしさを見つけていったのでしょうか。

　こんな風には言えないでしょうか。……アスプルンドは自然を抽象化して扱う方法を日本建築から学んだ。一方アールトは自然の具体的な手触りを生かす術を日本建築から感じ取った……と。これは，北欧建築と自然の関係を理解する上での大きなポイントだと思っています。そしてさらにその先には，北欧人の自然観やライフスタイルといった，北欧文化の根底をなす大きな問題も控えているのかもしれません。

　では，こうした問題意識をもって，2人の建築家の1930年代後半の住宅作品を見てみましょう。サマーハウスの方は，自邸ということもあり，アスプルンドの他の建築作品よりはるかに自由な表現が多く，あえて粗く仕上げたような部分さえあります。余暇に自然の中に身を置く喜びに満ちて

いるとでも言えましょうか。

　ところがその割には，室内にいると自然との交流が少ないのです。居間も窓は小さく，自然はあくまでも外に出て味わうものになっています（写真10）。実は窓が小さいことは計算された上でのことで，ソファに座ってその窓から外を眺めると視線の方向性が限られ，120メートル以上も先にある桟橋や湾，そしてさらに遠くに広がる外海の波頭がちょうど眺められるようになっていることに気づきます（写真11）。

　戸外に出れば，住宅の背後の岩山の配置や海へ向かうアプローチなどすべてが計算し尽くされて，空間の広がりが見事に演出されています（写真12）。ここでの自然は大づかみにされていて，人間はその外に身を置いて遠くからその美しい自然を眺めて楽しむのです。いわば，「愛でるための自然」がここにあります。

　一方のマイレア邸は，アールトのパトロンの財閥経営者夫妻のために，贅を尽くした建築として用意されました。それでいて，居間などの要所に使われるのは木や籐，石といった素朴な自然材で，触感的に心地よいとでも言えそうな住宅です（写真13）。アスプルンドのサマーハウスとは対照的に居間の開口部は大きいばかりでなく，窓枠全体がはずせて，居間の空間が庭と一体となる工夫も施されています。一方その庭自体は，遠くへの視線が周囲の林によって遮られた閉じた空間で，サマーハウスの場合のような大きな広がりは味わえません（写真14）。ここにはごく近くで体感する自然が用意されています。アールトの場合は，みずからがその内部に入り込んで抱かれてくつろぐ，いわば「棲み込むための自然」が追求されています。

　マイレア邸では，居間がダイニングへとつながるコーナー付近に，不規則に林立する一群の細い木の柱があります（写真15）。構造上の役割はなく，あくまでもデザイン上のものなのですが，一体何を表しているのか長らくわかりませんでした。しかし，何度かマイレア邸を訪れるうちに自然と気づいたのです。これは，マイレア邸の敷地を取り囲んでいる雑木林のイメージが，そのまま室内に持ち込まれたものなのです。つまり，ここは室内でありながら，同時に林の中となっています。森林浴の好きな北欧人

写真10　サマーハウス―居間

写真11　サマーハウス―居間より海を見る

写真12　サマーハウス―岩山上からの眺望

写真13　マイレア邸―居間

写真14　マイレア邸—庭から見る

　が森の中で感じる安心感を伴った内部感覚の実現こそ，アールトにとって
住宅室内構成の究極の目標となっていたということかもしれません。
　この2つの住宅のあり方の違いのうちに，アスプルンドとアールトの求
めたそれぞれの「北欧らしさ」の特質が集約されているように思います。
「愛でる自然」と「棲み込む自然」……前者がやや抽象化された美しい自
然であるのに対し，後者は具体的なありのままの自然と言えるかもしれま
せん。この違いは2人の建築家の個人的資質によるのでしょうか，あるい
はスウェーデン人とフィンランド人の違いなのでしょうか。それに答えを
出すことは簡単ではないと思います。ここでは，北欧人の自然への接し方
の多様さを知っておいてほしいのです。
　そもそも，自然との関係の取り結び方の違いなどは，建築の全体にとっ
て小さな問題だと思われるかもしれません。しかし本当は，北欧モダニズ
ムの，さらに言うならすべての北欧建築の，もっと広げることが許される
ならば北国の建築文化全般の根底に流れるものを見つめるとき，これは見
過ごすことの許されない大きなテーマなのだと，私はいつも考えています。

写真15　マイレア邸—居間に林立する柱

おわりに

　建築を文化として捉えようとするなら，歴史的建造物を扱うのが簡単です。北欧の古い建築の場合も，すでにその存在自体が北欧文化そのものなのかもしれません。しかしそれほどわかりやすくはないにせよ，新しい建築も文化を作り出しています。北欧モダニズム建築には，古いものとは違った北欧らしさ，つまり意識的に主張されたり表現されたりしている北欧らしさがあります。これが理解できるようになると，新しい北欧建築を見る楽しみが倍化します。

　北欧の建築が果たしている役割は，発達した福祉社会をハード面から支えるといったことばかりではありません。建築のあり方を詳しく調べてゆくと，その作られ方や使われ方を通じて，北欧の人々のライフスタイルや，さらにはその根本にある自然観などまで見えてくることがあるということも知ってほしく思います。建築というものの社会の中でのあり方や役割は，とても多様なのです。

column ノルウェーの巨星—フリチョフ・ナンセン

● 池上佳助

　ノルウェーの保守系有力紙アフテンポステンが1999年暮に「20世紀のノルウェーを代表する人物は誰か」との読者アンケートを実施したところ，フリチョフ・ナンセンが第1位に選ばれました。ナンセンは極地探検家，科学者，外交官，人道活動家など多彩な経歴で知られていますが，その不屈の信念と勇気に満ちた行動はいまでも広く国民の敬愛を集めています。

　ナンセンは1861年にクリスチャニア（現在のオスロ）に生まれ，青年期にはスキー，スケートの国内チャンピオンとして活躍し，大学では動物学を専攻しました。ナンセンは若い頃から極地探検に興味を抱いていましたが，その名を一躍有名にしたのは1889年のスキーとソリによるグリーンランド横断の成功でした。ナンセンがつぎに挑んだのが，北極周辺の海流に関する自説を証明するための北極探検でした。その北極海横断計画は，氷の圧力に耐えられる頑強な船「フラム号」を建造，シベリアの氷海で船ごと氷に閉じ込められ，そのまま海流に乗って極点を通過し，グリーンランドまで漂流するという大胆かつ遠大なものでした。1893年，ナンセンは食糧5年分，燃料8年分を積み込んで，12人の乗組員とともに出航しました。

　フラム号は予定どおり氷に挟まれ漂流を始めましたが，船が期待したほどには極点に近付いていないことがわかり，ナンセンは船を離れて自力で極点を目指すことを決断しました。しかし，気象や氷の悪条件から北緯86度14分の地点で北上を断念，帰路の氷上での苦難を乗り越えて，1897年に別の探険船で帰国しました。一方，フラム号はそのまま氷と漂流し，スヴァールバル諸島沖合で氷の海から解放されて，無事帰還しました。この北極探検では海流の動きや北極点には陸地が存在しないことなどが実証され，ナンセンの海洋学者としての名声を高めました。

　20世紀を迎え，ノルウェー国内にはスウェーデンとの同君連合を解消して独立しようとの気運が高まっていました。小国ノルウェーの存在と平和的な独立を国際社会に訴えるため，世界的な著名人となっていたナンセンが担ぎ出され，各国を駆け回って独立への支持を取り付けました。第一次世界大戦後，ナンセンは創設されたばかりの国際連盟に請われ，難民高等弁務官に就任しました。ナンセンは150万人もの戦争難民に食糧・

医薬品や「ナンセン・パスポート」を送り届けるなど難民救済に尽力しました。また，ロシア革命後の混乱と干ばつのため3千万人が飢餓状態にあったロシアやウクライナでは，国際赤十字からの要請で救援活動に乗り出しました。国際連盟は共産主義国家への支援に消極的であったため，ナンセンは自ら世界を回って民間資金をかき集めるとともに私財を投じて食糧を調達しました。ナンセンのこうした人道的活動に対し，1922年にノーベル平和賞が授与されました。

フリチョフ・ナンセン（1861〜1930年）
Henry Van der Weyde/
National Library of Norway より

第**5**部

言語の北欧

第15章
北欧におけるゲルマン語
—北ゲルマン語

森　信嘉

はじめに

　地球上にはいくつぐらいの言語があるのでしょうか。一説には6000とも7000とも言われていますが，その総数を明確に示すことは不可能です。一方，比較言語学の研究成果により同一の祖語から枝分かれしたものと類推され，共通の特徴を備えた１つのグループを成すと考えられる場合があります。中国語・タイ語等を含むシナ・チベット語族，西アフリカから南アフリカにかけて分布するニジェール・コンゴ語族，マダガスカルからインド洋と太平洋をまたにかけイースター島までの広大な地域に広がるオーストロネシア語族，アッカド語・ヘブライ語・アラビア語・アムハリ語等が含まれるセム語族，フィンランド語・エストニア語・ハンガリー語等を含むウラル語族等です。他にも語族はありますが，すべての言語が語族に分類できるわけではありません。たとえば日本語の系統についてはいまだに解き明かされていません。

　19世紀の比較言語学の発展はゲルマン語が含まれるインド・ヨーロッパ語族の発見から始まりました。かつては「インド・アーリア語族」であるとか「インド・ゲルマン語族」と名づけられていた時期もあります。研究史の伝統，資料の古さ，並びに，豊富さから「比較言語学」というと「インド・ヨーロッパ語族」に関する研究を第一に思い浮かべる人も多いでしょう。インド・ヨーロッパ語族にはロシア語・ポーランド語・ブルガリア語・チェコ語等を含むスラブ語派，スペイン語・フランス語・イタリア語等を含むイタリック語派，英語・ドイツ語・オランダ語・北ゲルマン諸語

等を含むゲルマン語派の他にもインド・イラン語派やトカラ語派等があります。

1.「北ゲルマン語」の誕生

　ゲルマン語派は紀元前2000〜3000年頃にインド・ヨーロッパ祖語から徐々に分離発展していったとされています。地理的な分布から見ると，現在はゲルマン語派が他の言語を凌駕して地球上で最大の面積を誇っていますが，紀元前1000年頃には，ゲルマン祖語を話す人々の原住地はスカンジナビア半島南部，デンマークの島々，北ドイツ等の限定された地域であったと考えられています。ゲルマン語派はゴート語を主とする「東ゲルマン語」，英語，ドイツ語，オランダ語，フリジア語，イディッシュ語，アフリカーンス語等を含む「西ゲルマン語」，そしてデンマーク語，スウェーデン語，ノルウェー語，アイスランド語，フェーロー語を含む「北ゲルマン語」の3種類の語群に分類されます。このうちゴート語は今では死滅してしまった言語ですが，西ゴート人のウルフィラ僧正により西暦350年頃ギリシャ語からゴート語に新約聖書が翻訳され残っており，その姿をうかがうことができます。この聖書の一部はスウェーデンのウップサーラ大学図書館に保管され銀文字写本として継承されています。

　ゲルマン語の言語資料として最古のものは3世紀から12世紀にかけてゲルマン人により用いられていたルーン文字による記録です。主として，石や木，あるいは金属のような硬い物質に刻まれているために，刻みやすい直線を基調とした文字となっています。およそ4000のルーン碑文が残されていますが，そのうちの2500ほどがスウェーデンに残されています。初期のルーン文字は24文字あり，そのアルファベットの最初の6文字をとって「フサルク」と称せられます。ルーン文字はバイキング時代初頭の西暦800年頃，言語の音変化によって文字数も16文字に減少することになります。

　「北ゲルマン語」のことを「ノルド語」ということもありますが，西暦200年頃からバイキング時代初頭にかけての時期に北欧で用いられていたノルド語の姿は多くのルーン碑文により知られています。また一部はフィンランド語やサーミ語に入ったノルド語起源の借用語や各地の地名等から

も古いノルド語の姿が類推されます。西暦500年頃になると音や語形等の面で変化が生じ始めましたが，バイキング時代に至るまでは北欧の地で話されていた「ノルド語」は地域差もほとんどなく1つの共通言語であったと考えられています。バイキング時代に入ってから少しずつ地域差が生じてきて「東ノルド語」と「西ノルド語」の2グループに分かれていくことになります。

　「東ノルド語」にはスウェーデン語とデンマーク語が含まれます。「西ノルド語」は「ノレーン」と呼ばれることもありますが，アイスランド語，ノルウェー語，フェーロー語を含みます。「西ノルド語」にはノーン語と呼ばれる言語もありましたが，これは死滅してしまいました。西暦1000年頃よりキリスト教の伝来と共に伝わったラテン文字が使用されています。ノルド語を東と西に分けるのは言語史の観点によるもので，現在では古い特徴を残す「島嶼ノルド語」（アイスランド語・フェーロー語）とノルド祖語から大きく形を変えた「大陸ノルド語」（デンマーク語・スウェーデン語・ノルウェー語）に二分するのが一般的です。

2．デンマーク語

　デンマーク語の言語人口は約550万人であり，デンマーク王国内に在住する人々の母語であると同時に，グリーンランドやフェーロー諸島での第2の公用語となっています。さらにデンマークの南に隣接するドイツのスレースヴィ・ホルシュタインでも5万人程の人々により用いられています。デンマーク語の歴史では，ほぼバイキング時代と重なる①「古デンマーク語」（800〜1100年），中世にあたる②「中期デンマーク語」（1100〜1525年），宗教改革以降の時代である③「近代デンマーク語」（1525年以降）の3期に大きく分けるのが一般的です。

　1350年頃には発音・語形変化の面で大きな変化が生じ，また，現在「大陸ノルド語」に共通の語彙を生み出す契機ともなった，低地ドイツ語からの借用語が大量に流入しました。そのため，1350年を境に「中期デンマーク語」をさらに前期・後期に分けることもあります。1524年には新約聖書が初めてデンマーク語に翻訳され，近代デンマーク語はさらに1700年を境

として，その前を「前期近代デンマーク語」，後を「後期近代デンマーク語」と分けることもあります。1700年というのはノルウェーのベルゲン出身でデンマークで活躍した劇作家ルズヴィ・ホルベアの出現をもとにした区分です。ホルベアはさまざまな分野でデンマーク語に磨きをかけ，デンマーク語をヨーロッパでも威信ある言語とすることに貢献しました。さらに，児童文学で有名なアンデルセンも一般民衆の普通の話し言葉の特徴を文学的な散文に取り入れました。

3．スウェーデン語

　スウェーデン語はスウェーデン国内に住むおよそ900万人の人々の母語であるばかりでなく，フィンランドの西南部沿岸地方，オーランド諸島に住む30万人程の人々によって使用されています。スウェーデン語の歴史では当時のスウェーデン語の姿を知る上で重要な情報源となるルーン碑文の時代である①「ルーン・スウェーデン語」（800～1225年），聖女ビルギッタの文学活動や，宗教関連文献に用いられる書き言葉に寄与した聖女ビルギッタ修道院開設（1369年）のあった②「前期古スウェーデン語」（1225～1375年），新約聖書がスウェーデン語に訳された年までの③「後期古スウェーデン語」（1375～1526年），文学者・歴史学者であるオーロフ・フォン・ダリーン（1708～63年）が話し言葉を忠実に取り入れた「スウェーデンのアルゴス（ギリシャ神話の巨人の名で，転じて「見張り役」の意）」という雑誌を創刊する1732年までの④「前期近代スウェーデン語」（1526～1732年），それ以降の時期である⑤「後期近代スウェーデン語」（1732～）の5期に分けるのが一般的です。「後期近代スウェーデン語」は20世紀に入ってからの時期を「現代スウェーデン語」として区別することもあります。1786年には洗練された純粋なスウェーデン語確立のために「スウェーデン・アカデミー」がグスタヴ3世によって設立され，スウェーデンの言語文化の保護発展に貢献しました。

4．ノルウェー語

　ノルウェーは1380年から1814年にかけてデンマークとの連合関係にあり

ました。それ以前は北欧の中でも豊かな書き言葉の伝統を有していましたが，連合関係にあった400年以上もの間にノルウェーにおける書き言葉はデンマーク語に取って代わられることになりました。ノルウェー語の歴史ではルーン文字による記録が残る①「原始ノルド語時代」（200〜750年），バイキング時代とほぼ重なる②「旧ノレーン時代」（750〜1050年）」，エッダやサガに代表される豊富な言語資産が生み出された③「新ノレーン時代」（1050〜1350年），デンマーク語を介して中低ドイツ語からの借用語を大量に受け入れた④「中期ノルウェー語時代」（1350〜1540年），宗教改革以降ほぼ書き言葉がデンマーク語になった⑤「デンマーク時代」（1540〜1830年）に分けられます。

　1830〜1900年は「近代ノルウェー語時代」と名づけても差しつかえないでしょうが，この期間はデンマーク語から脱却しノルウェー独自の書き言葉確立の試みが精力的におこなわれた時代です。現在ノルウェーには２種類の書き言葉がありますが，これは書き言葉の確立を目指す流れが２つあったことに起因します。１つは既存のデンマーク語の書き言葉にノルウェー的要素を入れていったもので，現在「ブークモール（bokmål）」と呼ばれる書き言葉になっています。外国人がノルウェー語を学ぶ場合は主として「ブークモール」を学びます。もう１つは，ノルウェー各地の諸方言を基盤として新たな書き言葉を創造するという流れですが，結果として現在の「ニューノシュク（nynorsk）」となりました。ノルウェーは方言も豊かであり，方言の社会的地位が高いことで知られています。

５．アイスランド語

　アイスランド語は現在アイスランドに住むおよそ36万人の人々によって用いられています。「言語の化石」と称せられることがある程ノルド語の古形をよく残している言語です。

　アイスランドへの殖民は９世紀に始まりましたが，殖民者は主としてノルウェーの西南部からやって来ました。アイスランドがほぼ無人島であったため，９世紀後半に主としてノルウェーよりアイスランドに移住してきた人々の言語が土着の言語と接触することがなかったことや，定期的に

島中の人々が集まって来て交流が盛んであったこと，ヨーロッパ大陸から遠く離れていたために外部からの影響を受けづらかったこと，1500年代に聖書がアイスランド語に翻訳され書き言葉の基盤となったこと，外国語からの借用を避け，アイスランド語独自の表現・語彙に置き換える努力をし続けていること等が幸いして，アイスランド語は古い姿を保持することができたと考えられています。アイスランドもノルウェーやフェーロー諸島と同様デンマークに組み込まれましたが，デンマーク語が書き言葉になることはありませんでした。方言差はほとんどありません。北欧神話の主たる資料とも言える「エッダ（Edda）」は古アイスランド語で書かれており，北欧神話に本格的に取り組むためには避けて通れない言語です。

6．フェーロー語

　フェーロー語はフェーロー諸島に住むおよそ5万人，および，デンマークを中心としてフェーロー諸島以外に住む数万人の合計およそ7万人の人々の母語となっています。ノルウェー語書き言葉確立の動きを手本としてハンマーシュハイムが島々の方言に残る古語の痕跡を重要視しながら古ノルド語に基づく正書法を考案しました。そのため同じく古ノルド語の痕跡を色濃く残しているアイスランド語と見た目がそっくりになっています。

おわりに―「北ゲルマン語」間の類似点と相違点

　デンマーク語，スウェーデン語，ノルウェー語の3言語は「お互いによく似通っていて，まとめて1つの言語の方言であると言ってもかまわない」であるとか「どれか1つを知っていれば残りの2言語は簡単に理解できる」と言われることがあります。確かに3言語はすべてゲルマン語の要素を共有していますし，ドイツ語からの語彙借用により生じた共通の語もたくさんあります。しかし，互いに異なる面も多くあります。では類似点と相違点を中心にこの3言語を見ていくことにします。まず，類似点です。つぎの文を見てください。文の意味は「彼女は本を読んでいます」です。

［デンマーク語］　　　　　　　　Hun læser en bog.
　　　　　　　　　　　　　　　　（フン　レーサ　エン　ボゥ）

［スウェーデン語］　　　　　　　Hon läser en bok.
　　　　　　　　　　　　　　　　（フン　レーセル　エン　ボーク）

［ノルウェー語（ブークモール）］　Hun leser en bok.
　　　　　　　　　　　　　　　　（フン　レーセル　エン　ブーク）

［ノルウェー語（ニューノシュク）］ Ho les ei bok.
　　　　　　　　　　　　　　　　（ホ　レース　アイ　ブーク）

　いかがですか。「本」「彼女」「読む」に当たるのがどの語か類推することができますね。最後に出てくる bog とか bok が英語の book にあたります。「彼女」に相当する語が最初に出てくる Hun, Hon, Ho で，「読む」に相当するのが læser, läser, leser, les です。主語が最初に来て，次にいきなり動詞が来て，最後に「本」が来るだろうことは英語から類推できます。どの言語でも似た語が用いられていますね。動詞の形は主語にかかわりなく同じ形です。en や ei は英語の a / an にあたる不定冠詞です。
　北ゲルマン語には名詞に性別があります。ノルウェー語（ニューノシュク）・アイスランド語・フェーロー語では男性・女性・中性の３性ありますが，スウェーデン語・デンマーク語では女性と男性が１つの性にまとめられ「共性」と呼ばれます。ノルウェー語（ブークモール）では原則としてすべての女性名詞を男性名詞と同じように扱っても構わないことになっています。つまりスウェーデン語やデンマーク語と同じように２性としてもよいし，アイスランド語のようにきっちり３性としてもよいとされています。例として，デンマーク語・スウェーデン語の共性名詞・中性名詞，ノルウェー語の男性名詞・女性名詞・中性名詞の前に置かれる不定冠詞を見てみましょう。

	共　性	中性
［デンマーク語］	en	et
［スウェーデン語］	en	ett

	男性	女性	中性
［ノルウェー語（ブークモール）］	en	ei（en も可）	et
［ノルウェー語（ニューノシュク）］	ein	ei	eit

「君，時間ある？」と言う場合なら3言語すべて "Har du tid?"「ハール　ドゥー　ティー」ですんでしまいます。これは英語の Have you time? にあたります。現在の英語教育ではアメリカ英語が主流のようですが，少し古めかしいイギリス英語ではこのように言っていました。

では相違点です。つぎの文はどうでしょう。意味は「君たちはいつ朝ごはん / 昼ごはんを食べますか？」です。

［英語の単語］　　　　　　　　When, eat, you, breakfast / lunch

［デンマーク語］
ヴォノーァ　スピーサイ　モーァ　アン　メズ　　フロコストゥ
Hvornår spiser I morgenmad /frokost?

［スウェーデン語］
ネール　エーテル　ニ　フルーコストゥ　　ロン　フ
När äter ni frukost / lunch?

［ノルウェー語（ブークモール）］
ノール　スピーセル　デーレ　フルーコストゥ　　ロンシュ
Når spiser dere frokost / lunsj?

［ノルウェー語（ニューノシュク）］
ノール　エート　デ　フルーコストゥ　　ロンシュ
Når et de frukost / lunsj?

ぐっと雰囲気が違いますね。スウェーデン語やノルウェー語の「朝ごはん」に当たる単語とデンマーク語の「昼ごはん」に当たる単語が似ています。英語の When や you に当たる単語は3言語とも違っていますね。このように同じ語でも意味がずれていたり，あるいは1つの事柄をまったく違う語で表したりすることもしばしばありますので注意が必要です。文法的

に細かい点になるとさらに色々な面で異なる点があります。ちなみに「北
欧言語委員会」でまとめられた「デンマーク語・スウェーデン語・ノル
ウェー語３言語辞典」ではデンマーク人・スウェーデン人・ノルウェー人
が母語で話をした場合，相互に理解する際に注意すべき語としておよそ
10000語挙げています。逆に言うと３言語のうちの１つを母語とする人で
あっても10000語に注意を払わないといけないということになります。外
国語として３言語のうち１つを学ぶ場合には他の２言語はまったく違う言
語として考えておいた方が無難です。

　古い形を残すアイスランド語やフェーロー語になると語形変化が豊富で，
だいぶ異なる様相を見せます。たとえば，「昨日フクラフォルドで新しい
本を買いました」でしたら以下のようになります。

［英語の単語］　　　Yesterday, bought, I, a, new, book, in, Fuglafjord.

［アイスランド語］　<ruby>Í<rt>イ</rt></ruby> <ruby>gær<rt>ギャイル</rt></ruby> <ruby>keypti<rt>ケイフティ</rt></ruby> <ruby>ég<rt>イェフ</rt></ruby> <ruby>nýja<rt>ニーヤ</rt></ruby> <ruby>bók<rt>ボック</rt></ruby> <ruby>á<rt>アオ</rt></ruby> <ruby>Fuglafirði.<rt>フクラフィルジ</rt></ruby>

［フェーロー語］　　<ruby>Í<rt>ウイ</rt></ruby> <ruby>gjár<rt>ジョァル</rt></ruby> <ruby>keypti<rt>チェプティ</rt></ruby> <ruby>eg<rt>エ</rt></ruby> <ruby>eina<rt>アイナ</rt></ruby> <ruby>nýggja<rt>ヌッジャ</rt></ruby> <ruby>bók<rt>ボウク</rt></ruby> <ruby>í<rt>ウイ</rt></ruby> <ruby>Fuglafirði.<rt>フクラフィーリ</rt></ruby>

「新しい本（が・は）」と主語になる場合にはアイスランド語・フェーロ
ー語ではそれぞれ ný bók，ein nýggj bók となるところですが，例文中で
は「新しい本を」の意味で形が変化しています。同様に地名の「フクラフ
ォルド」も主語になる形はフェーロー語で Fuglafjørður，アイスランド語
では Fuglafjörður ですが，場所を表す英語の in にあたる前置詞 í とか á が
単語の前に置かれたために主語とは異なる形になっています。このような
変化は「格変化」と呼ばれます。フェーロー語では英語の a や an にあた
る不定冠詞（ein, eina など）がありますが，アイスランド語にはありませ
ん。

　ありがたいことに北ゲルマン語のすべてにほぼ共通する言葉もあります。
「乾杯！」と「ありがとう」です。

	［乾杯！］	［ありがとう］
［デンマーク語］	Skål!（スコール）	Tak.（タック）
［スウェーデン語］	Skål!（スコール）	Tack.（タック）
［ノルウェー語］	Skål!（スコール）	Takk.（タック）
［アイスランド語］	Skál!（スカオル）	Takk fyrir.（タック　フィーリル）
［フェーロー語］	Skál!（スコアル）	Takk fyri.（タック　フィーリ）

デンマーク語のボーンホルム方言

column

●──────────────────────● リセ・スコウ

　小さな国とはいえ，デンマークには方言が数多くあります。大きく分類するとユラン方言，島部方言，ボーンホルム方言の３グループです。そして，最初の２グループはさらに15〜16の様々な方言に分かれます。ユラン半島では北部と南部でちがった方言が話されていても，互いに話が通じます。また，デンマーク語の名詞には共性名詞と中性名詞の２種類があるのですが，なかにはその区別をしない方言もあります（271ページの「デンマーク語入門」参照）。

　どの方言にも約1000年の歴史があります。人々がまだそれほど接触しなかった時代に生じたものです。そもそも方言の話し手は農民たちでしたが，1788年に土地緊縛制が廃止されるまで農民はあまり移動の自由がなかったため，地域によって様々な方言が発達したのです。

　近年は方言を話す人の数は減少しつつあり，デンマーク全土で標準デンマーク語が話されています。方言からは「何か農民的なもの」「あまり賢くない」などの連想が働きます。たとえばアニメ映画で素朴で少し間抜けな人物を描くのにユラン方言が使われると，自分の方言を恥ずかしく思う人も出てくるでしょう。一方で，子どもたちが映画館で実際に方言を聞く機会をもつという点は，肯定的にとらえてよいかもしれません。

　第３のグループ「ボーンホルム方言」は、バルト海に浮かぶ地理的にはむしろスウェーデンに近いボーンホルム島で話されていることばです。現在はスウェーデン領となっているスコーネ，ハッランド，ブレーキングゲのことばも含む「東デンマーク方言」という大きなグループに属していたのですが，1658年にデンマークがこれらの地方をスウェーデンに割譲したため，他の地域の方言はスウェーデン語の方言になってしまいました。ボーンホルム方言はスウェーデン語に似ていると言う人もいて，確かにそう言えなくもありません。でもボーンホルムの人たちはデンマーク語を話しているわけで，もしスコーネが引き続きデンマーク領であったらスコーネではおそらくこのようなデンマーク語が話されていたことでしょう。

　ボーンホルム方言には他の方言とは異なる決定的な特徴が２つあります。それは，シェランやフューンの島部方言には見られない際立った特徴で，たとえばｋとｇの文

字が i, e, æ, y, ø のいわゆる「前舌母音」（口の前の方で音を作る母音）の前で
は「チュ」という音になることです。ボーンホルム人は gøre「行う」は［チェーア］，
kedelig「退屈な」は［チェーゼリ］，København「コペンハーゲン」は［チェーベン
ハウン］と発音します。スウェーデン語とノルウェー語でも，同じような現象がありま
す。

　ボーンホルム方言には，他のデンマーク語には見られない文法的特徴もあります。そ
れは「二重限定」というもので，定冠詞と名詞の既知形の両方を使って二重に限定す
る（「それはもう既に知っている」ということを表わす）ことです。デンマーク語でふ
つう den gode mad（その美味しい料理）とするところを，ボーンホルム方言では
den gode maden と言います。ここでは、最初の語 den と，mad「料理」について
いる -en のどちらもが「その」という意味を表していますので，「二重限定」と呼びま
す。この特徴はスウェーデン語，ノルウェー語と共通です。

　ボーンホルムの言葉は方言ではなく独立した一つの言語だと言い張る人もいます。標
準デンマーク語とはまったく違う語が数多くあるというのがその理由です。例をいくつ
か見てみましょう。

日本語	標準デンマーク語	ボーンホルム方言
男の子	dreng	horra
女の子	pige	pibel
作業する	lave	sjøddad
子どもたち	børnene	bella
ハリネズミ	pindsvin	jylkat
ワンピース	kjole	tjâul
うまく行っているよ	det går fint	det rabbar â

　これだけ多くの語がこれほど異なっているなら，一般のデンマーク人にとってボーン
ホルム方言を理解するのは難しいはずです。おそらくそれも理由の一つとなって，ボー
ンホルム方言を話す人が少なくなっているのでしょう。家庭内で両親はボーンホルム方
言を話すけれど子どもたちは標準デンマーク語を話すということも起こっています。そ
もそもボーンホルム島は人口わずか4万人ほどの地理的にも小さく限られた地域ですか

ら，何年か後にはボーンホルム方言がまったく消滅してしまうという恐れさえないわけではありません。

　幸いにも現代のデンマークでは地域特有のものに焦点が当てられ，誇りを持つようになりました。同時に，長いこと減る一方だったボーンホルムの人口も，今では増加に転じています。ボーンホルムへの交通の便がよくなり，自然が美しい，ストレスが少ない，家賃が安い等々，全体として住民の生活の質が高いことにボーンホルムの利点を見出す人が増えてきました。また，環境にやさしいエネルギーの島として，あるいは美味しく特別な食品が産み出される土地としても大きな関心が寄せられています。

　こうして人々の注目が集まるにつれて，ボーンホルムの住民は自分たちの島をいっそう誇らしく思うようになります。すると，以前は自分の方言を隠そうとしていたのに，今ではボーンホルム方言を話すだけでなく，自分はボーンホルム出身だとか自分はボーンホルムが好きだということを示すためにも方言を使うようになります。ボーンホルムのお土産として，燻製のニシンのほかに，ボーンホルム方言で何か書かれた大きなポスターも作られるようになりました。ポスターを家に飾るのです。ソーシャルメディアでもときどきボーンホルム方言で書かれた短いテキストに出会うことがあります。もちろんそれが理解できるのは少数の人間ですが，自分はボーンホルムと関わりがあるのだということを示しているのです。ボーンホルムの公営地方ラジオ局もボーンホルム方言を重要視しており，年に1回，丸一日ボーンホルム方言だけで放送を行う日を設けています。

　私のある親戚がボーンホルム方言について面白い話をしてくれました。「セールスの電話は断るのが厄介です。でも私はいい方法を見つけました。ボーンホルム方言でまくしたてるとよいのです。そうすれば向こうは私の言うことがわかりませんから，早々にあきらめます！」

　方言の使い方はいろいろあります。私はデンマークから方言が消えてほしくありません。

第16章
北欧におけるウラル語族の言語
―フィンランド語とサーミ語

吉田欣吾

はじめに

　ある言語と別の言語が親戚の関係にある場合がありますが，親戚どうしの言語が集まったものを「語族」と呼びます。つまり「言語の家族」のことです。世界には多くの語族がありますが，なかでもインド・ヨーロッパ語族が有名です。皆さんが知っているヨーロッパの言語はほとんどインド・ヨーロッパ語族に属しています。たとえば，英語，ドイツ語，フランス語，イタリア語，スペイン語，ロシア語，ギリシャ語などはすべてインド・ヨーロッパ語族の言語ですし，北欧のデンマーク語，スウェーデン語，ノルウェー語，アイスランド語も同じ語族の仲間です。さらに，インドや中央アジアで話される言語の中にもインド・ヨーロッパ語族に属す言語が数多くあります。

　北欧の言語のうちフィンランド語は「ウラル語族」と呼ばれるグループの一員です。また，北欧ではサーミ語と呼ばれる言語が話されていますが，これもウラル語族に属しています。そのウラル語族はインド・ヨーロッパ語族とはまったく異なるグループです。その結果，フィンランド語やサーミ語はデンマーク語，スウェーデン語，ノルウェー語，あるいは英語とは大きく異なった印象を与える言語となっています。

　ウラル語族に属す言語は全部で20以上ありますが，フィンランド語以外に代表的なものとしてはハンガリー語，エストニア語，そして北欧やロシアで話されているサーミ語などをあげることができます。ウラル語族に属す言語の多くはロシアに分布していますが，中にはシベリアで話されてい

る言語もあります。つまり，ウラル語族に属す言語は東はシベリアにまで
広がっているわけです。逆にウラル語族の言語のうち最も西に存在するの
がフィンランド語とサーミ語です。それではフィンランド語とサーミ語の
特徴のうち重要なものを見ていくことにしましょう。

1．フィンランド語

　デンマーク語，スウェーデン語，ノルウェー語どうしは親戚ですが，さ
らに英語も近い親戚の言語です。ですから，ここでは英語と比較しながら
フィンランド語の特徴を見ていくことにします。そうすれば，結局はデン
マーク語，スウェーデン語，ノルウェー語とフィンランド語との違いがわ
かることになります。まず，つぎの英語とフィンランド語を比べてみてく
ださい。

| ［英語］ | I live in Japan. | 私は日本に住んでいます。 |
| ［フィンランド語］ | Asun Japanissa.
アスン ヤパニッサ | 私は日本に住んでいます。 |

　英語の文は4つの語からできているのに，フィンランド語の文には語が
2つしかありません。ここにフィンランド語の大切な特徴が2つ隠されて
います。まず asun「私は住んでいる」から見ていくことにします。この
1つの語の中に「私」と「住んでいる」という2つの意味が含まれている
わけです。実は，この asun は asu- と -n に分解することができます。最
初の asu- が「住む」，そして後ろの -n が「私」という意味を表しているの
です。
　asun「私は住んでいる」と似た語に asut があります。こちらは「あな
たは住んでいる」という意味です。それでは，表1を見てください。表1
からわかるようにフィンランド語では「住んでいる」に相当する形が6つ
あります。これらを比べてみれば，どんな仕組みになっているかがわかり
ます。フィンランド語では asu-「住む」という語の後ろに印をつけて主人
公を表現するのです。

表1　フィンランド語 asua「住む」の6つの形

アスン asun	私は住む	アスンメ asumme	私たちは住む
アスットゥ asut	あなたは住む	アスッテ asutte	あなたたちは住む
アスー asuu	彼／彼女は住む	アスヴァットゥ asuvat	彼らは住む

それでは，いくつかのフィンランド語を見てみましょう。

メネン
menen 私は行く　　　ラウラン
laulan 私は歌う　　　オピスケレン
opiskelen 私は勉強する
メネットゥ
menet あなたは行く　ラウラットゥ
laulat あなたは歌う　オピスケレットゥ
opiskelet あなたは勉強する

　これらを見ていると大切なことに気づきます。「私」が主人公の場合には，いつも最後が -n で終わっています。同じように「あなた」が主人公のときには，最後はいつも -t になっています。つまり，フィンランド語では「私は○○する」という語は必ず最後に -n がつき，「あなたは○○する」という場合には必ず -t がつくのです。このように，「○○する」という意味を持つ語の後ろに，主人公を表す印がつくのがフィンランド語の重要な特徴の1つです。

　今度は Asun Japanissa.「私は日本に住んでいる」の ヤパニッサ
Japanissa を見てみましょう。「日本」のことは ヤパニ
Japani と言いますが，英語の in Japan「日本に」に相当するのが Japanissa です。Japani に -ssa という印がつくことで「日本に」という意味になるわけです。それでは，つぎの3つの例文を見てください。

アスン ヤパニッサ
Asun Japanissa.　　　私は日本に住んでいます。
ソイタン ヤパニスタ
Soitan Japanista.　　　私は日本から電話します。
メネン ヤパニーン
Menen Japaniin.　　　私は日本へ行きます。

　Japani に -ssa がつくと Japanissa「日本に／で」，-sta がつくと Japanista「日本から」，そして -in がつくと Japaniin「日本へ」という意味になって

います。英語で in や from，あるいは to など前置詞と呼ばれるものを使う
ときに，フィンランド語では語の後ろに印をつけるわけです。これは，日
本語で「に，から，へ」などを語の後ろにつけるのとまったく同じ理屈で
す。

　フィンランド語の大きな特徴を 2 つだけあげると以上のようになります。
1 つ目は動詞に主人公を表す印がつくということです。rakastan という語
に出会うと，その意味はわかりませんが，誰が主人公なのかはわかります。
最後に -n がついているので「私」の話です。rakastan は「私は愛してい
る」という意味です。それでは「あなたは愛している」はどうなりますか。
「あなた」の印は -t でした。ですから，「あなたは愛している」は rakastat
となります。

　フィンランド語のもう 1 つの大きな特徴は，日本語と同じように「に，
から，へ」などに相当する印を語の後ろにつけるということです。Japani
に -ssa をつけて Japanissa とすれば「日本に／で」という意味でしたし，
Japanista とすれば「日本から」，Japaniin とすれば「日本へ」となりまし
た。ですから Ruotsi「スウェーデン」を「スウェーデンに／で」という意
味にしたければ Ruotsissa とすればできあがりです。同じように -sta をつ
けて Ruotsista とすれば「スウェーデンから」となりますし，-in をつけて
Ruotsiin とすれば「スウェーデンへ」という意味になるわけです。

2．サーミ語

　フィンランド語と親戚関係にあるサーミ語は，スウェーデンとノルウェ
ーの中部からフィンランドの北部を通り，さらにロシアのコラ半島に至る
広大な地域に存在する言語です。実際には10個ほどの言語に分かれている
と考えられ，「サーミ諸語」という言い方がされますし，そのうち 6 つの
言語には固有の書きことばが確立されています。ここでは北サーミ語と呼
ばれる言語を例に話を進めていくことにします。

　サーミ語とフィンランド語は親戚の言語なので，両者の間には多くの共
通点があります。たとえば，「川」のことはフィンランド語では joki，北
サーミ語では johka，「言語」のことはフィンランド語では kieli，北サー

表2　北サーミ語 ássat「住む」の9つの形

単　数	双　数	複　数
アーサン ásan 私は住む	アーッセ ásse 私たち2人は住む	アーッサフトゥ ássat 私たちは住む
アーサッフトゥ ásat あなたは住む	アーッサベアッフティ ássabeahtti あなたたち2人は住む	アーッサベーフテフトゥ ássabehtet あなたたちは住む
アーッサー ássá 彼／彼女は住む	アーッサバ ássaba 彼／彼女たち2人は住む	アーッセフトゥ ásset 彼らは住む

ミ語では giella（キエッラ）と言いますし，「私は行く」はフィンランド語では menen（メネン），北サーミ語では manan（マナーン）となります。そして文法の面でもフィンランド語とサーミ語はよく似ています。

　フィンランド語では asun「私は住む」，asut「あなたは住む」のように，動詞の後ろに主人公を表す印がつきました。北サーミ語でも同じことが言えます。大きな違いは，フィンランド語が6つの形を区別するのに対して，表2にあるように北サーミ語では9つの形を区別することです。主人公が1人の場合（単数）とたくさんいる場合（複数）に加えて，北サーミ語では主人公が「2人」の場合に使う特別な形があるのです。この形を「双数」と呼びます。

　日本語の「に，から，へ」などに相当する印が語の後ろにつくという点でも，北サーミ語はフィンランド語と似ています。北サーミ語では「日本」のことを Jáhpan（ヤーフパン）と言いますが，たとえばつぎの2つの文を見比べてください。

Ásan Jáhpanis.（アーサン ヤーフパニス）　私は日本に住んでいます。
Manan Jáhpanii.（マナーン ヤーフパニイ）　私は日本へ行きます。

　ここでは Jáhpan に -is がついて「日本に」，そして -ii がついて「日本へ」という意味になっています。この例からわかるように，フィンランド語と同じくサーミ語では，語の後ろに印をつけていくという点が特徴です。

言い換えれば，フィンランド語もサーミ語も，日本語と同じように語の後ろにいろいろな印をつけて，さまざまなことを表現していくのです。

３．フィンランド語とサーミ語の豊かな語彙の世界

　それではフィンランド語やサーミ語の語彙の世界をのぞいてみましょう。いろいろな印をつけて新しい語を造るという方法が盛んに使われるのがフィンランド語やサーミ語の特徴です。次にあげるフィンランド語の例のように，さまざまな印をつけていくことで新たな語を造っていくことができます。

kirja「本」（キルヤ）
> kirjasto「図書館」（キルヤスト）　　> kirjastollinen「図書館に関する」（キルヤストッリネン）
> kirjallinen「書かれた」（キルヤッリネン）　　> kirjallisuus「文学，文献」（キルヤッリスース）
> kirjoittaa「書く」（キルヤオイッタ）　　> kirjoitus「書くこと，書かれたもの」（キルヤオイトゥス）
> kirjailla「著述する」（キルヤイッラ）　　> kirjailija「著述家，作家」（キルヤイリヤ）

　北サーミ語でも語に印をつけることによって，意味を変えたり細かいニュアンスの違いを表現したりすることができます。つぎの例を見ると borrat「食べる」（ボッラフトゥ）という語を出発点にして，いろいろな語が生まれていることがわかります。

borrat「食べる」（ボッラフトゥ）
> boradit「食事をする」（ボラディフトゥ）
> borahit「食べさせる」（ボラヒフトゥ）
> borahallat「何度も食べさせる；食べられてしまう」（ボラハッラフトゥ）
> borastit「少し食べる」（ボラスティフトゥ）
> borastahttit「少し食べさせる」（ボラスタッフティフトゥ）
> borastuvvat「食べたいと思う」（ボラストゥッヴァフトゥ）
> borralit「すばやく食べる」（ボッラリフトゥ）
> borrot「食べられてしまう」（ボッロフトゥ）

　フィンランド語とサーミ語が他の北欧の言語や英語などとは異なるグループに属していることはすでに確認しました。そのことは語彙の面にも反映されています。たとえば，デンマーク語にもスウェーデン語にも，そしてノルウェー語にも「家」や「建物」を意味する hus という語がありますが，これは英語の house と同じ起源を持つ語です。ところがフィンランド語では「家／建物」のことは talo と言います。これはフィンランド語が英語や他の北欧の言語とは異なる語族に属していることに原因があります。

　ところが，フィンランド語やサーミ語と英語の間にも共通の起源を持つのではないかと考えられる語がいくつも指摘されています。たとえば，フィンランド語の tehdä「する」と北サーミ語の dahkat「する」は英語の do「する」と，フィンランド語の pyrkiä「試みる」と北サーミ語の bargat「働く」は英語の work「働く」と，そしてフィンランド語の hakea「取りに行く，捜し求める」と北サーミ語の háhkat「手に入れる」は英語の seek「捜し求める」と同じ語源を持つと言われています。「名前」を意味するフィンランド語の nimi, 北サーミ語の namma も，その語源をたどれば英語の name と同じところにさかのぼるのではないかとも考えられています。

　これらは，最近になって英語からフィンランド語やサーミ語に入った語ではありません。何千年もの遠い昔，まだフィンランド語やサーミ語という言語も，そして英語という言語もきちんと生まれる前に，それらのもとになる言語を話す人々が出会い，語が貸し借りされた結果だと考えられています。そもそも，フィンランド語で「フィンランド」を意味する Suomi も，北サーミ語で「サーミ」を意味する Sápmi も他の言語から借りた語，つまり借用語だと考えられています。どちらも「土地」を意味した語がもとになっているとも言われていますし，Suomi の方はホモ・サピエンスの「ホモ」と同じ起源にさかのぼるので，もともとは「人間」を意味したのだという説も出されています。いずれにしても，どちらも借用語であることだけは確かなようです。

　フィンランド語やサーミ語を話す人々の祖先と，英語やスウェーデン語

などを話す人々の祖先がはるか昔に出会い，語の貸し借りをしたのは確か
なことです。さらには，フィンランド語やサーミ語の属すウラル語族と北
欧の他の言語や英語が属すインド・ヨーロッパ語族がはるか昔には１つの
語族だったのではないか，つまり親戚だったのではないかと主張する研究
者さえいます。言語を勉強しながら，そんな太古の昔にまで目を向けるこ
とができるのです。ですから，言語を学ぶことは無限の可能性を秘めた作
業だということになります。

おわりに

　フィンランド語とサーミ語には北欧の他の言語や英語とは異なる特徴が
他にもあります。まず，フィンランド語やサーミ語には「冠詞」と呼ばれ
るものがありません。英語には不定冠詞 a / an と定冠詞 the の使い分けが
あり，デンマーク語やスウェーデン語，ノルウェー語にも同じような区別
がありますが，そのようなものはフィンランド語やサーミ語には存在しま
せん。ですから，フィンランド語の poika（ボイカ）は「ある少年」という意味にも
なりますし，「その少年」という意味にもなります。また，デンマーク語，
スウェーデン語，ノルウェー語には「文法上の性」というものがあります
が，フィンランド語やサーミ語にはそのような区別はありません（「文法
上の性」については第15章を見てください）。

　フィンランド語とサーミ語の特徴として，「～の」という所有者を表す
印が語の後ろにつく場合があることをあげることができます。たとえば，
フィンランド語では「犬」のことを koira（コイラ）と言いますが，「私の犬」のこ
とは koirani（コイラニ）と言います。ここでは -ni が「私の」という意味を表してい
ます。同じように koirasi（コイラシ）と言えば「あなたの犬」という意味です。ちな
みに，フィンランド国歌は "Maamme"（マーンメ）という題名ですが，これは maa
「国」という語に -mme「私たちの」という印がついているので『私たち
の国』という意味になります。

　これまで見てきたような特徴のせいで，フィンランド語とサーミ語は英
語やデンマーク語，スウェーデン語，ノルウェー語とはかなり異なった印
象を与える言語になっています。ですから，フィンランド語やサーミ語を

勉強することは，「ことば」というものに対する新たな発見の連続でもあります。フィンランド語やサーミ語を勉強すれば「ことば」というものに対する視野も広がるはずです。そのような広い視野は，英語だけを勉強していては手に入れることはできません。

　デンマーク語，スウェーデン語，ノルウェー語も含め，北欧のいずれかの言語を学習すれば，それだけ北欧が身近なものになるでしょう。北欧は伝承や文学作品の宝庫ですから，ことばを深く学習することでアンデルセンの作品やムーミンを原語で読むことも夢ではなくなりますし，現代の愉快な絵本や児童文学，あるいは北欧独特の文学の世界をのぞくこともできます。もちろん，北欧の言語ができれば，書籍やインターネットを通じて北欧社会の動きに関して最新の情報を集めることも可能になります。

　そして，言語はそれ自体も興味深い研究の対象です。たとえば，デンマーク語，スウェーデン語，ノルウェー語の似通った点や異なる点を整理することで興味深い発見ができることもあるでしょう。あるいは，フィンランド語やサーミ語と日本語を比べてみることも面白いかもしれません。いずれにしても，「ことば」を学習することでしか近づくことのできないことがたくさん存在していることだけは確かです。

フィンランドに伝わる叙事詩集『カレワラ』

● 荻島　崇

　フィンランドには『カレワラ』という名前の叙事詩集があります。カレワラ族とポホヨラ族という2つの種族の間の訪問・婚姻・戦闘などが語られています。この両種族の物語のほかに，アイノの詩，クッレルボの詩などのように独立した詩も入っています。また叙事詩集と言われていますが，随所に抒情的，物語的，呪術的要素もちりばめられています。

　『カレワラ』は1人の天才詩人が作ったものではなく，すべてフィンランド人の農夫や漁師のような庶民の間で語り継がれてきた詩ばかりなのです。エリアス・リョンルート（1802〜84年）という人がフィンランド中を歩いて回り，人々が語る言葉を書きとめていきました。歩いた距離は2万キロ，旅は11回，集めた詩は6万5000行にものぼりました。大勢の人が語ったものですから，当然のことながら内容は雑然としていました。リョンルートはそれらを整理し2万2795行にまとめ，『カレワラ』という名前で出版しました。『古カレワレ』の出版が1835年，『新カレワラ』の出版が1849年のことです。

　フィンランドは西のスウェーデンと東のロシアにはさまれています。この両国は自分たちの勢力を拡大するために何度も戦いました。その度にフィンランドが戦場となり，フィンランド人は苦しい目にあわされました。1300年頃からフィンランドはスウェーデンの領土となり，1809年からはロシアの支配下に入りました。しかし，1800年頃からフィンランド人の間に，自分たちの住むフィンランドは自分たちの手で築いていこうという民族意識が高まっていきました。それと同時に，フィンランドに古くから伝わる文化を大切にしようという動きも活発になっていきました。そうした情熱にかられてリョンルートはフィンランド中を歩き回ったのでした。

　『カレワラ』は出版されると高い評価を獲得し，すぐにスウェーデン語とフランス語に翻訳され，続いて多くの他の言語に翻訳されました。読んだ人々は誰もが驚いたのですが，一番驚いたのはフィンランド人たち自身でした。フィンランド人はヨーロッパの北の果てに住む野蛮な人間と周囲からは思われ，そして自分たちもそう思っていたのです。ところが，ギリシャの英雄叙事詩と比べても遜色のない『カレワラ』に代表されるような高い文化を自分たちの祖先は持っていた，そしてその同じ血が自分たちの中にも

流れていると知ったフィンランド人たちは，驚くと同時に大きな自信を持つようになったのです。

その『カレワラ』は多くの芸術家にも影響を与えてきました。たとえば，作曲家のシベリウス（Sibelius）は「レンミンカイネン組曲」「クッレルボ交響曲」など多くの作品の題材を『カレワラ』に求めています（シベリウスについては86ページのコラム「3つのS」もお読みください）。また，画家であるガッレン＝カッレラ（Gallen-Kallela）は『カレワラ』の多くの場面を独特な筆致で描き出し，『カレワラ』の世界を目に見える形で我々に提示してくれます（彼の絵は「浮世絵」の影響を強く受けているとも言われています）。さらに建築家サーリネン（Saarinen）の設計した国立博物館やヘルシンキ駅舎などの建築物も『カレワラ』が代表する民族主義の影響を色濃く映し出しています。

1880年代に民族意識の目覚めの中から生まれた『カレワラ』，そして『カレワラ』の影響を受けた多くの芸術家たちが生み出した作品が，さらに大きく民族意識を燃え上がらせる結果となり，やがて1917年の独立へとつながっていったと言えるかもしれません。

ヘルシンキのエリアス・リョンルート像（左が『カレワラ』の主人公ワイナミョイネン）

第17章

入門北欧語

デンマーク語入門　福井信子

1．デンマークにはアンデルセンさんがいっぱい

　私たちは小さな頃からアンデルセンのいろいろな童話に親しんできました。そのアンデルセンはデンマーク人ですから，世界中で読まれている「みにくいアヒルの子」の話も「人魚姫」の話も，もともとはデンマーク語で書かれています。デンマーク語を勉強するとアンデルセンが書いた多くの童話を原文で味わうことができます。これはなかなか楽しいことだと思いませんか。

　アンデルセンの名前はAndersenと書かれ，これをデンマーク語風に発音するとdの文字を読まずに［アナセン］となります。デンマーク人の名前はこのアナセンのほか，Hansen［ハンセン］，Jensen［イェンセン］，Nielsen［ニルセン］，Rasmussen［ラスムセン］など「セン」で終わる苗字が多く，これだけでは誰が誰なのかわからなくなってしまいます。それで童話の作者アンデルセンの場合には，ハンス・クリスチャンというファーストネームの頭文字をつけてH.C. Andersen［ホー・セー・アナセン］というのが普通です。デンマークではラスムセンという名前の人が3代続けて首相を務めるという偶然も起きています。親子や親戚でもないのに面白いですね。

2．デンマーク語は見た目と違う？

　Andersenを［アナセン］と読んだように，読まない文字のせいでデンマーク語は見た目と聞いた感じが違うと思うかもしれません。文字と発音

の様子を，北欧の5つの国の名前を例にして見てみましょう。まずデンマークは Danmark［ダンマーク］です。スウェーデンは Sverige と書き，読み方を再現するなら［スヴェーアイ］が近いでしょうか。ノルウェーは Norge［ノーウェ］，フィンランドは Finland［フィンラン］，アイスランドは Island［イスラン］となります。land［ラン］は最後の d を発音していないのがわかりますね。land はここでは「国」という意味です。

　スウェーデン，ノルウェーの国名で最後の ge が「ゲ」となっていないことや，［スヴェーアイ］の中の「ア」はいったいどこから来ているのかなど，いろいろ気になったのではありませんか。母音の後に g の文字が出てきたら，読み方に少し注意が必要です（まったく読まない場合もあります）。また r の文字はいつも同じ発音というわけではなく，前後の文字によっていろいろ変わります。デンマーク語の発音が何やら厄介なのは，とくにこの r の文字が関係しているときのようだと誰もがうすうす感じています。

3．覚えておくと役立つ読み方

　あまり複雑になってはいけませんから，これを覚えておけば便利だという読み方を1つだけ紹介しましょう。

　語の最後の -er や -ere や -re は，口を大きく開けて［ア］と発音する。

　この規則はかなり使えます。というのも，語にいろいろな語尾がついて -er 等で終わることが多いからです。まず単語の意味は考えずに（一応右に書きましたが），カタカナを読んでみてください。spiser を［スピーセル］ではなく［スピーサ］と読めるようになれば，デンマーク語に慣れ親しんだ証拠です。

hedde［ヘゼ］	hedder［ヘザ］	「～という名前である」
spise［スピーセ］	spiser［スピーサ］	「食べる」
blomst［ブロムスト］	blomster［ブロムスタ］	「花」

pige［ピーエ］	piger［ピーア］	「女の子」
billig［ビリ］	billigere［ビリア］	「安い」
høj［ホイ］	højere［ホイア］	「高い」

4．簡単な自己紹介

ではデンマーク人とはじめて会ったとき，どんな言葉を交わすといいでしょうか。簡単な自己紹介を覚えましょう。

Goddag ! Jeg hedder Taro.［グデー　ヤイ　ヘザ　タロ］
　こんにちは，私は太郎です。
Jeg kommer fra Japan.［ヤイ　コマ　フラ　ヤーパン］
　私は日本から来ました。
Jeg er studerende.［ヤイ　エア　ストゥデーアネ］
　私は学生です。

「こんにちは」は goddag と一続きに書き，この挨拶は 1 日中いつでも使えます。発音からも英語の good day と似ていることがわかります。もっと気軽に Hej!［ハイ］と言うこともできます。jeg が「私」，hedder と kommer は動詞で，fra は「〜から」の意味です。
　ではこちらから相手に対して質問してみましょう。

Hvad hedder du?［ヴァ　ヘザ　ドゥ］お名前は何とおっしゃるのですか。
Hvor kommer du fra?［ヴォ　コマ　ドゥ　フラ］どちらのご出身ですか。
Hvad laver du?［ヴァ　レーワ　ドゥ］何をなさっているのですか。

hvad「何」，hvor「どこ」は英語の what, where に相当します。英語の wh- がデンマーク語では hv- となっています。du は「あなた」，動詞 laver は「する」の意味です。

5．挨拶をもう少し

Hvordan går det? ［ヴォダン　ゴー　デ］お元気ですか。
こう聞かれたら，「元気です」とつぎのように答えるとよいでしょう。

Tak, godt. ［タク　ゴト］または　Tak, fint. ［タク　フィーント］

Farvel ［ファヴェル］「さようなら」
Vi ses i morgen. ［ヴィ　セース　イモーン］「ではまた明日」

「こんにちは」で使った Hej ［ハイ］は別れるときにも使え，重ねて
Hej-hej ［ハイハイ］とも言います。vi は「私たち」，ses は「お互いに会
う」，i morgen は「明日」の意味です。

Mange tak! ［マンゲ　タク］または　Tak skal du have! ［タク　スカ
ドゥ　ハ］「ありがとうございます」

お礼を言うとき，Tak! だけではなく，上のように言った方が感謝の気
持ちが伝わります。

6．名詞の既知形「‐エン，‐エズ，‐ネ」

デンマーク語の名詞は共性と中性のどちらかの性を持っています。

共性名詞の例　en blomst ［エン　ブロムスト］「ある花」
　複数は blomster ［ブロムスタ］
中性名詞の例　et hus ［エト　フース］「ある家」
　複数は huse ［フーセ］

en と et は不定冠詞です。英語にはなかった文法で興味深いのは，既知
形という形があることです。これは「既に知られている」ものをいうとき

に使う形で，単数のときにはちょうど不定冠詞を後ろに付けるようにして作られます。複数のときには ne を加えます。

　blomsten［ブロムステン］「その花」
　　　複数は blomsterne［ブロムスタネ］
　huset［フーセズ］　　「その家」
　　　複数は husene［フーセネ］

7．定冠詞は「デン，デ，ディ」の3つ

　英語の the flower がデンマーク語では blomsten になるわけですから，既知形があればデンマーク語には定冠詞が必要ないと思われるかもしれません。でも，デンマーク語にも定冠詞は存在します！　「その大きな花」「その古い家」などのように名詞が形容詞を伴っているときには，名詞を既知形にしないで代わりに定冠詞を使います。単数共性，単数中性，複数が区別され，the に対応する定冠詞は3つあります。それぞれ den［デン］，det［デ］，de［ディ］です。

　den store blomst［デン　ストーア　ブロムスト］「その大きな花」
　　　複数のときは de store blomster［ディ　ストーア　ブロムスタ］
　det gamle hus［デ　ガムレ　フース］「その古い家」
　　　複数のときは de gamle huse［ディ　ガムレ　フーセ］

8．アンデルセンの童話の題名から

　アンデルセン童話の題名から既知形や定冠詞が使われている例を見てみましょう。
　まず既知形ですが，つぎの題名はどれも -en や -et や -ne で終わっています。

　Klokken「鐘」，Skyggen「影」，Sommerfuglen「ちょうちょう」，Snedronningen「雪の女王」，Fyrtøjet「火うち箱」，Grantræet「モミの木」，

Storkene「こうのとり」，Lysene「ろうそく」，Barnet i graven「墓の中の子ども」

「定冠詞＋形容詞＋名詞」という題名ではつぎのようのものが見つかりました。どれも den や det や de で始まっているのがわかりますね。

Den grimme ælling「みにくいアヒルの子」，Den lille havfrue「人魚姫」，Den standhaftige tinsoldat「しっかり者の錫の兵隊」，Det gamle hus「古い家」，De vilde svaner「野の白鳥」，De røde sko「赤い靴」

Det var så dejligt ude på landet.
［デ　ヴァ　ソ　ダイリト　ウーゼ　ポ　ラネズ］

これは「みにくいアヒルの子」の冒頭の文で，「田舎は素晴らしかった」という意味です。少なくとも最後の単語 landet が既知形であるということはわかります。land はここでは「田舎」という意味です。だんだんわかる範囲が広がっていきますので，楽しみにデンマーク語を勉強しましょう。

スウェーデン語入門　上倉あゆ子

1. アルファベットは26＋3＝29文字

　Hej! みなさん，こんにちは。スウェーデン語で「こんにちは」は Hej!
［ヘイ］と言います。簡単すぎて拍子抜けしてしまうかもしれませんね。
実は，もう少し丁寧な表現で God dag.［グ　ダー］という言い方もある
のですが，こちらはあまり使われていません。Hej! は，1日のどの時間帯
でも，相手が誰であっても使うことのできる，便利な表現です。スウェー
デン語というのはどのような言葉なのか，これから少し一緒に見ていきま
しょう。

　Hej! の最後に j がありますが，スウェーデン語では j は「ヤユヨ」に近
い音になります。例えば，「日本」のことは Japan と書いて［ヤーパン］
と読みます。「日本語」のことは japanska［ヤパンスカ］と言います。そ
うそう，肝心の「スウェーデン語」ですが，スウェーデン語では svenska
［スヴェンスカ］と言います。言語名は -ska という形になることがわかり
ますね。英語の Japanese や Swedish と違って，最初が大文字にはならな
いことに注意してください。

　ここまでに出てきた単語からわかるように，スウェーデン語では英語と
同じアルファベットを使います。しかし，英語のアルファベット26文字に
加えて，å, ä, ö という文字があるため，全部で29文字になります。辞書を
見るとわかりますが，å, ä, ö はアルファベットの最後にこの順番で並んで
います。これらの文字の読み方ですが，まず å は「オー」と読みます。ä
は「アー」に近い「エー」になります。ö は「オー」と「エー」の中間の
音になります。「オー」と言うつもりの口で「エー」と言ってみてくださ
い。スウェーデン語には，このように日本語にない音があったり，覚えな
くてはいけない文字と発音の関係のルールがあったりします。それらを覚
えてしまうまでは少し難しく感じるかもしれませんが，スウェーデン語は
発音が綴りにかなり忠実，つまり基本的にはローマ字のように書かれてい
る通りに読めばよいので，それほど難しいことはありません。

2．簡単な自己紹介

まずは自己紹介の表現を見てみましょう。

Jag heter Erik.［ヤー　ヘーテル　エーリック］
　私はエーリックといいます。

　jag が「私」，heter が「～という名前である」という意味です。jag は，
英語の I と違って，文の初めに来た時以外はすべて小文字で書かれます。
それから，最後の g は発音されないことが多いので［ヤー］という読み
方になります。Erik はスウェーデン人の男性の名前です。では，相手の
名前を尋ねたい時は，どう言ったらいいでしょうか。

　Vad heter du?［ヴァー　ヘーテル　ドゥー］　お名前は何と言いますか。

　vad は「何」，du は「あなた」という意味です。vad の最後の d は発音
されません。du の部分を han［ハン］「彼」や hon［ホン］「彼女」に替
えることもできます。

Vad heter han? - Han heter Karl.［ハン　ヘーテル　カール］
　彼はカールといいます。
Vad heter hon? - Hon heter Anna.［ホン　ヘーテル　アンナ］
　彼女はアンナといいます。

　heter というのは，heta［ヘータ］という動詞の現在形です。スウェー
デン語では，主語に合わせて動詞の形が変わることはありません。ですか
ら，現在の文であればすべて heter という形になります。vi［ヴィー］「私
たち」，ni［ニー］「あなたたち」，de［ドム］「彼ら，それら」のように，
主語が複数になっても同じです。英語の be 動詞にあたる語の現在形は är
［エー］といいますが，これも主語に関係なく，現在の文であればすべて

är になります。

Jag är japan.［ヤー　エー　ヤパーン］　私は日本人です。
Hon är student.［ホン　エー　ストゥデント］　彼女は学生です。
Han är lärare.［ハン　エー　ラーラレ］　彼は先生です。

「日本人」のことは japan［ヤパーン］といいます。この場合には，最初の j は小文字で書きます。前に出てきた国名の「日本」は Japan［ヤーパン］でしたね。発音が少し違うので注意しましょう。student は「学生」，lärare は「先生」のことです。

3．名詞の話を少しだけ

ところで，今出てきた japan や student といった名詞には冠詞がついていませんね。スウェーデン語には冠詞がないのでしょうか。いいえ，そうではなく，職業や国民などを表す時には冠詞がつかないというルールのため，ここではついていないだけなのです。スウェーデン語の名詞には共性と中性の2つの性があり，共性名詞には en［エン］が，中性名詞には ett［エット］が付きます。ここで出てきた japan, student, lärare はどれも共性名詞です。冠詞を付けると，en japan, en student, en lärare となります。中性名詞の例を挙げると，ett äpple［エッブレ］「リンゴ」, ett hus［ヒュース］「家」などがあります。名詞を覚える時には，冠詞もセットで覚える必要があります。共性か中性かを見分けるための厳密なルールは残念ながらありませんが，名詞のおよそ80％は共性であると言われています。

4．疑問文ではひっくりかえる

それでは，先に進んでもう少し他の表現も見てみましょう。

Var kommer du från?［ヴァール　コンメル　ドゥー　フロン］
　どちらのご出身ですか。
Jag kommer från Japan.［ヤー　コンメル　フロン　ヤーパン］

　　私は日本出身です。

　var は「どこ」，kommer は「来る」，från は「〜から」という意味です。相手に「スウェーデン出身ですか」と尋ねる場合は，つぎのようになります。

　Kommer du från Sverige?［コンメル　ドゥー　フロン　スヴァリエ］

　疑問文を作る時は，主語と動詞の順番が入れ替わります。動詞 kommer が文の初めに来て，つぎに主語の du が来ています。前に出てきた Var kommer du från? や Vad heter du? といった疑問文では，「どこ」「何」という言葉の後ろに疑問文が続いていることになります。「スウェーデン」のことはスウェーデン語で Sverige と言います。Kommer du från Sverige? という質問に対しては，つぎのような答が返ってくるかもしれません。

　Ja, jag kommer från Stockholm.
　　［ヤー，ヤー　コンメル　フロン　ストックホルム］
　　はい，私はストックホルム出身です。
　Nej, jag kommer från Finland.
　　［ネイ，ヤー　コンメル　フロン　フィンランド］
　　いいえ，私はフィンランド出身です。

　2つの文のそれぞれ最初にある ja は「はい」，nej は「いいえ」のことです。ストックホルムはスウェーデンの首都です。スウェーデン語はお隣の国フィンランドの公用語でもあります。スウェーデンとフィンランドが出てきましたから，他の北欧の国々の名前も見ておきましょう。デンマークは Danmark［ダンマルク］，ノルウェーは Norge［ノリエ］，そしてアイスランドは Island［イースランド］と言います。

5．便利な言葉「タック」

　それでは，知り合いになった人に「お元気ですか」と尋ねてみましょう。

Hur mår du?［ヒュール　モール　ドゥー］　お元気ですか。
Bara bra, tack!［バーラ　ブラー　タック］　はい，元気です。

　hur は「どのように」，mår は「気分が～である」という意味です。「お元気ですか」と尋ねる表現は他にもいくつかありますが，まずはこれを覚えておきましょう。返事の方ですが，bara は「～だけ」，bra は「よい」，tack は「ありがとう」という意味です。「元気ですよ。気にかけてくれてありがとう。」ということになります。tack は「ありがとう」としてだけでなく，何かをお願いする時の英語の please にあたる言葉としても使われます。買い物をする時などに便利なので，覚えておくとよいでしょう。スウェーデンでは，売店などで客と店員が互いに Tack! と言い合っている光景がよく見られます。感謝の気持ちを表す時には，Tack, tack!［タックタック］と2回繰り返したり，Tack så mycket!［タック　ソ　ミュッケ］「どうもありがとう」と言ったりもします。

　Tack så mycket! の mycket は，最後の t が発音されません。他にも，これまでに出てきた jag や vad のように，最後の文字が発音されない語がいくつかあります。しかし，これらは少し特殊な例で，他の多くの単語ではそういったことは起こりません。また，読まない字を含む単語は日常的によく使うものばかりですから，勉強していると何度も出てきてすぐに覚えられるでしょう。

　では，最後に別れのあいさつを勉強して終わりましょう。

　Hej då!［ヘイ　ドー］さようなら。Vi ses!［ヴィー　セース］また会いましょう。

ノルウェー語入門　森　信嘉

　ノルウェー語には「ブークモール（bokmål）」と「ニューノシュク（nynorsk）」と呼ばれる2種類の書き言葉があります。外国人としてノルウェー語を学ぶ場合には原則として「ブークモール」の方を学ぶことになりますので，ここでは「ブークモール」の紹介をします。

1．文字と発音

　原則としてローマ字通りに読みます。アルファベットは英語と同じですが，英語にない文字として "Æ/æ, Ø/ø, Å/å"（大文字と小文字）があります。この3文字の中ではÅ/åが一番簡単で，口を大きくあけて「オー」と発音するだけです：Skål!［スコール］「乾杯！」。つぎに簡単なのはÆ/æ です。口をやや広めに開ける「エ」に近い「ア」です：være［ヴァーレ］（be 動詞原形）。ちょっと大変なのがØ/ø ですが，「オ」と「エ」の中間のような音です。「エー」と言いながら舌の位置を変えないで唇を少しずつ丸めて「オー」というとこの音になります：øye［オイエ］「眼」。英語と同じように l と r の区別は大切です。ノルウェー語の r は巻き舌で，「サッポロラーメン，とろろ汁，トトロとタラちゃんとろろ汁，たらたらとろとろとろろ汁」と早口で何回も言っているうちに必ず発音できるようになります。「早口で」というところがポイントです。ただし，r + s の発音は基本的に「シャ・シュ・ショ」の音になります：norsk［ノシュク］「ノルウェー語」。

2．簡単な挨拶—出会いと別れ

　それでは簡単な挨拶を覚えましょう。まず，出会いの挨拶ですが，英語の Good day.「良い日」にあたる言葉で「こんにちは」を表します：

God dag.　こんにちは（god［ゴー］「良い」, dag［ダーグ］「日」）

　「やあ！　こんにちは」を簡単に言うなら，英語の Hi! にあたる Hei!［ハ

イ］でも構いません。また，「元気？」とか「ごきげんいかが？」と聞きたければ：

Hvordan går det? ごきげんいかがですか
（hvordan［ヴォルダン］「どのように」，går［ゴール］「行く，進む」，det［デー］「それ」）

と聞きましょう。ちょっと早く発音すると［ヴォーダン　ゴーデー］に聞こえます。英語の how go it にあたる語を用いますが，「一般的な状況（det）はどんな風に（hvordan）進んでいる（går）か」と尋ねています。この問いに答える時には：

Takk, bare bra.　ありがとう，元気です
（takk［タック］「ありがとう」，bare［バーレ］「〜だけ」，bra［ブラー］「良い，良く」）

と答えましょう。「ありがとうございます」と丁寧に言う時は takk の前に英語の thousand にあたる tusen［トューセン］「1000」を添えて Tusen takk.［トューセン タック］「ありがとうございます」と言います。しかし，「千回ありがとう」と言っているようなものですから，「元気？」の答えとしては少し大げさ過ぎますね。別れる時には：

Ha det bra! さようなら
（ha［ハー］「持っている」，det［デー］「それ」，bra［ブラー］「良い，良く」）

と言いましょう。これは「一般的な状況（det）を良い状態で（bra）持っていて（ha）くださいね」という意味ですが，bra を省略して Ha det!［ハー　デー］だけでもかまいません。覚えておくと便利な別れの言葉としては Vi ses!［ヴィー　セース］「また会おうね」とか Vi mailes!［ヴィ

ー メイレス］「メール，出しっこしようね」（vi ［ヴィー］「私たち」, ses ［セース］「お互いに会う」, mailes ［メイレス］「お互いにメールを出す」） という表現もあります。

3．知り合いになる

挨拶をしたら自己紹介をして，相手のことも聞いてみましょう。名前を聞く時には：

ヴァー ヘーテル ドゥー
Hva heter du? お名前は何ですか？
（hva ［ヴァー］「なに」, heter ［ヘーテル］「〜と呼ばれている」, du ［ドゥー］「あなた，君」）
と言えばいいですし，この問いに対しては，

ヤイ ヘーテル トール
Jeg heter Tor. トールといいます。
（jeg ［ヤイ］「わたし」, Tor「トール（人名）」）
と答えればよいです。

Tor の代わりに自分の名前を入れれば「私は〜という名前です」と言うことになります。
そして，相手の出身を聞く場合には：

ヴォール アル ドゥー フラ
Hvor er d u fra? ご出身はどちらですか？
（hvor ［ヴォール］「どこ」, er ［アル］（英語の be 動詞の現在形ですが英語のように主語に合わせて am/ are/ is と形が変わることはありません）, fra ［フラ］「〜から」）

という表現があります。
この問いに対しては：

ヤイ アル フラ ノ ル ゲ
Jeg er fra Norge. ノルウェー出身です。

（Norge［ノルゲ］「ノルウェー」）

と答えられるかもしれません。もし「私は日本出身です」と言いたければ：

Jeg er fra Japan.（Japan［ヤーパン］「日本」）

と答えればすんでしまいます。jeg［ヤイ］「わたし」や du［ドゥー］「あなた」の代わりに han［ハン］「かれ」，hun［フン］「かのじょ」，vi［ヴィー］「私たち」，dere［デーレ］「あなたがた」，de［ディー］「かれら」などの言葉を使えばいろいろな表現が可能になります。さて，ここでクイズです。以下の文はどういう意味でしょうか？　初めて出てくる単語が2語だけありますが，og［オ］は英語の and，eller［エッレル］は or にあたります（答えは286ページの下にあります。ヒント：普通の文の主語と動詞の位置をかえると疑問文になります）。

1）Vi er fra Japan.　［ヴィ　アル　フラ　ヤーパン］
2）Hvor er dere fra?　［ヴォール　アル　デーレ　フラ］
3）Hva heter han?　［ヴァー　ヘーテル　ハン］
4）Han heter Tor og han er fra Norge.
　　［ハン　ヘーテル　トール　オ　ハン　アル　フラ　ノルゲ］
5）Er dere fra Tokyo eller fra Osaka?
　　［アル　デーレ　フラ　トーキョー　エッレル　フラ　オーサカ］

英語の yes にあたる語は ja［ヤー］で no にあたる語は nei［ナイ］です。また，否定文にする場合には英語の not にあたる ikke［イッケ］を使います。Oslo［オスロ（地名）］はノルウェーの首都です。

Heter han Tor?［ヘーテル　ハン　トール］
　彼の名前はトールですか？

Ja, han heter Tor.［ヤー，ハン　ヘーテル　トール］
はい彼の名前はトールです。

Er hun fra Oslo?［アル　フン　フラ　オスロ］
彼女はオスロ出身ですか？

Nei, hun er ikke fra Oslo.［ナイ，フン　アル　イッケ　フラ　オスロ］
いいえ，彼女はオスロ出身ではありません。

4．数字

外国に行った場合まず必要になるのが数字の知識かも知れません。飛行機や列車の時刻を聞いたり，値段を尋ねたりする際に必ず必要になります。知っておくと便利ですので，1から12まで覚えましょう。

1 en（エン），2 to（トゥー），3 tre（トゥレー），4 fire（フィーレ），5 fem（フェム），6 seks（セックス），7 sju（シュー），8 åtte（オッテ），9 ni（ニー），10 ti（ティー），11 elleve（エルヴェ），12 tolv（トル）

5．北欧5ヶ国の名称

最後になりましたが北欧5ヶ国の名称は以下の通りです：
デンマーク Danmark［ダンマルク］／スウェーデン Sverige［スヴァーリエ］／ノルウェー Norge［ノルゲ］（ブークモール）・Noreg［ノーレグ］（ニューノシュク）／フィンランド Finland［フィンラン］／アイスランド Island［イースラン］

【285ページの問題の答え】
1）わたしたちは日本出身です。
2）あなたがたはどこ出身ですか？
3）かれの名前は何ですか？
4）かれはトールという名前でノルウェー出身です。
5）あなたがたは東京出身ですか，それとも大阪出身ですか？

フィンランド語入門　　吉田欣吾

　まず北欧の国々の名前を確認しながら，フィンランド語の発音を勉強してみましょう。

　Tanska［タンスカ］，Ruotsi［ルオッツィ］，
　Norja［ノルヤ］，Islanti［イスランティ］

　Norja が「ノルウェー」，Islanti が「アイスランド」だということは簡単にわかりますね。最初の Tanska が「デンマーク」，そして Ruotsi は「スウェーデン」のことです。それでは一番大切な「フィンランド」は何と言うのでしょうか。答えは Suomi［スオミ］です。フィンランド語では「フィンランド」のことを Suomi と呼びます。
　もうお気づきのように，フィンランド語は発音が簡単です。いわゆるローマ字読みをして，語の最初を強めに発音すれば必ず通じます。Norja に出てくる j は「ヤユヨ」の音を表します。また，Ruotsi に出てくる ts は［ッツァ，ッツィ，ッツ，ッツェ，ッツォ］と発音すればよいでしょう。

1．挨拶と自己紹介

　それでは，簡単な挨拶を勉強しましょう。

　Hyvää päivää!［ヒュヴァー　パイヴァー］　こんにちは。

　y は唇を丸めて突き出しながら［イ］と発音する音です。［ユ］のように聞こえるかもしれません。ä は見慣れない文字ですが，［エ］を発音するつもりで［ア］と言ってください。hyvää は「よい」，päivää は「日」という意味です。ほかにも「おはよう」「こんばんは」などという表現がありますが，覚えておくと一番便利なのは Hei!［ヘイ］という挨拶です。これはいつ人と会っても使えますし，逆に別れるときにも使えるので便利な表現です。別れるときには Hei hei!［ヘイヘイ］と 2 度繰り返すとよい

かもしれません。Hei! や Hei hei! の代わりに Moi! ［モイ］や Moi moi! も
よく使われます。それでは簡単な自己紹介ができるようにしましょう。

Minun nimi on Mika.［ミヌン　ニミ　オン　ミカ］
　私の名前はミカです。

minun が「私の」，nimi が「名前」，on が「〜です」という意味です。
Mika はフィンランドにもある名前ですが，ただし男性の名前です。名前
を言った後に Hauska tavata.［ハウスカ　タヴァタ］「お会いできてうれ
しいです」と言うとよいかもしれません。

Minä olen japanilainen.［ミナ　オレン　ヤパニライネン］
　私は日本人です。

olen が「私は〜です」という意味なので，実は minä「私」は省略する
こともできます。「日本」は Japani［ヤパニ］と言いますが，-lainen をつ
けて japanilainen とすると「日本人」になります。皆さんが opiskelija［オ
ピスケリヤ］「学生」ならば，Olen opiskelija「私は学生です」と自己紹介
ができます。

2．簡単な質問

それでは相手にも少し質問をしてみましょう。

Oletko sinä suomalainen?［オレットゥコ　シナ　スオマライネン］
　あなたはフィンランド人ですか。

「私は〜です」は olen でしたが，olet は「あなたは〜です」という意味
です（ですから，sinä「あなた」はやはり省略することができます）。ま
た，日本語の「〜か」に当たる印が -ko なので，oletko で「あなたは〜で
すか」という質問になります。-ko のついた語を必ず文の頭に持ってきま

す。suomalainen は「フィンランド人」のことです。

　Kuka hän on?［クカ　ハン　オン］　彼／彼女は誰ですか。

　最初の kuka は「誰ですか」という質問をする語です。hän は「彼／彼女」という意味で男にも女にも使います。フィンランド語には「彼」と「彼女」の区別はありません。

　Hän on Muumipeikko.［ハン　オン　ムーミペイッコ］
　　彼はムーミンです。

　フィンランド語では「ムーミン」のことを Muumi，あるいは Muumipeikko（「ムーミントロール」）と言います。uu のように同じ文字が 2 つ書かれていたら［ウー］と長く発音します。簡単ですね。peikko は森の中などに住む小人や妖精などのことです。

3．ムーミンはどこにいる？

　Missä on Muumipeikko?［ミッサ　オン　ムーミペイッコ］
　　ムーミンはどこにいますか。

　「どこに／どこで」と居場所を尋ねたいときに使うのが missä という語です。on には「〜です」という意味だけではなく「いる／ある」という意味もあります。

　Hän on Muumilaaksossa.［ハン　オン　ムーミラークソッサ］
　　彼はムーミン谷にいます。

　Muumilaakso は Muumi「ムーミン」と laakso「谷」からできています。最後についている -ssa という印が「〜に／で」という居場所を表す印なので，laaksossa で「谷に／で」という意味になります。こんなふうにフ

ィンランド語では語の後ろに印をつけていきます。日本語と同じですね。

4．ムーミンはどこから来る？

　今度は「どこから」という質問をしてみましょう。「どこから」は Mistä［ミスタ］と言います。tulee［トゥレー］「来る」という語を使ってみましょう。

　　Mistä Muumipeikko tulee?［ミスタ　ムーミペイッコ　トゥレー］
　　　ムーミンはどこから来ますか。
　　Hän tulee Muumilaaksosta.［ハン　トゥレー　ムーミラークソスタ］
　　　彼はムーミン谷から来ます。

　さて，「〜から」の印は何でしょうか。laaksosta を見ればわかりますね。-sta が「〜から」という出発点を表す印です。「〜に／で」という居場所を表す印が -ssa，そして「〜から」という出発点を表す印が -sta です。

5．ムーミンはどこへ行く？

　「どこに／どこで」が Missä，「どこから」が Mistä でしたが，「どこへ」という質問をするときには Mihin［ミヒン］という語を使います。

　　Mihin Muumipeikko menee?［ミヒン　ムーミペイッコ　メネー］
　　　ムーミンはどこへ行きますか。

　menee は「行く」という意味です。それでは，ムーミンはどこへ行くのでしょうか。

　　Hän menee Muumilaaksoon.［ハン　メネー　ムーミラークソーン］
　　　彼はムーミン谷へ行きます。

　さて，「〜へ」の印は何ですか。laakso「谷」が laaksoon となって「谷

へ」という目的地を表わす形になっています。ですから，「〜へ」の印は-on のようですね。でも，Japani［ヤパニ］「日本」を「日本へ」という形にすると Japaniin［ヤパニーン］となり，Norja［ノルヤ］「ノルウェー」を「ノルウェーへ」という意味にすると Norjaan［ノルヤーン］となります。さて，「〜へ」の形はどうやって作ればよいのでしょうか。

　上の３つに共通していることは，こういうことです。「語の最後の音を伸ばして（つまり，同じ文字をもう１つ書いて）-n をつける。」これが「〜へ」という形の作り方です。それでは koulu［コウル］「学校」を「学校へ」という意味にするとどうなりますか。「最後の音 -u を伸ばして -n をつける」のですから，正解は kouluun［コウルーン］ですね。

6．どこに・どこから・どこへ

　それでは場所を表す３つの形をまとめておきましょう（ハイフン「-」は実際には書きません）。

　　laakso-ssa「谷に／で」
　　Japani-ssa「日本に／で」
　　Norja-ssa「ノルウェーに／で」
　　koulu-ssa「学校に／で」

　　laakso-sta「谷から」
　　Japani-sta「日本から」
　　Norja-sta「ノルウェーから」
　　koulu-sta「学校から」

　　laakso-on「谷へ」
　　Japani-in「日本へ」
　　Norja-an「ノルウェーへ」
　　koulu-un「学校へ」

　こんなふうに，語の後ろにいろいろな印をつけていくのがフィンランド語の特徴です。よく考えてみれば，これは日本語の考え方とまったく同じだと言えます。それでは sauna「サウナ」という語を3つの形に変えてみてください（ちなみに「サウナ」という語はフィンランド語から世界へ広がったということをご存知でしたか）。それでは正解です。

　saunassa「サウナに／で」
　saunasta「サウナから」
　saunaan「サウナへ」

　ここまで読んでいただくと気がついたかもしれませんが，フィンランド語には英語などにある「冠詞」というものはありません。それに発音もとても簡単でローマ字読みをすれば問題ありませんので，フィンランド語は勉強しやすい言語かもしれません。でも，英語などとは文法も単語も違う点が多いので，その点では勉強しにくいかもしれませんね。
　ここまで読んでくださった皆さんには Kiitos［キートス］「ありがとう」と言っておきましょう。それでは最後に別れの挨拶も確認しましょう。Näkemiin!［ナケミーン］「さようなら」や Tavataan!［タヴァターン］「また会いましょう」などいろいろな表現がありますが，とにかく簡単なのはつぎの表現でした。

　Hei hei!［ヘイ　ヘイ］　じゃあ，またね！

column アイスランド語への誘い―寄り道は語学の楽しみ

● 宮城　学

　世界で最も男女の格差が小さい，識字率が100％，独特な景観，世界レベルのサッカーなどなど。皆さんの中にはさまざまな理由でアイスランドという北欧の島国に魅かれ，いつかはアイスランド語がわかるようになりたいと思っている方がきっといることでしょう。ある国や文化に興味を持つと，その言葉を学んでみたいと思うのはごく自然なことです。ところが，いざ始めてみると予想以上に手ごわく，学習が思い通りに進まないということもあるかもしれません。見慣れない文字，口のどこを使ったらそんな風に出せるのかと思えるような「奇妙な」音の数々，ページをめくってもめくっても変化表ばかり，いつの間にか教科書を開くこともなくなり，ついにはその国への興味さえもなくなってしまうことも。しかしながらこれはいわば語学の宿命みたいなもので，決して学習者のせいではありません。まして皆さんがものにしたいと思っているのは表現豊かなアイスランド語。うまくいかないことも多いでしょう。行き詰まるのは当たり前。行き詰まったら少し肩の力を抜いて「寄り道」すればよいのです。

　私も若いころアイスランド語に魅かれ学習を始めましたが，やはり慣れない音に戸惑い，複雑な文法につまずきました。幸い，ことばの歴史的な側面に関心があったため，苦手な発音や文法に疲れても，いつでも「遊ぶ」ことができました。アイスランド語のhlusta という語から，英語の listen の語頭にかつて h があったということを知る喜びもまたアイスランド語に向かう大きなエネルギーとなったのです。御存知のように，アイスランド語は系統的にはデンマーク語，スウェーデン語，ノルウェー語といった他の北欧語はもちろん，英語やドイツ語とも親戚関係にあります。しかも大げさに言えば１千年前とほとんど変わっていないので，他の姉妹言語がすでに捨ててしまった特徴が随所に見られます。これもアイスランド語のもつ大きな魅力であり，この恩恵にあずかることは私にとってアイスランド語を学ぶ上での最高の寄り道（逃げ道？）となったわけです。これなら，たとえうまく発音できなくても，複雑な語形変化がきちんと覚えられなくてもアイスランド語を堪能することができますから。ところで先ほどの hlustaですが，その後学習が進み，いや寄り道が多くなり，hr-, hl-, hn- で始まる語の h は，英語でしばしば脱落しているということがわかりました（これは言語学でいう「語頭音

消失」という現象で，よく見られる言語変化だそうです）。

　いつの間にか音が入れ替わってしまっている例もあります。たとえばアイスランド語の疑問詞は全て hv- で始まりますが，対応する英語の wh- を見ると文字が置き換わってしまっているのがわかります（v と w は元来同じものです）。歴史的に見てアイスランド語の方が本来の姿を継承していますので，英語では何かの理由で入れ替わったのでしょう。この hv- と wh- の関係は hvítur（英 white「白」），hveiti（英 wheat「小麦」）など，疑問詞以外でも見られますので皆さん御自分で探してみてはいかがでしょうか。ちなみに「小麦」は「白」と関係があるかもしれないと，どこかで読んだことが……うーん，また寄り道してしまいそうです。

　ところで，アイスランド語には ský という語があります。語形から英語の sky「空」との関連が予想できますが，この ský という語，実は「空」ではなく「雲」という意味なのです。つまり英語では「雲」の意味の sky が入って「空」を意味するようになり，それまで「空」を意味していた heaven が宗教的な「空」に追いやられたというわけです。このように語の変化は形だけにとどまらず，語の意味も時間の流れの中で変わってしまうことをアイスランド語は教えてくれます。こうした意味の変化は sky のように主に他の言語からの流入によってしばしば起こるようです。英語の hound「猟犬」は，dog が入ってくるまでは「犬」全般を指していたことがアイスランド語の hundur「犬」から分かりますし，また deer も今では「鹿」という意味ですが，アイスランド語の dýr から判断して本来「動物」だったようです。どうやら外来語の流入によって元の語の意味が狭められるケースが多いかもしれません。ところで kona「女性」は他の北欧でも同系の語が広く用いられていますが，一体英語の何に対応するのだろうかと思い，語源辞典を紐解いたところ，なんと queen「女王」と quean「娼婦」！　「女王」と「娼婦」とはまた極端。いやいや，やはり「寄り道」はやめられませんね。

　インターネットやスマホなど，ことばを調べたり，言語を学んだりする道具や環境は昔に比べて格段に良くなってきました。しかし，学習する「方法」は変わっても学習する「内容」は昔も今も変わらない気がします。やはり単語を覚え，文法を習得するのが学習の中心でしょう。流暢に話したり，スラスラと本が読めるようになったりするのには，それなりに根気や忍耐が要求されます。しかし，語学の目的がなんであれ，その過程にはいろいろな「楽しみ」があります。各駅停車に乗って窓の外を眺め，ときには小さな駅で途中下車しながら，のんびりことばの旅を楽しむのもいいものです。あっちに

ふらふら，こっちにふらふら。皆さんも寄り道をしながら魅力あるアイスランド語を学んでみてはいかがでしょうか。

ハットルグリムス教会

各章の推薦図書

第1章の推薦図書
『アイスランド・グリーンランド・北極を知るための65章』小澤実／中丸禎子／
　　高橋美野梨編，明石書店，2016.
『ノルウェーを知るための60章』大島美穂／岡本健志編，明石書店，2014.
『デンマークを知るための68章』村井誠人編，明石書店，2009.
『スウェーデンを知るための60章』村井誠人編，明石書店，2009.
『フィンランドを知るための44章』百瀬宏／石野裕子編，明石書店，2008.
『ノルウェーの社会』村井誠人／奥島孝康編，早稲田大学出版部，2004.

第2章の推薦図書
「スウェーデンの文化政策と分権型評価システム」『芸術文化の公共政策』後藤和
　　子，勁草書房，119-140，1998.
「フィンランド芸術振興法の特徴」『文化権の確立に向けて』小林真理，勁草書房，
　　156-177，2004.
『北欧協力の展開』五月女律子，木鐸社，2004.
『北欧社会の基層と構造1―3』K. ハストロプ編（菅原邦城／熊野聰／早野勝巳
　　／清水育男／新谷俊裕／田辺欧訳），東海大学出版会，1996.
『世界の歴史と文化　北欧』百瀬宏／村井誠人監修，新潮社，1996.
『ムーミン谷の名言集』トーベ・ヤンソン／ユッカ・パルッキネン（渡部翠訳），
　　講談社，1998.
『エクセレントデンマーク・ラビング』Vol. 1-10，デンマーク大使館，2001-2018.
『エクセレントスウェーデン・ケアリング』Vol. 1～20，スウェーデン大使館，
　　1998-2018.
『エクセレントノルウェー・イコール』Vol. 1-5，ノルウェー大使館，2004-2008.
『エクセレントフィンランド・シス』Vol. 1-7，フィンランド大使館，2000-2012.

第3章の推薦図書
『北欧史』百瀬宏／熊野聰／村井誠人編，山川出版社，1998.
『デンマークの歴史』橋本淳編，創元社，1999.
『ヴァイキングの世界』熊野聰監修，朝倉書店，1999.
『バイキングの歴史』B. アルムグレン編（蔵持不三也訳），原書房，1990.

第4章の推薦図書
『物語　フィンランドの歴史』石野裕子，中公新書，2017.
『フィンランドを世界一に導いた100の社会改革　フィンランドのソーシャル・
　　イノベーション』イルッカ・タイパレ編著（山田眞知子訳），公人の友社，
　　2008.

『フィンランド現代政治史』マルッティ・ハイキオ（岡澤憲芙監訳／藪長千乃訳），早稲田大学出版部，2003.
『平和構築の仕事　フィンランド前大統領アハティサーリとアチェ和平交渉』カトゥリ・メリカリオ（脇坂紀行訳），明石書店，2007.
『北欧史』百瀬宏／熊野聰／村井誠人編，山川出版社，1998.
『北欧現代史』百瀬宏，山川出版社，1980.
『フィンランドを知るための44章』百瀬宏／石野裕子編著，明石書店，2008.
『フィンランドの知恵　中立国家の歩みと現実』マックス・ヤコブソン（北詰洋一訳），サイマル出版会，1990.
「フィンランドにおける言語と統合」吉田欣吾，岡澤憲芙／村井誠人編著『北欧世界のことばと文化』成文堂，164-184，2007.

第5章の推薦図書

『スウェーデン右往左往』三瓶恵子，ジェトロ，1993.
『物語北欧の歴史』武田龍夫，中央公論新社，1993.
『福祉国家の闘い―スウェーデンからの教訓』武田龍夫，中央公論新社，2001.
『「ノーマライゼーションの父」N・E・バンク-ミケルセン』花村春樹訳・著，ミネルヴァ書房，1994.

第6章の推薦図書・ウェブサイト

『スウェーデンに学ぶ「持続可能な社会」』小澤徳太郎，朝日新聞社（朝日選書792），2006.
環境問題スペシャリスト「小澤徳太郎のブログ　2007年1月1日―」http://blog.goo.ne.jp/backcast2007
『北欧のエネルギーデモクラシー』飯田哲也，新評論，2000.
『ナチュラル・チャレンジ』カール＝ヘンリック・ロベール（高見幸子訳），新評論，1998.

第7章の推薦図書

『北欧協力の展開』五月女律子，木鐸社，2004.
『国際連合―軌跡と展望』明石康，岩波新書，2006.
『新国連論』神余隆博，大阪大学出版会，1995.
『ODAの正しい見方』草野厚，ちくま新書，1997.

第8章の推薦図書

『生きるための知識と技能6―OECD生徒の学習到達度調査（PISA）2015年調査　国際結果報告書』国立教育政策研究所，明石書店，2016.
『教員環境の国際比較―OECD国際教員指導環境調査（TALIS）2013年調査結果報告書』国立教育政策研究所，明石書店，2014.

『PISAから見る、できる国・頑張る国2─未来志向の教育を目指す：日本』経済
　協力開発機構（OECD），明石書店，2012.
『インクルージョンの時代─北欧発「包括」教育理論の展望』ペーテル・ハウグ
　／ヤン・テッセブロー（二文字理明監訳），明石書店，2004.
『バイリンガルろう教育の実践─スウェーデンからの報告』鳥越隆士／グニラ・
　クリスターソン，全日本ろうあ連盟出版局，2003.
『フィンランドはもう学力の先を行っている─人生につながるコンピテンス・ベ
　ースの教育』福田誠治，亜紀書房，2012.

第9章の推薦図書

『北欧のことば』カーカー／リンドグレン／レーラン共編（山下泰文／森信嘉／
　福井信子／吉田欣吾訳），東海大学出版会，2001.
『ことばへの権利』言語権研究会編，三元社，1999.
『バイリンガルろう教育の実践─スウェーデンからの報告』鳥越隆士／グニラ・
　クリスターソン，全日本ろうあ連盟出版局，2003.
『消えゆく言語たち』ダニエル・ネトル／スザンヌ・ロメイン（島村宣男訳），新
　曜社，2001.
『講座　世界の先住民族─ファースト・ピープルの現在』綾部恒雄監修，原聖／
　庄司博史編，明石書店，2005.
『「言の葉」のフィンランド─言語地域研究序論』吉田欣吾，東海大学出版会，
　2008.

第10章の推薦図書

『北欧文学の世界』山室静，東海大学出版会，1969.
『デンマーク文学史』早野勝己監訳，ビネバル出版，1993.
『アイスランド・サガ』谷口幸男訳，新潮社，1979.
『デンマーク文学作品集』牧野不二雄監修，東海大学出版会，1976.
『現代北欧文学18人集』谷口幸男編，新潮社，1987.
『ノーベル賞文学全集』主婦の友社，1970-1976.
『イプセン戯曲全集』原千代海訳，未来社，1989.
『図説フィンランドの文学』カイ・ライティネン（小泉保訳），大修館書店，1993.

第11章の推薦図書

『子どもの本は世界の架け橋』イェラ・レップマン（森本真実訳），こぐま社，
　2002.
『アンデルセン』安達忠夫，清水書院，2007.
『昔話入門』小澤俊夫，ぎょうせい，1997.
『ピッピの生みの親アストリッド・リンドグレーン』三瓶恵子，岩波書店，1999.

第12章の推薦図書

『読書を支えるスウェーデンの公共図書館：文化・情報へのアクセスを保障する空間』小林ソーデルマン淳子／吉田右子／和気尚美，新評論，2012.

『パパと怒り鬼』グロー・ダーレ（大島かおり／青木順子訳），ひさかたチャイルド，2011.

『文化を育むノルウェーの図書館：物語・ことば・知識が踊る空間』マグヌスセン矢部直美／吉田右子／和気尚美，新評論，2013.

『うばわないで！　子ども時代―気晴らし・遊び・文化の権利（子どもの権利条約第31条）』増山均／齋藤史夫編著，新日本出版社，2012.

『北欧の舞台芸術』毛利三彌／立木鷰子編著，三元社，2011.

『デンマークのにぎやかな公共図書館―平等・共有・セルフヘルプを実現する場所』吉田右子，新評論，2010.

『フィンランド公共図書館：躍進の秘密』吉田右子／小泉公乃／坂田ヘントネン亜希，新評論，2019.

第13章の推薦図書

『エッダ―古代北欧歌謡集』谷口幸男訳，新潮社，1973.

『巫女の予言―エッダ詩校訂本』シーグルズル・ノルダル（菅原邦城訳），東海大学出版会，1993.

『北欧神話と伝説』グレンベック（山室静訳），新潮社，1971.

『北欧神話物語』K・クロスリー・ホランド（山室静・米原まり子訳），青土社，1983.

『世界の神々の事典』松村一男監修，学研，2004.

『世界の神話101』吉田敦彦編，新書館，2000.

『図解北欧神話』池上良太，新紀元社，2007.

第14章の推薦図書

『図説・北欧の建築遺産―都市と自然に育まれた文化』伊藤大介，河出書房新社，2010.

『アスプルンドの建築 1885-1940』吉村行雄／川島洋一，TOTO 出版，2005.

『アールトとフィンランド―北の風土と近代建築』伊藤大介，丸善，1990.

『北欧インテリア・デザイン』島崎信／柏木博ほか，平凡社，2004.

第15章の推薦図書

『北欧のことば』カーカー／リンドグレン／レーラン共編（山下泰文／森信嘉／福井信子／吉田欣吾訳），東海大学出版会，2001.

『印欧語の故郷を探る』風間喜代三，岩波書店，1993.

『世界の言語入門』黒田龍之介，講談社，2008.

『ゲルマン語入門』清水誠，三省堂，2012.

第16章の推薦図書
『言語学大辞典』亀井孝ほか編著，三省堂，1988-2001.
『フィンランド語文法読本』小泉保，大学書林，1983.
『フィンランド語のすすめ　初級』佐久間淳一，研究社，2004.
『サーミ語の基礎』吉田欣吾，大学書林，1996.
『北欧のことば』，カーカー／リンドグレン／レーラン共編（山下泰文／森信嘉／
　　福井信子／吉田欣吾訳），東海大学出版会，2001.

第17章の推薦図書
【デンマーク語入門】
『デンマーク語のしくみ』鈴木雅子，白水社，2009.
『旅の指さし会話帳31　デンマーク』鈴木雅子，情報センター出版局，2002.
『ニューエクスプレスプラス　デンマーク語』三村竜之，白水社，2018.
『ゼロから話せるデンマーク語』荒川明久，三修社，2006.
『世界の言語シリーズ10　デンマーク語』新谷俊裕／ Thomas Breck Pedersen ／
　　大辺理恵，大阪大学出版会，2014.

【スウェーデン語入門】
『スウェーデン語の基本単語　文法＋基本単語3000』松浦真也，三修社，2010.
『ニューエクスプレスプラス　スウェーデン語』速水望，白水社，2018.
『スウェーデン語文法』山下泰文，大学書林，1990.
『スウェーデン語基礎1500語』菅原邦城／ Claes Garlén 編，大学書林，1987.
『旅の指さし会話帳30　スウェーデン』岡戸紀美代，情報センター出版局，2002.
『世界の言語シリーズ12　スウェーデン語』清水育男／ウルフ・ラーション／當
　　野能之，大阪大学出版会，2016.

【ノルウェー語入門】
『ニューエクスプレスプラス　ノルウェー語』青木順子，白水社，2018.
『まずはこれだけノルウェー語』荒川明久，国際語学社，2007.
『ノルウェー語文法入門―ブークモール』森信嘉，大学書林，1990.
『ノルウェー語基礎1500語』森信嘉編，大学書林，1990.

【フィンランド語入門】
『旅の指さし会話帳35　フィンランド』青木エリナ，情報センター出版局，2002.
『CD付フィンランド語が面白いほど身につく本』栗原薫／マルユットゥ・コウリ，
　　中経出版，2002.
『フィンランド語会話練習帳』庄司博史，大学書林，1987.
『ゼロから話せるフィンランド語』千葉庄寿，三修社，2007.
『フィンランド語のしくみ《新版》』吉田欣吾，白水社，2014.
『フィンランド語文法ハンドブック』吉田欣吾，白水社，2010.
『フィンランド語トレーニングブック』吉田欣吾，白水社，2013.
『ニューエクスプレスプラス　フィンランド語』山川亜古，白水社，2018.

図書案内

　北欧に関して日本語で読める図書の代表的なものをまとめておきます。興味のある分野について少しずつ読み進めてください。

- ●概説書（北欧・デンマーク・スウェーデン・ノルウェー・フィンランド・アイスランド・サーミ）
- ●歴史（北欧史・バイキング史・デンマーク史・スウェーデン史・ノルウェー史・フィンランド史・アイスランド史）
- ●社会福祉／社会保障
- ●男女平等
- ●環境
- ●外交／国際貢献／地域協力
- ●教育
- ●多文化・多言語の共生／文化政策
- ●経済／労働など
- ●文学史／文学研究
- ●神話／民話／伝承
- ●デザイン／建築／美術
- ●音楽
- ●映画／舞台芸術
- ●言語（北欧言語の概説・デンマーク語・スウェーデン語・ノルウェー語・フィンランド語・アイスランド語・サーミ語）
- ●体験記／エッセー／北欧を舞台とする作品など（デンマーク・スウェーデン・ノルウェー・フィンランド・アイスランド）
- ●日本語に翻訳された文学作品（北欧・デンマーク・スウェーデン・ノルウェー・フィンランド・アイスランド）
- ●日本語に翻訳された若者・児童向け文学作品（デンマーク・スウェーデン・ノルウェー・フィンランド）
- ●日本語に翻訳された絵本（デンマーク・スウェーデン・ノルウェー・フィンランド・アイスランド）
- ●日本語に翻訳されたミステリー小説

　『図書名』／編著者／（訳者）／出版社／出版年の順に掲載してあります。また，図書の一部を挙げる場合には「その章の名称」／その章の著者／図書全体の編著者／『図書名』／出版社／出版年／掲載ページの順に掲載しました。最後に，たとえば［デ］と書かれている場合には，その図書では主にデンマークのことが扱われていることを意味します。

●概説書

・北欧

『北欧文化事典』北欧文化協会／バルト＝スカンディナヴィア研究会／北欧建築・デザイン協会編集，丸善出版，2017.

『世界幸福度ランキング上位13ヵ国を旅してわかったこと』マイケ・ファン・デン・ボーム（畔上司訳），集英社インターナショナル，2016.

『限りなく完璧に近い人々　なぜ北欧の暮らしは世界一幸せなのか？』マイケル・ブース（黒田眞知訳），KADOKAWA，2016.

『北欧学のフロンティア　その成果と可能性』岡澤憲芙編著，ミネルヴァ書房，2015.

『北欧世界のことばと文化』岡澤憲芙／村井誠人編著，成文堂，2007.

『北欧　あたらしい教科書12』あたらしい教科書編集部編，プチグラパブリッシング，2007.

『北欧を知るための43章』武田龍夫，明石書店，2001.

『北欧が見えてくる』武田龍夫編，サイマル出版会，1997.

『北欧−読んで旅する世界の歴史と文化』百瀬宏／村井誠人監修，新潮社，1996.

『北欧社会の基層と構造1〜3』K・ハストロプ編，東海大学出版会，1996.

『北欧−その素顔との対話』武田龍夫，中央公論社，1995.

『北方民族文化誌（上）（下）』オラウス・マグヌス（谷口幸男訳），渓水社，1991-1992.

『われら北欧人』W．ブラインホルスト（矢野創／服部誠訳），東海大学出版会，1986.

・デンマーク

『デンマーク幸福研究所が教える「幸せ」の定義』マイク・ヴァイキング（枇谷玲子訳），晶文社，2018.

『デンマーク　共同社会の歴史と思想』小池直人，大月書店，2017.

『女神フライアが愛した国　偉大な小国デンマークが示す未来』佐野利男，東海大学出版部，2017.

『政治思想家としてのグルントヴィ』オヴェ・コースゴー（清水満訳），新評論，2016.

『グルントヴィ哲学・教育・学芸論集3 ホイスコーレ　（上）・（下）』N.F.S. グルントヴィ（小池直人訳），風媒社，2014-2015.

『機能主義刑法学の理論―デンマーク刑法学の思想』松澤伸，信山社，2001.

『生者の国―デンマークに学ぶ全員参加の社会』スティーヴン・ボーリシュ（難波克彰監修），新評論，2011.

『デンマークを知るための68章』村井誠人編，明石書店，2009.

『福祉国家デンマークのまちづくり―共同市民の生活空間』小池直人／西英子，かもがわ出版，2007.

『グルントヴィ　デンマーク・ナショナリズムとその止揚』ハル・コック（小池直人訳），風媒社，2007.

『デンマークの歴史・文化・社会』浅野仁他編，創元社，2006.

『デンマークのユーザー・デモクラシー――福祉・環境・まちづくりから見る地方分

権社会』朝野賢司他，新評論，2005.
『デンマークを探る』（改訂版）小池直人，風媒社，2005.
『生活形式の民主主義—デンマーク社会の哲学』ハル・コック（小池直人訳），花
　伝社，2004.
『少子化をのりこえたデンマーク』湯沢雍彦，朝日新聞社，2001.
『エクセレントデンマーク・ラビング』Vol. 1〜10，デンマーク大使館，2001-
　2018.

・スウェーデン
『スウェーデン・モデル：グローバリゼーション・揺らぎ・挑戦』岡澤憲芙／斉
　藤弥生，彩流社，2016.
『スウェーデンの構造改革』穴見明，未来社，2010.
『スウェーデンを知るための60章』村井誠人編，明石書店，2009.
『スウェーデンの政治』岡澤憲芙，東京大学出版会，2009.
『スウェーデン—自律社会を生きる人びと』岡沢憲芙／中間真一編，早稲田大学
　出版部，2006.
『スウェーデンハンドブック（第 2 版）』岡澤／宮本編，早稲田大学出版部，2004.
『スウェーデン・スペシャル　I・II・III』藤井威，新評論，2002.
『スウェーデンの政治』『スウェーデンの経済』『スウェーデンの社会』岡澤／奥
　島編，早稲田大学出版部，1994.
『スウェーデン右往左往』三瓶恵子，ジェトロ，1993.
『エクセレントスウェーデン・ケアリング』Vol. 1〜20，スウェーデン大使館，
　1998-2018.

・ノルウェー
『ノルウェーを知るための60章』大島美穂／岡本健志編著，明石書店，2014.
『ノルウェーの政治』『ノルウェーの経済』『ノルウェーの社会』岡澤／奥島／村
　井編，早稲田大学出版部，2004.
『エクセレントノルウェー・イコール』Vol. 1〜5，ノルウェー大使館，2004-2008.

・フィンランド
『フィンランドを知るためのキーワード A to Z』日本フィンランドデザイン協会
　／萩原健太郎，ネコ・パブリッシング，2019.
『フィンランドの幸せメソッド　SISU シス』カトヤ・パンツァル（柳澤はるか訳），
　方丈社，2018.
『国家がよみがえるとき—持たざる国であるフィンランドが何度も再生できた理
　由』古市憲寿／トゥーッカ・トイボネン，マガジンハウス，2015.
『フィンランド人が語るリアルライフ—光があれば影もある』ツルネン・マルテイ，
　新評論，2014
『フィンランド中学校現代社会教科書—15歳　市民社会へのたびだち』タルヤ・
　ホンカネン／ヘイッキ・マルヨマキ／エイヤ・パコラ／カリ・ラヤラ著（髙
　橋睦子監訳・監修），明石書店，2011.
『フィンランドを知るための44章』百瀬宏／石野裕子編著，明石書店，2008.

『フィンランド　豊かさのメソッド』堀内都喜子，集英社，2008.
『フィンランドを世界一に導いた100の社会改革　フィンランドのソーシャル・イ
　　ノベーション』イルッカ・タイパレ（山田眞知子訳），公人の友社，2008.
『フィンランド・テーブル』日本フィンランド協会，2000.
『エクセレントフィンランド・シス』Vol. 1～7，フィンランド大使館，2000-2012.

・アイスランド
『アイスランド・グリーンランド・北極を知るための65章』小澤実／中丸禎子／
　　高橋美野梨編著，明石書店，2016.
『地震と火山の島国　極北アイスランドで考えたこと』島村英紀，岩波ジュニア
　　新書，2001.

・サーミ
『北欧サーミの復権と現状（先住民族の社会学)』小内透編著，東信堂，2018.
『サーミ人についての話』ヨハン・トゥリ（吉田欣吾訳），東海大学出版会，2002.

●歴史
・北欧史
『北海・バルト海の商業世界』斯波照雄／玉木俊明編，悠書館，2015.
『ハンザ「同盟」の歴史　中世ヨーロッパの都市と商業』高橋理，創元社，2013.
『小国―歴史にみる理念と現実』百瀬宏，岩波書店，2011.
『北欧初期社会の研究　ゲルマン的共同体と国家』熊野聰，未来社，1986.
『日本人は北欧から何を学んだか』吉武信彦，新評論，2003.
『北欧史』百瀬宏／熊野聰／村井誠人編，山川出版社，1998.
『北欧の外交』武田龍夫，東海大学出版会，1998.
『物語北欧の歴史』武田龍夫，中公新書，1993.
『白夜の国ぐに』武田龍夫，中公新書，1985.
『嵐の中の北欧』武田龍夫，中公文庫，1985.
『北欧現代史』百瀬宏，山川出版社，1980.

・バイキング史
『ヴァイキングの歴史　実力と友情の社会』熊野聰（小澤実解説）創元社，2017.
『ヴァイキング時代百科事典』ジョン・ヘイウッド（伊藤盡監訳　村田綾子訳），
　　柊風舎，2017.
『ヴァイキングの暮らしと文化』レジス・ボワイエ（熊野聰監修，持田智子訳），
　　白水社，2001.
『ヴァイキング時代』角谷英則，京都大学出版会，2006.
『悲劇のヴァイキング遠征』マッツ・G・ラーション（荒川明久訳），新宿書房，
　　2004.
『ヴァイキングの経済学』熊野聰，山川出版社，2003.
『ヴァイキングと都市』H.クラーク／B.アンブロシアーニ（角谷英則訳），東海
　　大学出版会，2001.
『ヴァイキングの考古学』ヒースマン姿子，同成社，2000.

『ヴァイキングの世界』熊野聰監修，朝倉書店，1999.
『サガから歴史へ』熊野聰，東海大学出版会，1994.
『ヴァイキング』イヴ・コア（谷口幸男監修），創元社，1993.
『ヴァイキング』ヨハネス・ブレンステッズ（荒川明久／牧野正憲訳），人文書院，
　　1988.
『ヴァイキング　世界史を変えた海の戦士』荒正人，中央公論社，1968.
『ヴァイキングの歴史』グウィン・ジョーンズ（笹田公明訳），恒文社，1987.
『ヴァイキングの世界』ジャクリーヌ・シンプソン（早野勝巳訳），東京書籍，
　　1982.
『ノルマン人―その文明学的考察』R.H.C. デーヴィス（柴田忠作訳），刀水書房，
　　1981.
『ヴァイキング・サガ』プェルトナー（木村寿夫訳），法政大学出版局，1981.

・デンマーク史
『デンマークという国を創った人びと "信頼" の国はどのようにして生まれたの
　　か』ケンジ・ステファン・スズキ，合同出版，2014.
『デンマークの光と影―福祉社会とネオリベラリズム』鈴木優美，リベルタ出版，
　　2010.
『デンマークの歴史教科書』イェンス・オーイェ・ポールセン（銭本隆行訳），明
　　石書店，2013.
『デンマーク国民をつくった歴史教科書』ニコリーネ・マリーイ・ヘルムス（村
　　井誠人／大溪太郎訳），彩流社，2013.
『日本・デンマーク文化交流史　1600-1873』長島要一，東海大学出版会，2007.
『甦る古代人―デンマークの湿地埋葬』P. V. グロブ（荒川明久／牧野正憲訳），刀
　　水書房，2002.
『デンマークの歴史』橋本淳編，創元社，1999.
『デンマークの歴史』ヘリエ・サイゼリン（高藤直樹訳），ビネバル出版，1995.

・スウェーデン史
『日本・スウェーデン交流150年：足跡といま、そしてこれから』日瑞150年委員
　　会編集，岡澤憲芙監修，彩流社，2018.
『スウェーデン議会史』スティーグ・ハデニウス（岡沢憲芙監訳，木下淑恵／渡
　　辺慎二訳），早稲田大学出版部，2008.
『近世スウェーデンの貿易と商人』レオス・ミュラー（玉木／根本／入江訳），嵯
　　峨書院，2006.
『スウェーデン絶対王政研究』入江幸二，知泉書館，2005.
『物語スウェーデン史―バルト大国を彩った国王，女王たち』武田龍夫，新評論，
　　2003.
『スウェーデン現代政治史』スティーグ・ハデニウス（岡沢憲芙監訳，秋朝礼恵
　　／木下淑恵訳），早稲田大学出版部，2000.

・ノルウェー史
『日本・ノルウェー交流史』小森宏美，早稲田大学出版部，2007.

『ノルウェーの歴史』Ø.ステーネシェン／I.リーベク（岡沢憲芙監訳，小森宏美訳），早稲田大学出版部，2005.
『ノルウェーと第二次世界大戦』オーラヴ・リステ編著（池上佳助訳），東海大学出版会，2003.

・フィンランド史
『日本とフィンランドの出会いとつながり』ユハ・サウナワーラ／鈴木大路郎，大学教育出版，2019.
『物語　フィンランドの歴史』石野裕子，中央公論新社，2017.
『「大フィンランド」思想の誕生と変遷―叙事詩カレワラと知識人』石野裕子，岩波書店，2012.
『世界史のなかのフィンランドの歴史―フィンランド中学校近現代史教科書』ハッリ・リンタ＝アホ／マルヤーナ・ニエミ／パイヴィ・シルタラ＝ケイナネン／オッリ・レヒトネン，（百瀬宏監訳・監修，高瀬愛／石野裕子訳），明石書店，2011.
「Ⅰ　小国の歩み」百瀬宏／石野裕子編著『フィンランドを知るための44章』明石書店，2008，47-114.
『フィンランドの歴史』デイヴィッド・カービー（百瀬宏／石野裕子監訳，東眞理子／小林洋子／西川美樹訳），明石書店，2008.
『フィンランド現代政治史』マルッティ・ハイキオ（岡沢憲芙監訳，藪長千乃訳），早稲田大学出版部，2003.
『フィンランド初代公使滞日見聞録』グスタフ・ヨン・ラムステット（坂井玲子訳），日本フィンランド協会，1987.

・アイスランド史
『アイスランド小史』グンナー・カールソン（岡澤憲芙監訳，小森宏美訳），早稲田大学出版部，2002.

●社会福祉／社会保障
『ひとりで暮らす，ひとりを支える　フィンランド高齢者ケアのエスノグラフィー』高橋絵里香，青土社，2019.
『市場化のなかの北欧諸国と日本の介護　その変容と多様性』斉藤弥生／石黒暢編著，大阪大学出版会，2018.
『転機にたつフィンランド福祉国家―高齢者福祉の変化と地方財政調整制度の改革』横山純一，同文舘出版，2019.
『北欧ケアの思想的基盤を掘り起こす』浜渦辰二編，大阪大学出版会，2018.
『富山は日本のスウェーデン　変革する保守王国の謎を解く』井手英策，集英社，2018.
『スウェーデン・デザインと福祉国家：住まいと人づくりの文化史』太田美幸，新評論，2018.
『フィンランドのネウボラに学ぶ　母子保健のメソッド　子育て世代包括支援センターのこれから』横山美江／トゥオヴィ・ハクリネン編集，医歯薬出版，2018.

『北欧福祉国家は持続可能か──多元性と政策協調のゆくえ』K・ペーターセン／
　　S・クーンレ／P・ケットネン編集（大塚陽子／上子秋生監訳），ミネルヴァ
　　書房，2017.
『日本とフィンランドにおける子どものウェルビーイングへの多面的アプローチ
　　──子どもの幸福を考える』松本真理子編著，明石書店，2017.
『デンマークの認知症ケア国家戦略』小磯明，同時代社，2016.
『デンマークに学ぶ介護専門職の養成』成清美治，学文社，2016.
『スウェーデンにおける社会的包摂の福祉・財政』藤岡純一，中央法規，2016.
『ネウボラ　フィンランドの出産・子育て支援』髙橋睦子，かもがわ出版，2015.
『イケアとスウェーデン：福祉国家イメージの文化史』サーラ・クリストッフェ
　　ション（太田美幸訳），新評論，2015.
『デンマークの選択・日本への視座』野口典子編著，中央法規，2014.
『海を渡ってきたわが子　韓国の子どもを育てたスウェーデン人の親たち　9編
　　の実話』キム・スコグルンド編著（坂井俊樹監訳，徐凡喜訳），梨の木舎，
　　2013.
『あたりまえの暮らしを保障する国デンマーク：DVシェルター・子育て環境』上
　　野勝代ほか編著，ドメス出版，2013.
『フィンランドの高齢者ケア──介護者支援・人材養成の理念とスキル』笹谷春美,
　　明石書店，2013.
『スウェーデンの老人ホーム　日本型ユニットケアへの警鐘』岡田耕一郎／岡田
　　浩子，環境新聞社シルバー新報編集部，2011.
『スウェーデン「住み続ける」社会のデザイン』水村容子，彰国社，2013.
『スウェーデン　高齢者福祉改革の原点：ルポルタージュからの問題提起』イー
　　ヴァル・ロー＝ヨハンソン（西下彰俊／兼松麻紀子／渡辺博明編訳），新評
　　論，2013.
『スウェーデン保育の今　テーマ活動とドキュメンテーション』白石淑江／水野
　　恵子，かもがわ出版，2013.
『地方自治体と高齢者福祉・教育福祉の政策課題──日本とフィンランド』横山純
　　一，同文舘出版，2012.
『世界の保育保障　幼保一体改革への示唆』椋野美智子／藪長千乃編，法律文化
　　社，2012.
『スウェーデンにおける医療福祉の舞台裏──障害者の権利とその実態』河本佳子,
　　新評論，2012.
『政治のなかの保育：スウェーデンの保育制度はこうしてつくられた』バルバー
　　ラ・マルティン＝コルピ（太田美幸訳），かもがわ出版，2010.
『ノーマライゼーションが生まれた国・デンマーク』野村武夫，ミネルヴァ書房,
　　2004.
『少子化をのりこえたデンマーク』湯沢雍彦編，朝日新聞社，2001.
『デンマークの高齢者が世界一幸せなわけ』澤渡夏代ブラント，大月書店，2009.
『わたしだって，できるもん！』リンダ・リッレヴィーク文，シェル・オーヴェ・
　　ストールヴィーク写真（井上勢津訳，深海久美子手話監修，村越陽菜手話イ
　　ラスト），新評論，2009［ノ］.
『ニルスの国の高齢者ケア──エーデル改革から15年後のスウェーデン』藤原瑠美,

308

ドメス出版，2009.

『高齢者の孤独──25人の高齢者が孤独について語る』ビアギト・マスン／ピーダ・オーレスン編（石黒暢訳），新評論，2008［デ］.

『スウェーデンの高齢者ケア　その光と影を追って』西下彰俊，新評論，2007.

『スウェーデンの認知症高齢者と介護』ブリット＝ルイーズ・アブラハムソン（ハンソン友子訳，天野マキ監修），ノルディック出版，2006.

『スウェーデンの知的障害者──その生活と対応策』河本佳子，新評論，2006.

『スウェーデンの知的障害者福祉の実践──コミュニティでの暮らしを支えるサービスと支援』田代幹康，久美出版，2006.

『日本の理学療法士が見たスウェーデン──福祉先進国の臨床現場をレポート』山口真人，新評論，2006.

『フィンランド福祉国家の形成：社会サービスと地方分権改革』山田眞知子，木鐸社，2006.

『スウェーデンの高齢者福祉──過去・現在・未来』ペール・ブルメー／ピルッコ・ヨンソン（石原俊時訳），新評論，2005.

『地方自治土曜講座ブックレット No. 104　働き方で地域を変える〜フィンランド福祉国家の取り組み』山田眞知子，公人の友社，2005.

『デンマークの高齢者福祉と地域居住──最期まで住み切る住宅力・ケア力・地域力』松岡洋子，新評論，2005.

『MINERVA 福祉ライブラリー78　情報社会と福祉国家──フィンランド・モデル──』マニュエル・カステル／ペッカ・ヒマネン（髙橋睦子訳），ミネルヴァ書房，2005.

『スウェーデンのスヌーズレン──世界で活用されている障害者や高齢者のための環境設定法』河本佳子，新評論，2003.

『福祉国家という戦略──スウェーデンモデルの政治経済学』宮本太郎，法律文化社，2001.

『スウェーデンの作業療法士──大変なんです，でも最高に面白いんです』河本佳子，新評論，2000.

『新しい高齢者住宅と環境──スウェーデンの歴史と事例に学ぶ』ヤン・ポールソン（今井和夫／石黒暢訳），鹿島出版会，2000.

『福祉国家の再検討　日本政治総合研究所叢書4』白鳥令編，新評論，2000［デ・ス・フ］.

『国境を越えた子どもたち　国際養子縁組の家族』今西乃子，あかね書房，2000［フ］.

『北欧の知的障害者　思想・政策と日常生活』J・テッセブローほか（二文字理明監訳），青木書店，1999.

『「ノーマライゼーションの父」N・E・バンク-ミケルセン』花村春樹訳・著，ミネルヴァ書房，1998［デ］.

●男女平等

『ウーマン・イン・バトル　自由・平等・シスターフッド！』イェニー・ヨルダル／マルタ・ブレーン（枇谷玲子訳），合同出版，2019.

『北欧に学ぶ小さなフェミニストの本』サッサ・ブーレグレーン（枇谷玲子訳），

岩崎書店，2018.

『北欧旅行記』メアリ・ウルストンクラフト（堀出稔訳），金星堂，2018.

『はじめてのジェンダー論』加藤秀一，有斐閣，2017.

『女も男も生きやすい国、スウェーデン』三瓶恵子，岩波書店，2017.

『ジェンダー・クオータ─世界の女性議員はなぜ増えたのか』三浦まり／衛藤幹子編著，明石書店，2014.

『男女機会均等社会への挑戦：【新版】おんなたちのスウェーデン』岡沢憲芙，彩流社，2014.

『スウェーデン男女平等の起点と到達点　フレドリカ・ブレーメル』中山庸子，ノルディック出版，2012.

『ウルストンクラフトの北欧からの手紙（叢書・ウニベルシタス）』メアリ・ウルストンクラフト（石幡直樹訳），法政大学出版局，2012.

『スウェーデンの少子化対策　家族政策の展開と男女共同参画社会への挑戦』谷沢英夫，日本評論社，2012.

『ノルウェーを変えた髭のノラ─男女平等社会はこうしてできた』三井マリ子，明石書店，2010.

『恋愛と結婚』エレン・ケイ（小野寺信／小野寺百合子訳），新評論，1997.

『スウェーデンの女性と男性─ジェンダー平等のためのデータブック〈2006〉』スウェーデン中央統計局（福島利夫訳），ノルディック出版，2008.

『女たちのスウェーデン─“仕事も子供も”が可能な国」に40年』レグランド塚口淑子，ノルディック出版，2006.

『フィンランドにおける性的ライフスタイルの変容─3世代200の自分史による調査研究』エリナ・パーヴィオ - マンニラ／オスモ・コントゥラ／アンナ・ロトキルヒ（橋本紀子監訳），大月書店，2006.

『フィンランドのジェンダー・セクシュアリティと教育』橋本紀子，明石書店，2006.

『ロウヒのことば　フィンランド　女性の視角からみた民俗学（上）（下）』アイリ・ネノラ／センニ・ティモネン（目菟ゆみ訳），文理閣，2002-2003.

『仕事と家族と幸福感　北欧・東欧5大都市の比較研究』エリナ・ハーヴィオ - マンニラ（橋本紀子／橋本美由紀／森口藤子訳），大月書店，2001［フ］.

『女性の自立と子どもの発達』橋本紀子，群羊社，1982［フ］.

● 環境

「アイスランド：オイルショックから地熱へ。地域社会と共生する地熱利用大国」長谷川明子／木村誠一郎，諏訪亜紀編集，『コミュニティと共生する地熱利用：エネルギー自治のためのプランニングと合意形成』学芸出版，2018.

『人にやさしい都市づくり　環境先進国の取り組み』長谷川三雄，八千代出版，2016［デ・ス］.

『スウェーデンの環境都市政策』山下潤，古今書院，2015.

『ロラン島のエコ・チャレンジ　デンマーク発，100％自然エネルギーの島』ニールセン北村朋子，野草社，2012.

『スウェーデンは放射能汚染からどう社会を守っているのか』（高見幸子／佐藤吉宗共訳），合同出版，2012.

『デンマークという国　自然エネルギー先進国〈風のがっこう〉からのレポート
　　増補版』ケンジ・ステファン・スズキ，合同出版，2006.
『ディープ・エコロジーの原郷：ノルウェーの環境思想』尾崎和彦，東海大学出
　　版会，2006.
『北欧の自然環境享受権』石渡利康，高文堂出版社，1995.
『スウェーデンに学ぶ「持続可能な社会」　安心と安全の国づくりとは何か』小澤
　　徳太郎，朝日新聞社，2006.
『スウェーデンの持続可能なまちづくり―ナチュラルステップが導くコミュニテ
　　ィ改革』サラ・ジェームズ／トルビョーン・ラーティ（高見幸子監訳・編著），
　　新評論，2006.
『エネルギーと私たちの社会―デンマークに学ぶ成熟社会』ヨアン・S．ノルゴー
　　／ベンテ・L．クリステンセン（飯田哲也訳），新評論，2002.
『北欧のエネルギーデモクラシー』飯田哲也，新評論，2000.
『デンマークの環境に優しい街づくり』福田成美，新評論，1999.
『ナチュラル・チャレンジ―明日の市場の勝者となるために』カール＝ヘンリク・
　　ロベール（高見幸子訳），新評論，1998［ス］.

●外交／国際貢献／地域協力
『欧州統合とスウェーデン政治』五月女律子，日本経済評論社，2013.
「フロンティアからみた北欧・EU 関係」吉武信彦，山内進編『フロンティアのヨ
　　ーロッパ』国際書院，2008.
『現代欧州統合の構造』白鳥浩，芦書房，2008.
「欧州統合の中の北欧諸国」吉武信彦，田中／小久保／鶴岡編『EU の国際政治』
　　慶応大学出版会，2007.
『平和構築の仕事―フィンランド前大統領アハティサーリとアチェ和平交渉』カ
　　トゥリ・メリカリオ（脇阪紀行訳），明石書店，2007.
『国民投票と EU 統合―デンマーク・EU 関係史』吉武信彦，勁草書房，2005.
「EU と北欧諸国」大島美穂，森井裕一編『国際関係の中の拡大 EU』信山社，
　　2005.
『北欧協力の展開』五月女律子，木鐸社，2004.
「平和を模索する地域協力―北欧協力の場合」大島美穂，小柏葉子／松尾雅嗣編
　　『アクター発の平和学』法律文化社，2004.
「北欧諸国の対外政策と対ヨーロッパ政策」五月女律子，坂井一成ほか編『ヨー
　　ロッパ統合の国際関係論』芦書房，2003.
「中立・非同盟諸国とヨーロッパの再編成」吉武信彦，植田隆子編『現代ヨーロ
　　ッパの国際政治』岩波書店，2003.［ス］
「ノルウェーと欧州連合の難しい関係」ヒェル・エリアセン（石塚真理訳），植田
　　隆子編『二一世紀の欧州とアジア』勁草書房，2002.
『下位地域協力と転換期国際関係』百瀬宏編，有信堂高文社，1996［ス］.
『環バルト海　地域協力のゆくえ』百瀬宏／志摩園子／大島美穂，岩波新書，
　　1995.
『ヨーロッパ小国の国際政治』百瀬宏，東京大学出版会，1990［ノ・フ］.
『フィンランドの知恵　中立国家の歩みと現実』マックス・ヤコブソン（北詰洋

一訳），サイマル出版会，1990.

『フィンランドの外交政策』M・ヤコブソン（上川洋訳），日本国際問題研究所，
　　1979.

『フィンランド化』塚本哲也，教育社，1978.

●教育

『フィンランドの教育はなぜ世界一なのか』岩竹美加子，新潮社，2019.

『ノルウェーのサーメ学校に見る先住民族の文化伝承　ハットフェルダル・サー
　　メ学校のユニークな教育』長谷川紀子，新評論，2019.

『北欧スウェーデン発　科学する心を育てるアウトドア活動事例集　五感を通し
　　て創造性を伸ばす』C.ブレイジ（西浦和樹編訳），北大路書房，2019.

『デンマークで保育士　デンマークの子どもたちからもらったステキな時間』遠
　　藤祐太郎，ビネバル出版，2018.

『転換期と向き合うデンマークの教育』谷雅泰編著，ひとなる書房，2017.

『デンマークの教育を支える「声の文化」　オラリティに根ざした教育理念』児玉
　　珠美，新評論，2016.

『北欧スウェーデン発　森の教室　生きる知恵と喜びを生み出すアウトドア教育』
　　A.シェパンスキー／L.O.ダールグレン／S.ショーランデル編著（西浦和樹
　　／足立智昭訳），北小路書房，2016年.

『スウェーデンにおける高校の教育課程改革―専門性に結び付いた共通性の模
　　索』本所恵，新評論，2016.

『世界で最もクリエイティブな国デンマークに学ぶ　発想力の鍛え方』クリスチ
　　ャン・ステーディル／リーネ・タンゴー（関根光宏／山田美明訳），クロス
　　メディア・パブリッシング，2014.

『世界の保育保障―幼保一体改革への示唆』椋野美智子／藪長千乃，法律文化社，
　　2012.

『デンマークの教育に学ぶ』江口千春（ダム雅子訳），かもがわ出版，2010.

『幼児のための環境教育―スウェーデンからの贈りもの「森のムッレ教室」』岡部
　　翠編，新評論，2007.

『児童の世紀』エレン・ケイ（小野寺信／小野寺百合子訳），冨山房，1979.

『スウェーデン　保育から幼児教育へ―就学前学校の実践と新しい保育制度』白
　　石淑江，かもがわ出版，2009.

『21世紀の保育モデル―オランダ・北欧幼児教育に学ぶ』島田教明／辻井正編著，
　　株式会社オクターブ，2008.

『北欧教育の秘密―スウェーデンの保育園から就職まで』遠山誓央，柘植書房新
　　社，2008.

『北欧福祉諸国の就学前保育』山田敏，明治図書，2007.

『世界に学ぼう！　子育て支援―デンマーク・スウェーデン・フランス・ニュー
　　ジーランド・カナダ・アメリカに見る子育て環境』汐見稔幸編著，フレーベ
　　ル館，2003.

『コルの「子どもの学校論」』クリステン・コル（清水満編訳），新評論，2007
　　〔デ〕.

『デンマークの子育て・人育ち』澤渡夏代ブラント，大月書店，2005.

『福祉の国は教育大国　デンマークに学ぶ生涯教育』小島ブンゴード孝子，丸善ブックス，2004.

『光を求めて　デンマークの成人教育500年の歴史』オーヴェ・コースゴー（川崎一彦監訳，高倉尚子訳），東海大学出版会，1999.

『生のための学校　デンマークで生まれたフリースクール「フォルケホイスコーレ」の世界』［改訂新版］清水満編，新評論，1996.

『ライブ！　スウェーデンの中学校―日本人教師ならではの現場リポート』宇野幹雄，新評論，2004.

『スウェーデンののびのび教育あるがまま』河本佳子，新評論，2002.

『あなた自身の社会―スウェーデンの中学教科書』アーネ・リンドクウィスト／ヤン・ウェステル（川上邦夫訳），新評論，1997.

『フィンランドは教師の育て方がすごい』福田誠治，亜紀書房，2009.

『フィンランドの先生　学力世界一のひみつ』R. ヤック‐シーヴォネン／H. ニエミ（関隆晴／二文字理明監訳），桜井書店，2008.

『かもがわブックレット169　フィンランドに学ぶべきは「学力」なのか！』佐藤隆，かもがわ出版，2008.

『教育立国フィンランド流　教師の育て方』増田ユリア，岩波書店，2008.

『子どもたちに「未来の学力」を』福田誠治，東海教育研究所，2008［フ］.

『フィンランドの教育力―なぜ，PISAで学力世界一になったのか』リッカ・パッカラ，学習研究社，2008.

『平等社会フィンランドが育む未来型学力』ヘイッキ・マキパー（髙瀬愛翻訳監修），明石書店，2007.

『フィンランドの理科教育　高度な学びと教員養成』鈴木誠編著，明石書店，2007.

『NHK　未来への提言　オッリペッカ・ヘイノネン「学力世界一がもたらすもの」』オッリペッカ・ヘイノネン／佐藤学，日本放送出版協会，2007［フ］.

『格差をなくせば子どもの学力は伸びる』福田誠治，亜紀書房，2007［フ］.

『朝日選書797　競争やめたら学力世界一　フィンランド教育の成功』福田誠治，朝日新聞社，2006.

『未来への学力と日本の教育③フィンランドに学ぶ教育と学力』庄井良信／中嶋博編著，明石書店，2005.

『『ニルス』に学ぶ地理教育―環境社会スウェーデンの原点』村山朝子，ナカニシヤ出版，2005.

『北欧の消費者教育―「共生」の思想を育む学校でのアプローチ』北欧閣僚評議会（大原明美訳），新評論，2003［フ］.

『インクルージョンの時代―北欧発「包括」教育理論の展望』ペーテル・ハウグ／ヤン・テッセブロー（二文字理明監訳），明石書店，2004［ノ］.

『いじめの国際比較―日本・イギリス・オランダ・ノルウェーの調査分析』森田洋司監修，金子書房，2001.

● 多文化・多言語の共生／文化政策

『フィンランド公共図書館：躍進の秘密』吉田右子／小泉公乃／坂田ヘントネン亜希，新評論，2019.

『多文化社会の社会教育　公民館・図書館・博物館がつくる「安心の居場所」』渡辺幸倫編著，明石書店，2019［デ・フ］.

『アイスランド・グリーンランド・北極を知るための65章』小澤実／中丸禎子／高橋美野梨編，明石書店，2016.

「言語的リージョナリズム（愛郷主義）」岡本健志，大島美穂／岡本健志編著『ノルウェーを知るための60章』明石書店，2014，128-132.

「オーロラのもとでの生活」鵜沢加那子，大島美穂／岡本健志編著『ノルウェーを知るための60章』明石書店，2014，137-141.

「ノルウェーの移民政策」岩﨑昌子，大島美穂／岡本健志編著『ノルウェーを知るための60章』明石書店，2014，173-178.

『文化を育むノルウェーの図書館』マグヌスセン矢部直美／吉田右子／和気尚美編著，新評論，2013.

『読書を支えるスウェーデンの公共図書館』小林ソーデルマン淳子／吉田右子／和気尚美編著，新評論，2012.

『デンマークのにぎやかな公共図書館』吉田右子，新評論，2010.

『学力世界一を支えるフィンランドの図書館』西川馨編著，教育資料出版会，2008.

「スウェーデンのろう学校より」ケーシュティン・オールソン，佐々木倫子監修，全国ろう児をもつ親の会編『バイリンガルでろう児は育つ』生活書院，2008，119-131.

「サーミ」庄司博史，綾部恒雄監修，原聖／庄司博史編『講座　世界の先住民族―ファースト・ピープルの現在― 06　ヨーロッパ』明石書店，2005，58-75.

「フェロー諸島」海保千暁，綾部恒雄監修，原聖／庄司博史編『講座　世界の先住民族　06　ヨーロッパ』明石書店，2005，40-57.

「スウェーデン語系フィンランド人」高橋絵里香，綾部恒雄監修，原聖／庄司博史編『講座　世界の先住民族　06　ヨーロッパ』明石書店，2005，76-91.

「グリーンランド・フェーロー諸島」高橋美野梨，村井誠人編著『デンマークを知るための68章』明石書店，2009，47-54.

「デンマークの移民問題」浅沼道子，村井誠人編著『デンマークを知るための68章』明石書店，2009，120-125.

「先住民サーミの人びと」山川亜古，村井誠人編著『スウェーデンを知るための60章』明石書店，2009，61-67.

「フィンランドのスウェーデン語系フィンランド人」吉田博明，村井誠人編著『スウェーデンを知るための60章』明石書店，2009，77-81.

「スウェーデンの移民政策」小池克憲，村井誠人編著『スウェーデンを知るための60章』明石書店，2009，262-267.

『「言の葉」のフィンランド―言語地域研究序論』吉田欣吾，東海大学出版会，2008.

「スウェーデン語系住民の地位」遠藤美奈，百瀬宏／石野裕子編著『フィンランドを知るための44章』明石書店，2008，129-135.

「先住民・サーミの人々」山川亜古，百瀬宏／石野裕子編著『フィンランドを知るための44章』明石書店，2008，143-149.

「フィンランドにおける言語と統合」吉田欣吾，岡澤憲芙／村井誠人編著『北欧世界のことばと文化』成文堂，2007，164-184.
「多文化社会の言語的人権を保障する学校教育―先住民族サーミの人々と母語教育・文化継承」山川亜古，庄井良信／中嶋博編著『未来への学力と日本の教育③フィンランドに学ぶ教育と学力』明石書店，2005，202-233.
『文化権の確立に向けて』小林真理，勁草書房，2004［フ］.
『バイリンガルろう教育の実践―スウェーデンからの報告』鳥越隆士／グニラ・クリスターソン，全日本ろうあ連盟出版局，2003.
『芸術文化の公共政策』後藤和子，勁草書房，1998［ス］.

●経済／労働など
『NOKIA　復活の軌跡』リスト・シラスマ（渡部典子訳），早川書房，2019.
『欧州郵政事業論』立原繁／栗原啓，東海大学出版会，2019［デ・ス・ノ・フ］.
『福祉国家の観光開発：北欧の新産業戦略と日本』藪長千乃／藤本祐司編著，彩流社，2018.
『政治経済の生態学―スウェーデン・日本・米国の進化と適応』スヴェン・スタインモ（山崎由希子訳），岩波書店，2017.
『世界と日本の漁業管理　政策・経営と改革』小松正之，成山堂書店，2017［ノ，ア］.
『トヨタ研究からみえてくる福祉国家スウェーデンの社会政策』猿田正機，ミネルヴァ書房，2017.
『「緑の成長」の社会的ガバナンス：北欧と日本における地域・企業の挑戦』長岡延孝，ミネルヴァ書房，2014.
『レゴの本　創造力をのばす魔法のブロック』ヘンリー・ヴィンセック（成川善継訳），復刊ドットコム，2012.
『北欧モデル　何が政策イノベーションを生み出すのか』翁百合／西沢和彦／山田久／湯元健治，日本経済新聞出版社，2012.
『アイスランドからの警鐘―国家破綻の現実』アウスゲイル・ジョウンソン（安喜博彦訳），新泉社，2012.
『ミュルダールの経済学　福祉国家から福祉世界へ』藤田菜々子，NTT出版，2010.
『スウェーデン・パラドックス』湯元健治／佐藤吉宗，日本経済新聞社，2010.
『オウルの奇跡　フィンランドのITクラスター　地域の立役者たち』ミカ・クルユ（末延弘子／ユッカ・ビータネン訳），新評論，2008.
『比較経済社会学―フィンランド・モデルと日本モデル』寺岡寛，信山社出版，2006.
『ザ・フィンランド・システム』矢田龍生／矢田晶紀，産業能率大学出版部，2006.
『国際比較からみた日本の職場と労働生活』石川晃弘／白石利政編著，学文社，2005［ス・フ］.
『それがぼくには楽しかったから　全世界を巻き込んだリナックス革命の真実』リーナス・トーバルズ／デイビッド・ダイヤモンド（風見潤／中島洋訳），小学館集英社プロダクション，2001［フ］.

『スウェーデンの消費経済と消費者政策』内藤英二，文眞堂，1998.

●文学史／文学研究

『『ニルスのふしぎな旅』と日本人―スウェーデンの地理読本は何を伝えてきたの
　　か』村山朝子，新評論，2018.
『リンドグレーンの戦争日記　1939-1945』アストリッド・リンドグレーン（石井
　　登志子訳），岩波書店，2017.
「特集　ムーミンとトーベ・ヤンソン」『ユリイカ』第46巻第11号，青土社，2014.
『ムーミンの生みの親、トゥーラ・カルヤライネン（セルボ
　　貴子／五十嵐淳訳），河出書房新社，2014.
『トーベ・ヤンソン　仕事、愛、ムーミン』ボエル・ウェスティン（畑中麻紀／
　　森下圭子訳），講談社，2014.
『『ニルス』に学ぶ地理教育―環境社会スウェーデンの原点』村山朝子，ナカニシ
　　ヤ出版，2005.
『待ちのぞむ魂　スーデルグランの詩と生涯』田辺欧，春秋社，2012.
『単独者と憂愁　キルケゴールの思想』飯島宗享，未知谷，2012.
『どこにもない国―フィンランドの詩人エディス・セーデルグラン』三瓶恵子，
　　冨山房，2011.
『北欧アイスランド文学の歩み―白夜と氷河の国の六世紀―』清水誠，現代図書，
　　2009.
『トーヴェ・ヤンソンとガルムの世界』冨原眞弓，青土社，2009.
『ムーミン谷のひみつ』冨原眞弓，筑摩書房，2008.
『アンデルセン』安達忠夫，清水書院，2007.
『ムーミンを読む』冨原眞弓，講談社，2004.
『イプセンの読み方』原千代海，岩波書店，2001［ノ］.
『キルケゴールとアンデルセン』室井光広，講談社，2000.
『ピッピの生みの親　アストリッド・リンドグレーン』三瓶恵子，岩波書店，
　　1999.
『旅するアンデルセン』木村由利子，求龍堂，1998.
『キェルケゴールを学ぶ人のために』大屋憲一／細谷政志編，世界思想社，1996.
『ムーミン童話の百科事典』高橋静男「ムーミンゼミ」／渡部翠編，講談社，
　　1996.
『ムーミン谷への旅　トーベ・ヤンソンとムーミンの世界』講談社，1994.
『キルケゴールとその思想風土　北欧ロマンティークと敬虔主義』中里巧，創言
　　社，1994.
『デンマーク文学史』ステフェン・ハイルスコウ・ラーセン監修（早野勝巳監訳），
　　ビネバル出版，1993.
『図説フィンランドの文学』カイ・ライティネン（小泉保訳），大修館書店，1993.
『アンデルセンとディケンズ』エリアス・ブレスドルフ（渡辺省三訳），研究社，
　　1992.
『アンデルセンの時代』早野勝巳，東海大学出版会，1991.
『北欧演劇論　ホルベア，イプセン，ストリンドベリ，そして現代』毛利三彌，
　　東海大学出版会，1980.

『北欧文学ノート』山室静，東海大学出版会，1980.
『ハンス・クリスチャン・アンデルセン　その虚像と実像』鈴木徹郎，東京書籍，
　　1979.
『北欧文学の世界』山室静，東海大学出版会，1969.
『アンデルセン研究』日本児童文学学会編，小峰書店，1969.

● 神話／民話／伝承
『物語　北欧神話〈上〉〈下〉』ニール・ゲイマン（金原瑞人／野沢佳織訳），原書
　　房，2019.
『赤毛のエイリークのサガ（他）』山元正憲訳，北欧文化通信社，2017.
『巨人の花よめ』菱木晃子著，平澤朋子イラスト，ビーエル出版，2017.
『図解北欧神話』池上良太，新紀元社，2007.
『アスガルドの秘密　北欧神話冒険紀行』ヴァルター・ハンセン（小林俊明／金
　　井英一訳），東海大学出版会，2004.
『北欧神話の世界　神々の死と復活』アクセル・オルリック（尾崎和彦訳），青土
　　社，2003.
『北欧神話』パードリック・コラム（尾崎義訳），岩波少年文庫，2001.
『オージンのいる風景　オージン教とエッダ』ヘルマン・パウルソン（大塚光子
　　ほか訳），東海大学出版会，1995.
『巫女の予言　エッダ詩　校訂本』シーグルズル・ノルダル（菅原邦城訳），東海
　　大学出版会，1993.
『サガとエッダの世界』山室静，現代教養文庫，1992.
『北欧神話』菅原邦城，東京書籍，1984.
『北欧神話物語』K・クロスリイ－ホランド（山室静／米原まり子訳），青土社，
　　1983.
『北欧神話と伝説』講談社学術文庫，グレンベック（山室静訳），講談社，2009.
『ゲルマン北欧の英雄伝説　ヴォルスンガ・サガ』菅原邦城訳，東海大学出版会，
　　1979.
『エッダ―古代北欧歌謡集』谷口幸男訳，新潮社，1973.
『カレワラタリナ』マルッティ・ハーヴィオ（坂井玲子訳），北欧文化通信社，
　　2009 ［フ］.
『カレワラ物語　フィンランドの神々』小泉保編訳，岩波少年文庫，2008.
『カレワラ物語―フィンランドの国民叙事詩』キルスティ・マキネン（荒牧和子
　　訳），春風社，2005.
『カレワラ神話と日本神話』小泉保，日本放送出版協会，1999 ［フ］.
『カレワラ』リョンロット編（小泉保訳），岩波文庫，1976 ［フ］.
『スウェーデンの森の昔話』アンナ・クララ・ティードホルム（うらたあつこ訳），
　　ラトルズ，2008.
『太陽の東　月の西』新版　アスビョルンセン編（佐藤俊彦訳），岩波少年文庫，
　　2005 ［ノ］.
『ノルウェーの昔話』アスビョルンセン／モー編（大塚勇三訳），福音館書店，
　　2003.
『5人の語り手による北欧の昔話』レイモン・クヴィーデランほか（川越ゆり訳），

古今社，2002.
『子どもに語る北欧の昔話』福井信子／湯沢朱実編訳，こぐま社，2001.
『ノルウェーの民話』アスビョルンセン／モー（米原まり子訳），青土社，1999.
『スウェーデンの民話』シグセン／フレッチャー編（米原まり子訳），青土社，
　　1996.
『スウェーデンの怪奇民話』清水育男訳，評論社，1987.
『フィンランドの昔話』P. ラウスマー編（高橋静男ほか訳）岩崎美術社，1971.
『北欧の民話』山室静，岩崎美術社，1970.
『サンタクロースの大旅行』葛野浩昭，岩波新書，1998.

● デザイン／建築／美術
『流れがわかる！　デンマーク家具のデザイン史：なぜ北欧のデンマークから数々
　　の名作が生まれたのか』多田羅景太，誠文堂新光社，2019.
『北欧の照明　デザイン＆ライトスケープ』小泉隆，学芸出版社，2019.
『はじめまして、ルート・ブリュック』kukkameri ／今村玲子，ブルーシープ，
　　2018 ［フ］.
『フィンランド陶芸：芸術家たちのユートピア』ハッリ・カルハ監修，国書刊行会，
　　2018.
『北欧流「ふつう」暮らしからよみとく環境デザイン』北欧環境デザイン研究会
　　編集，彰国社，2018.
『アルヴァ・アールトの建築　エレメント＆ディテール』小泉隆，学芸出版社，
　　2018 ［フ］.
『北欧　木の家具と建築の知恵』長谷川清之，誠文堂新光社，2018.
『スウェーデン・デザインと福祉国家　住まいと人づくりの文化史』太田美幸，
　　新評論，2018.
『カイ・フランクへの旅 “フィンランド・デザインの良心” の軌跡をめぐる』小
　　西亜希子，グラフィック社，2017.
『フィンランド・デザインの原点―くらしによりそう芸術』橋本優子，東京美術，
　　2017.
『AINO AALTO　アイノ・アールト』アルヴァ・アールト財団／アルヴァ・アー
　　ルト博物館監修，ウッラ・キンヌネン編（小川守之訳），TOTO 出版，2016.
『カール・ラーション　スウェーデンの暮らしと愛の情景』荒屋鋪透，東京美術，
　　2016.
『Y チェアの秘密』坂本茂／西川栄明，誠文堂新光社，2016.
『北欧フィンランド　巨匠たちのデザイン』鳥塚絵里，パイインターナショナル，
　　2015.
『マリメッコのすべて　フィンランドを代表するデザイン・カンパニーの歴史と
　　テキスタイル、ファッション、インテリアの徹底研究』マリアンネ・アーヴ
　　編著（和田侑子訳），DU BOOKS，2013.
『人間の街：公共空間のデザイン』ヤン・ゲール（北原理雄訳），鹿島出版会，
　　2014.
『アルヴァー・アールトの住宅』ヤリ・イェッツォォネン／シルッカリーサ・イェ
　　ッツォォネン著，大久保慈監修，エクスナレッジ，2013 ［フ］.

『アスプルンド／アールト／ヤコブセン　北欧の巨匠に学ぶデザイン』鈴木敏彦，彰国社，2013.

『北欧の巨匠に学ぶ図法　家具・インテリア・建築のデザイン基礎』鈴木敏彦／大塚篤／小川真希／半田雅俊／村山隆司，彰国社，2012.

『フィンランドのマリメッコ手帖』パイインターナショナル，2012.

『アルネ・ヤコブセン　時代を超えた造形美』和田菜穂子，学芸出版社，2010〔デ〕.

『図説・北欧の建築遺産―都市と自然に育まれた文化』伊藤大介，河出書房新社，2010.

『デンマークの椅子』織田憲嗣，ワールドフォトプレス，2002.

『ハンス・ウェグナーの椅子　100』織田憲嗣，平凡社，2002〔デ〕.

『建築ガイドブック　アルヴァー・アアルト』Michael Trencher（平山達訳），丸善，2009〔フ〕.

『フィンランドの光の旅　北欧建築探訪』小泉隆，プチグラパブリッシング，2009.

『アールトの住宅 AALTO 10 Selected Houses』齋藤裕，TOTO 出版，2008〔フ〕.

『スウェーデンで家具職人になる！』須藤生，早川書房，2008.

『生活に溶けこむ北欧デザイン』萩原健太郎，誠文堂新光社，2008.

『北欧デザインをめぐる旅 Copenhagen Stockholm Helsinki』荻原健太郎，ギャップ・ジャパン，2008.

『北欧デザイン手帖』長嶺輝明，文化出版局，2007.

『デザイン好きのための北欧トラベル案内』北欧スタイル編集部，エイ出版社，2007.

『ノルウェーのデザイン―美しい風土と優れた家具・インテリア・グラフィックデザイン』島崎信，誠文堂新光社，2007.

『ゴー！　ゴー！　フィンランド改訂版』ピエニ・カウッパ，スペースシャワーネットワーク，2011.

『北欧フィンランドのかわいいモノたち』菅野直子，インターシフト，2005.

『アスプルンドの建築1885-1940』吉村行雄／川島洋一，TOTO 出版，2005〔ス〕.

『北欧インテリア・デザイン』島崎信／柏木博ほか，平凡社，2004.

『北欧空間事典』フィンランド政府観光局，2004.

『美しい椅子―北欧4人の名匠のデザイン』島崎信／生活デザインミュージアム，エイ出版社，2003〔デ〕.

『デンマーク　デザインの国―豊かな暮らしを創る人と造形』島崎信，学芸出版社，2003.

『北欧スタイル』1〜22（2017年 3 月現在）エイ出版社，2002〜.

『文房具と旅をしよう』寺村栄次／浅井良子，ブルースインターアクションズ，2001〔ス・フ〕.

『ムンクの時代』三木宮彦，東海大学出版会，1992〔ノ〕.

『アールトとフィンランド―北の風土と近代建築』伊藤大介，丸善，1990.

●音楽

『ポホヨラの調べ　シベリウス，ニルセンからラウタヴァーラまで　実演的！北欧名曲案内　増補改訂版』新田ユリ，五月書房新社，2019.

『シベリウス』神部智，音楽之友社，2017.

『カール・ニールセン自伝　フューン島の少年時代』カール・ニールセン（長島要一訳），彩流社，2015.

『ピアニストの時間』舘野泉，みすず書房，2010.

『北欧 POP MAP　スウェーデン編』クッキー・シーン編集部，スペースシャワーネットワーク，2007.

『歌の国スウェーデン　クラシック音楽ガイド』戸羽晟，新評論，2008.

『グリーグ全ピアノ作品演奏解釈』アイナル・ステーン＝ノクレベルグ編（大束省三訳），音楽之友社，2007.

『北欧 POP MAP　アイスランド，ノルウェイ，デンマーク，フィンランド編』クッキー・シーン編集部，スペースシャワーネットワーク，2007.

『シベリウス─写真でたどる生涯』マッティ・フットネン（舘野泉監修，菅野浩和訳），音楽之友社，2000.

『北欧音楽入門』大束省三，音楽之友社，2000.

『作曲家別名曲解説ライブラリー　18北欧の巨匠　グリーグ／ニールセン／シベリウス』音楽之友社編，音楽之友社，1994.

『シベリウス─生涯と作品』菅野浩和，音楽之友社，1987.

『シベリウスの生涯』ハンヌ＝イラリ・ランピラ（稲垣美晴訳），筑摩書房，1986.

●映画映画／舞台芸術

『北欧の舞台芸術』毛利三彌／立木燁子編著，三元社，2011.

『アキ・カウリスマキ』アキ・カウリスマキ／ペーター・フォン・バーグ（森下圭子訳），愛育社，2007［フ］.

『北欧映画完全ガイド』小松弘監修／渡辺芳子編集，新宿書房，2005.

『アキ・カウリスマキ』遠山純生編，エスクァイアマガジンジャパン，2003［フ］.

『ベルイマン』小松弘，清水書院，2000［ス］.

『ラース・フォン・トリアー　スティーグ・ビョークマンとの対話』ラース・フォントリアー／スティーグ・ビョークマン（オスターグレン晴子訳），水声社，2000［デ］.

『ベルイマンを読む─人間の精神の冬を視つめる人』三木宮彦，フィルムアート社，1986［ス］.

●言語

・北欧言語の概説

『ゲルマン語入門』清水誠，三省堂，2012.

『ゲルマーニアをめぐって』森田貞雄，大学書林，2012.

『ゲルマン語対照辞典の試み』下宮忠雄，大学書林，2007.

『ルーン文字の世界─歴史・意味・解釈』ラーシュ・マーグナル・エーノクセン（荒川明久訳），国際語学社，2007.

『北欧のことば』カーカー／リンドグレン／レーラン共編（山下泰文／森信嘉／

320

福井信子／吉田欣吾訳），東海大学出版会，2001.
『ルーン文字』（大英博物館双書—失われた文字を読む〈7〉）レイ・ページ（菅
　原邦城訳），学芸書林，1996.
『ゲルマン語読本』下宮忠雄，大学書林，1995.
『北欧語入門』M.O'C. ウォルシュ（藪下紘一訳），北海道大学図書刊行会，1991.
『北欧の言語』エリアス・ヴェセーン（菅原那城訳），東海大学出版会，1988.

・デンマーク語
『世界の言語シリーズ10　デンマーク語』新谷俊裕／ Thomas Breck Pedersen ／
　大辺理恵，大阪大学出版会，2014.
『現代デンマーク語辞典』（森田貞雄監修），大学書林，2011.
『デンマーク語で四季を読む』田辺欧／大辺理恵，溪水社，2014.
『ニューエクスプレスプラス　デンマーク語』三村竜之，白水社，2018.
『デンマーク語のしくみ』鈴木雅子，白水社，2009.
『CD付　ゼロから話せるデンマーク語』荒川明久，三修社，2006.
『まずはこれだけデンマーク語』荒川明久，国際語学社，2006.
『デンマーク語慣用表現小辞典』鈴木雅子／新谷俊裕，大学書林，2003.
『旅の指さし会話帳31　デンマーク』鈴木雅子，情報センター出版局，2002.
『社会福祉のデンマーク語』新谷俊裕，大学書林，2002.
『日本語デンマーク語辞典』古城健志，大学書林，2001.
『デンマーク語分類単語集』岡本健志，大学書林，1996.
『デンマーク語日本語辞典』古城健志／松下正三編著，大学書林，1995.
『デンマーク語辞典』古城健志／松下正三編著，大学書林，1993.
『デンマーク語文法入門』第6版　森田貞夫，大学書林，1989.
『自習デンマーク語文法』山野辺五十鈴，大学書林，1986.
『中級デンマーク語会話　これでいいのかな』アネ・メテ・イプセン／間瀬英夫，
　大学書林，1985.
『現代デンマーク語入門』岡田令子／菅原邦城／間瀬英夫，大学書林，1983.
『デンマーク語基礎1500語』間瀬英夫／菅原邦城，大学書林，1981.

・スウェーデン語
『世界の言語シリーズ12　スウェーデン語』清水育男／ウルフ・ラーション／當
　野能之，大阪大学出版会，2016.
『スウェーデン語の基本単語　文法＋基本単語3000』松浦真也，三修社，2010.
『ニューエクスプレスプラス　スウェーデン語』速水望，白水社，2018.
『旅の指さし会話帳30　スウェーデン』岡戸紀美代，情報センター出版局，2002.
『スウェーデン語辞典』尾崎／田中／下村／武田，大学書林，1990.
『スウェーデン語文法』山下泰文，大学書林，1990.
『スウェーデン語基礎1500語』菅原／ Garlén 編，大学書林，1987.
『スウェーデン語日本語辞典』松下／古城編，大学書林，1987.
『日本語スウェーデン語小辞典』松下正三編，大学書林，1985.
『スウェーデン語四週間』尾崎義，大学書林，1955.

・ノルウェー語

『ニューエクスプレスプラス　ノルウェー語』青木順子，白水社，2018.

『ノルウェー語のしくみ』青木順子，白水社，2007.

『まずはこれだけノルウェー語』荒川明久，国際語学社，2007.

『ゼロから話せるノルウェー語』青木順子，三修社，2006.

『旅の指さし会話帳57　ノルウェー』若林博子，情報センター出版局，2004.

『ノルウェー語辞典』古城健志／松下正三編著，大学書林，1998.

『ノルウェー語分類単語集』岡本健志，大学書林，1996.

『ノルウェー語でどういうの　初級ノルウェー語日常会話』クリスティン・リュッグ／岡本健志，大学書林，1994.

『くわしい注釈で読むノルウェー語　ビョルンソン　父』岡本健志，大学書林，1994.

『ノルウェー語四週間』下宮忠雄，大学書林，1993.

『自習ノルウェー語文法』岡本健志，大学書林，1993.

『ノルウェー語文法入門—ブークモール』森信嘉，大学書林，1990.

『ノルウェー語基礎1500語』森信嘉編著，大学書林，1990.

・フィンランド語

『パスポート初級フィンランド語辞典』吉田欣吾，白水社，2019.

『日本語・フィンランド語辞典』一般社団法人日本フィンランド協会，2017.

『フィンランド語トレーニングブック』吉田欣吾，白水社，2013.

『ニューエクスプレスプラス　フィンランド語』山川亜古，白水社，2018.

『フィンランド語文法ハンドブック』吉田欣吾，白水社，2010.

『絵で見て話せるタビトモ会話　フィンランド』JTBパブリッシング，2009.

『日本語フィンランド語小辞典』荻島崇，大学書林，2008.

『フィンランド語のしくみ《新版》』吉田欣吾，白水社，2014.

『ゼロから話せるフィンランド語—会話中心』千葉庄寿，三修社，2007.

『らくらく旅のフィンランド語』山川亜古，三修社，2004.

『フィンランド語のすすめ　初級』『フィンランド語のすすめ　中級』佐久間淳一，研究社，2004.

『旅の指さし会話帳35　フィンランド』青木エリナ，情報センター出版局，2002.

『CD付フィンランド語が面白いほど身につく本』栗原薫／マルユットゥ・コウリ，中経出版，2002.

『基礎フィンランド語文法』荻島崇，大学書林，1992.

『フィンランド語会話練習帳』庄司博史，大学書林，1987.

『フィンランド語基礎1500語』荻島崇，大学書林，1983.

『フィンランド語文法読本』小泉保，大学書林，1983.

『フィンランド語四週間』尾崎義，大学書林，1952.

・アイスランド語

『ニューエクスプレス　アイスランド語』入江浩司，白水社，2017.

『まずはこれだけアイスランド語』荒川明久，国際語学社，2007.

『アイスランド語基礎1500語』森信嘉，大学書林，1996.

322

『アイスランド語文法』森田貞雄, 大学書林, 1981.
『アイスランド地名小辞典』浅井辰郎／森田貞雄, 帝国書院, 1980.

・サーミ語
『サーミ語の基礎』吉田欣吾, 大学書林, 1996.

● 体験記／エッセー／北欧を舞台とする作品など
・デンマーク
『幸せってなんだっけ？　世界一幸福な国での「ヒュッゲ」な1年』ヘレン・ラッセル（鳴海深雪訳）, CCCメディアハウス, 2017.
『デンマーク人牧師がみた日本　明治の宗教指導者たち』カール・スコウゴー＝ピーターセン（長島要一訳・編注）, 思文閣出版, 2016.
『デンマーク人が世界で一番幸せな10の理由』マレーヌ・ライダル（田中裕子訳）, サンマーク出版, 2015.
『後世への最大遺物・デンマルク国の話』（改訂）内村鑑三, 岩波書店（岩波文庫）, 2011.
『大北電信の若き通信士—フレデリック・コルヴィの長崎滞在記』長島要一, 長崎新聞社, 2013.
『魅惑のデンマーク』岡田眞樹, 新評論, 2012.
『北欧の和み—デンマークの扉をあけて』稲垣早苗, アノニマスタジオ, 2008.
『なぜ, デンマーク人は幸福な国をつくることに成功したのか　どうして, 日本では人が大切にされるシステムをつくれないのか』ケンジ・ステファン・スズキ, 合同出版, 2008.
『人魚姫と風車の町で—「幸福度世界一」のデンマーク』早乙女勝元, 草の根出版会, 2007.
『平らな国デンマーク「幸福度」世界一の社会から』高田ケラー有子, NHK出版, 2005.
『あなたの子どもは, あなたの子どもではない　デンマークの30年—仕事・結婚・子育て・老後』宮下孝美／宮下智美, 萌文社, 2005.
『ヤコブセンの家—桜日記』岡村恭子, プチグラパブリッシング, 2005.
『デンマークの緑と文化と人々を訪ねて』福田成美, 新評論, 2002.
『パンケーキの国で—子どもたちと見たデンマーク』伊藤美好, 平凡社, 2001.
『北欧　デザインと美食に出会う旅—スウェーデン・デンマーク』鈴木緑, 東京書籍, 2001.
『めるへんいっぱいデンマーク紀行』宮沢乃里子, 東京書籍, 1999.

・スウェーデン
『Fine Little Day：好きなものと楽しく暮らすアイデアとインテリア』エリーサベット・デュンケル（佐藤園子訳）, 誠文堂新光社, 2015.
『ロックの名盤！　アバ・ゴールド』エリザベス・ヴィンセンテリー（石本哲子訳）, 水声社, 2012.
『スウェーデンの世界遺産紀行　自然と歴史のひとり旅』宇野幹雄, 新評論, 2008.

『スウェーデンのあたたかい暮らし―伝統の手仕事と四季の楽しみ』カタリーナ・エヴァンス／カタリーナ・ブリーディティス／佐藤園子（クリスティーナ・オットソン写真），ピエ・ブックス，2007.
『G・ブルーセヴィッツが描く江戸期のスウェーデン―ロスラーゲン地方の庶民の暮らし』グンナル・ブルーセヴィッツ（荒川明久訳），国際語学社，2007.
『スウェーデン人の観た日本』延岡繁，風媒社，2007.
『リンネとその使徒たち―探検博物学の夜明け』西村三郎，朝日新聞社，1997.

・ノルウェー
『あるノルウェーの大工の日記』オーレ・トシュテンセン（牧尾晴喜／リセ・スコウ／中村冬美訳），エクスナレッジ，2017.
『ムンク伝』スー・プリドー（木下哲夫訳）みすず書房，2007.
『新版　イプセン　生涯と作品』原千代海，三一書房，1998.
『ノルゲ』佐伯一麦，講談社，2007.
『マイシーズンズ』佐伯一麦，幻冬舎，2001.
『ノルウェー　フィヨルドの旅』村上よしゆき，NTT出版，1998.

・フィンランド
『フィンランド語は猫の言葉』稲垣美晴，KADOKAWA（角川文庫），2019.
『公衆サウナの国フィンランド：街と人をあたためる、古くて新しいサードプレイス』こばやしあやな，学芸出版社，2018.
『フィンランド・森の精霊と旅をする』リトヴァ・コヴァライネン／サンニ・セッポ（上山美保子監修，柴田昌平訳），プロダクション・エイシア，2009.
『絵本　世界の食事［12］フィンランドのごはん』銀城康子／萩原亜紀子，農山漁村文化協会，2008.
『フィンランド　森と街に出会う旅』鈴木緑，東京書籍，2006.
『かもめ食堂』群ようこ，幻冬社，2006.
『フィンランドという生き方』目黒ゆみ，フィルムアート社，2005.
『フィンランド　白夜の国に光の夢』石井幹子，日本放送出版協会，1996.
『サンタクロースの秘密』稲垣美晴，講談社文庫，1995.
『白夜の国の野鳥たち―フィンランドを歩いた日々』百瀬淳子，同成社，1990.
『白夜の国のヴァイオリン弾き』小野寺誠，新潮社，1986.
『森と湖と』東山魁夷小画集，新潮文庫，1984.
『イサ・パッパと2匹の小悪魔』小野寺誠，文化出版局，1982.

・アイスランド
『アイスランドと日本に架けた虹』ソルザソン美也子，同時代社，2017.
『アイスランド　絶景と幸福の国へ』椎名誠，ナショナルジオグラフィック編集，日経ナショナルジオグラフィック社，2015.
『アイスランド大使の食卓：大使が案内するグルメ＆トラベルブック：大使夫人の郷土料理レシピ』東京ニュース通信社，2012.4，Tokyo news mook，285号.
『風とマシュマロの国』ふかわりょう，幻戯書房，2012.
『よみがえれ！　夢の国アイスランド：世界を救うアイデアがここから生まれる』

324

アンドリ・S. マグナソン（森内薫訳），日本放送出版協会，2009.
『アイスランドにやって来た日本ハンドボールチーム』ソルザソン美也子，同時
　　代社，2007.
『アイスランド紀行―氷と火の島から』小林理子，彩流社，2007.
『アイスランド・フェロー諸島・グリーンランド―素晴らしき自然景観とオーロ
　　ラの魅力』邸景一／柳木昭信，日経BP企画，2007.
『ビョークが行く』エヴェリン・マクドネル（栩木玲子訳），新潮社，2003.
『アイスランドへの旅』ウィリアム・モリス（大塚光子訳），晶文社，2001.
『アイスランド―極北の詩・鳥紀行』勝野功子，小学館スクウェア，2001.
『風がよごれていない国アイスランド』ソルザソン美也子，同時代社，2001.
『アイスランド人のまっかなホント』リチャード・セール（石川真弓訳），マクミ
　　ランランゲージハウス，2000.

● 日本語に翻訳された文学作品
・北欧
『現代北欧文学18人集』谷口幸男編，新潮社，1987.

・デンマーク
『犬に堕ちても』ヘレ・ヘレ（渡辺洋美訳），筑摩書房，2014.
『フレッシュクリーム　男の規範による女性性からの解放と自立』スサンネ・ブ
　　レガー（加藤節子訳），あむすく，1999.
『デンマーク古フォルケヴィーサ　中世バラッド序章』（山野邊五十鈴編著），大
　　学書林，1996.
『嘆きの回想』レオノーラ・クリスティーナ（山野邊五十鈴訳注），大学書林，
　　1994.
『デンマーク人の事績』サクソ・グラマティクス（谷口幸男訳），東海大学出版会，
　　1993.
『冬生まれの子ども　産婦人科病棟0号室』ディア・トリア・メアク（田辺欧訳），
　　ビネバル出版，1993.
『ある教会書記の日記／メリヤス商』ブリッカー（山野邊五十鈴訳注）大学書林，
　　1989.
『ペレ』マーティン・アナセン・ネクセ（服部まこと訳），キネマ旬報社，1989.
『幸福のアラビア探検記』トーキル・ハンセン（伊吹寛之訳），六興出版，1987.
『デンマーク文学作品集』F・J・ビレスコウ・ヤンセン／牧野不二雄監修，東海
　　大学出版会，1976.
『ヤコブセン全集』全1巻（『モーンス』『霧の中の射撃』『二つの世界』『ここに
　　薔薇があるとよかった』『ベルガモの黒死病』『フェーンス夫人』『詩抄』『マ
　　リイ・グルッベ夫人』『ニイルス・リイネ（死と愛）』収録）（山室静訳），青
　　娥書房，1975.
『ヨルゲンセン詩集』ヨルゲンセン（山室静訳），彌生書房，1973.

【アンデルセン】
『子どもに語るアンデルセンのお話』『子どもに語るアンデルセンのお話2』松岡

享子編，こぐま社，2005，2007.

『影　あなたの知らないアンデルセン』『雪だるま』『母親』『人魚姫』（長島要一訳），評論社，2004-2005.

『本当に読みたかったアンデルセン童話』イェンス・アナセン編（福井信子／大河原晶子訳），NTT 出版，2005.

『繪本　即興詩人』安野光雅，講談社，2002.

『即興詩人（上）（下）』（森鷗外訳），岩波文庫，1991.

『絵のない絵本』（山野辺五十鈴訳），集英社文庫，1991.

『アンデルセン小説・紀行文学全集　全10巻』（『1 徒歩旅行／影絵』『2 即興詩人』『3 O.T.』『4 ただのヴァイオリン弾き』『5 絵のない絵本／幸せもののピーア』『6 一詩人のバザール』『7 二人の男爵夫人』『8 スウェーデン紀行／ディケンズ訪問記／ポルトガル紀行』『9 生きるべきか死ぬべきか』『10 スペイン紀行』）（鈴木徹郎訳），東京書籍，1986-1987.

『アンデルセン詩集』（山室静訳），彌生書房，1981.

『アンデルセン童話集 1 - 7』（大畑末吉訳），岩波文庫，1975.

『わが生涯の物語』（大畑末吉訳），岩波文庫，1975.

『即興詩人（上）（下）』（大畑末吉訳），岩波文庫，1960.

【キルケゴール】

『死にいたる病　現代の批判』（松浪信三郎／飯島宗享訳），白水社，2008.

『誘惑者の日記』（桝田啓三郎訳），筑摩書房，1998.

『死にいたる病』（桝田啓三郎訳），筑摩書房，1996.

『原典訳記念版　キェルケゴール著作全集　全15巻』（大谷長監修），創言社，1988-2002.

『キェルケゴール著作集　全21巻別巻1』（浅井真男／前田敬作他訳），白水社，1982.

『不安の概念』改版（齊藤信治訳），岩波文庫，1979.

【カーレン・ブリクセン】

『冬の物語』イサク・ディネセン（横山貞子訳），新潮社，2015.

『草原に落ちる影』（桝田啓介訳），筑摩書房，1998.

『不滅の物語』イサク・ディーネセン（工藤政司訳），国書刊行会，1995.

『バベットの晩餐会』（桝田啓介訳），筑摩書房，1989.

『アイザック・ディネーセン作品集』（『アフリカの日々』，『夢見る人々』（七つのゴシック物語 1），『ピサへの道』（七つのゴシック物語 2），『復讐には天使の優しさを』）（横山晶子訳），晶文社，1981-82.

・スウェーデン

『世界を救う100歳老人』ヨナス・ヨナソン（中村久里子訳），西村書店，2019.

『窓から逃げた100歳老人』ヨナス・ヨナソン（柳瀬尚紀訳）西村書店，2014.

『国を救った数学少女』ヨナス・ヨナソン（中村久里子訳），西村書店，2015.

『棕櫚の葉とバラの花』スティーグ・クラーソン（横山民司訳），北欧文化通信社，2009.

『カロカイン―国家と密告の自白剤』カリン・ボイエ（冨原眞弓訳），みすず書房，2008.

『この世のときを』ヴィルヘルム・ムーベリ（山下泰文訳），北星堂，2008.

『やさしい歌を歌ってあげる』リンダ・オルソン（野口百合子訳），ランダムハウス講談社，2008.

『ストリンドベルイ小作品　夕立ち（稲妻）他2篇』アゥグスト・ストリンドベルイ（古城健志訳），コスモヒルズ，2007.

『医師グラスの殺意』ヤルマール・セーデルベリイ（古城健志訳），コスモヒルズ，2006.

『世界の果てのビートルズ』ミカエル・ニエミ（岩本正恵訳），新潮クレストブックス，2006.

『モールバッカ　ニルスの故郷』セルマ・ラーゲルレーフ（新妻ゆり訳），柏艪舎，2005.

『赤い部屋〈第1章～第3章〉』ストリンドベリイ（古城健志編訳），大学書林，2003.

『巫女』ペール・ラーゲルクヴィスト（山下泰文訳），岩波文庫，2002.

『ポルトガリヤの皇帝さん』セルマ・ラーゲルレーヴ（イシガオサム訳）岩波文庫，2002.

『ダーラナの地主館奇談』セルマ・ラーゲルレーヴ（松岡尚子訳），日本図書刊行会，2001.

『さまよえる湖』スヴェン・ヘディン（鈴木啓造訳），中央公論新社，2001.

『白夜の森（上）（下）』マリアンネ・フレデリクセン（亀井よし子訳），講談社，1999.

『白い沈黙』シャスティン・エークマン（澤村灌訳），講談社文庫，1998.

『イングマルソン家の人々』セルマ・ラーゲルレーヴ（吉田比砂子訳），けやき書房，1996.

『セーデルベリィ小品集』ヤルマル・セーデルベリィ（古城健志訳），大学書林，1994.

『生きている脳』P. C. ヤシルド（菅原邦城訳），人文書院，1991.

『洪水のあと』P. C. ヤシルド（山下泰文訳），岩波書店，1986.

『フリショフ物語』エサイアス・テグネール（山口秀夫訳注），大学書林，1983.

『ストリンドベリ名作集』アゥグスト・ストリンドベリ（毛利三彌ほか訳），白水社，1975.

『バラバ』ペール・ラーゲルクヴィスト（尾崎義訳），岩波文庫，1974.

・ノルウェー

『蜜蜂』マヤ・ルンデ（池田真紀子訳），NHK出版，2018.

『わが闘争　父の死』カール・オーヴェ・クナウスゴール（岡本健志／安藤佳子訳），早川書房，2015.

『わが闘争2　恋する作家』カール・オーヴェ・クナウスゴール（岡本健志／安藤佳子訳），早川書房，2018.

『ヴィクトリア』クヌート・ハムスン（冨原眞弓訳），岩波文庫，2015.

『コン・ティキ号探検記』トール・ヘイエルダール（水口志計夫訳），河出書房新

　　社，2013.
『ペール・ギュント』ヘンリック・イプセン（毛利三彌訳），論創社，2006.
『極北—フラム号北極漂流記』フリチョフ・ナンセン（加納一郎訳），中央公論新
　　社，2002.
『南極点征服』ロアルド・アムンゼン（谷口善也訳），中央公論新社，2002.
『ノルウェーの汀の物語（上）（下）』ハルビョルグ・ヴァッスムー（佐々田雅子
　　訳），集英社，1998.
『漁師とドラウグ』ヨナス・リー（中野善夫訳），国書刊行会，1996.
『ヴィクトリア』クヌート・ハムスン（猪苗代英徳訳），近代文芸社，1993.
『日向が丘の少女』ビョルンスチャルネ・ビョルンソン（岡卜鈴江訳），集英社，
　　1973.
『赤いルビーの歌』アグナー・ミュクレ（大久保康雄訳），六興出版部，1962.
『イプセン戯曲選集』（毛利三彌訳），東海大学出版会，1997.
『イプセン戯曲全集』全5巻（原千代海訳），未来社，1989.
『人形の家』『ヘッダ・ガーブレル』『野鴨』『幽霊』イプセン（原千代海訳），岩
　　波文庫，1996.
『コンチキ号漂流記』トール・ハイエルダール（神宮輝夫訳），偕成社，1976.
「花嫁の冠」ウンセット（矢崎源九郎訳）『世界の文学　22イプセン・ウンセッ
　　ト』中央公論社，1966.

・フィンランド
『人間たちの庭　ホテル・サピエンス』レーナ・クルーン（末延弘子訳），西村書
　　店，2018.
『織られた町の罠』エンミ・イタランタ（末延弘子訳），西村書店，2018.
『水の継承者ノリア』エンミ・イタランタ（末延弘子訳），西村書店，2016.
『四人の交差点』トンミ・キンヌネン（古市真由美訳），新潮社，2016.
『トーベ・ヤンソン短篇集　黒と白』トーベ・ヤンソン（冨原眞弓訳），筑摩書房，
　　2012.
『誠実な詐欺師』トーベ・ヤンソン（冨原眞弓訳），筑摩書房，2006.
『偽窓』レーナ・クルーン（末延弘子訳），新評論，2010.
『アマリア』シルヴィ・ケッコネン（坂井玲子訳），北欧文化通信社，2008.
『ピリタ，カルヤラの少女』カアリ・ウトリオ（目黄ゆみ訳），彩流社，2008.
『蜜蜂の館　群れの物語』レーナ・クルーン（末延弘子訳），新評論，2007.
『魅惑の集団自殺』アルト・パーシリンナ（篠原敏武訳），新樹社，2007.
『森で誰かが…』カイ・ニエミネン（大倉純一郎訳），本多企画，2007.
『ペレート・ムンドゥス—ある物語』レーナ・クルーン（末延弘子訳），新評論，
　　2005.
『トーベ・ヤンソン短編集』トーベ・ヤンソン（冨原眞弓訳），筑摩書房，2005.
『マイホーム』カリ・ホタカイネン（末延弘子訳），新評論，2004.
『木々は八月に何をするのか　大人になっていない人たちへの七つの物語』レー
　　ナ・クルーン（末延弘子訳），新評論，2003.
『羽をなくした妖精』ユリヨ・コッコ（渡部翠訳），晶文社，2003.
『天使は森へ消えた』ヨハンナ・シニサロ（目黄ゆみ訳），サンマーク出版，2002.

『ウンブラ／タイナロン―無限の可能性を秘めた二つの物語』レーナ・クルーン（末延弘子訳），新評論，2002.

『春は八月に来た』セッセ・コイヴィスト（金箱裕美子訳），彩流社，1999.

『島暮らしの記録』トーベ・ヤンソン（冨原眞弓訳），筑摩書房，1999.

『行こう！ 野ウサギ』アルト・パーシリンナ（ハーディング・祥子訳），メルクマール，1998.

『トーベ・ヤンソン・コレクション 1-8』トーベ・ヤンソン（冨原眞弓訳），筑摩書房，1995-1998.

『ミイラ医師シヌヘ』ミカ・ワルタリ（木原悦子訳），小学館，1994.

『少女ソフィアの夏』トーベ・ヤンソン（渡部翠訳），講談社，1993.

『彫刻家の娘』トーベ・ヤンソン（冨原眞弓訳），講談社，1991.

『スオミの詩―フィンランド現代詩選集』大倉純一郎訳編，花神社，1988.

・アイスランド

『ヴァレンタインズ』オラフ・オラフソン（岩本正恵訳），白水社，2011.

『ヘイムスクリングラ　北欧王朝史（一）（二）』スノッリ・ストゥルルソン（谷口幸男訳），北欧文化通信社，2008，2009.

『ギスリのサガ』渡辺洋美訳，北欧文化通信社，2008.

『スカルド詩人のサガ』森信嘉訳，東海大学出版会，2005.

『アイスランドのサガ　中篇集』菅原邦城／早野勝巳／清水育男訳，東海大学出版会，2001.

『アイスランド・サガ　血讐の記号論』J.L. バイヨック（柴田忠作訳），東海大学出版会，1997.

『サガのこころ』ステブリン＝カメンスキイ（菅原邦城訳），平凡社，1990.

『スールの子ギースリの物語』大塚光子訳，三省堂，1987.

『アイスランド　サガ』谷口幸男訳，新潮社，1979.

●日本語に翻訳された若者・児童向け文学作品
・デンマーク

『人生なんて無意味だ』ヤンネ・テラー（長島要一訳），幻冬舎，2011.

『こはく色の目』リッケ・ランゲベック（木村由利子訳），文研出版，2008.

『ファイサル王子の指輪』ビャーネ・ロイター（木村由利子訳），WAVE 出版，2005.

『ウッラの小さな抵抗』インゲ・クロー（枇谷玲子訳），文研出版，2005.

『アイ・アム・デビッド』アネ・ホルム（雨海弘美訳），角川書店，2005.

【リーネ・コーバベル】

『ディナの秘密の首かざり』（木村由利子訳），早川書房，2003.

『秘密が見える目の少女』（木村由利子訳），早川書房，2003.

【セシル・ボトカー】

『シーラス　シリーズ全14冊』（橘要一郎訳），評論社，1981-2007.

『なぞのヒョウのゆくえ』セシル・ベズカー（大塚勇三訳），岩波書店，1988.

・スウェーデン
『私は倒れて血を流す』イェニー・ヤーゲルフェルト（ヘレンハルメ美穂訳），岩波書店，2013.
『日曜日島のパパ』ペッテル・リードベック（菱木晃子訳），岩波書店，2009.
『天上に星の輝く』ヨハンナ・ティデル（佐伯愛子訳），白水社，2009.
『恐怖のミイラ』マッティン・ビードマルク（枇谷玲子訳），主婦の友社，2009.
『なぞの映画館』マッティン・ビードマルク（枇谷玲子訳），主婦の友社，2009.
『三つ穴やまへ，秘密の探検』ペール・オーロフ・エンクイスト（菱木晃子訳），あすなろ書房，2008.
『ニルスのふしぎな旅（上）（下）』セルマ・ラーゲルレーヴ（菱木晃子訳），福音館書店，2007.
『曲芸師ハリドン』ヤコブ・ヴェゲリウス（菱木晃子訳），あすなろ書房，2007.
『マイ・ライフ・アズ・ア・ドッグ』レイダル・イェンソン（木村由利子訳），ソニーマガジンズ，2003.
『ヤンネ，ぼくの友だち』ペーテル・ポール（ただのただお訳），徳間書店，1997.

【マッツ・ヴォール】
『マイがいた夏』（菱木晃子訳），徳間書店，2004.
『冬の入江』（菱木晃子訳），徳間書店，1999.

【マリア・グリーペ】
『それぞれの世界へ』（山内清子訳），講談社，1998.
『自分の部屋があったら』（山内清子訳），講談社，1997.
『エレベーターで4階へ』（山内清子訳），講談社，1995.
『夜のパパとユリアのひみつ』（大久保貞子訳），偕成社，1983.
『夜のパパ』（大久保貞子訳），偕成社，1980.
『忘れ川をこえた子どもたち』（大久保貞子訳），冨山房，1979.

【ウルフ・スタルク】
『トゥルビンとメルクリンの不思議な旅』（菱木晃子訳），小峰書店，2009.
『パーシーと気むずかしやのカーボーイ』（菱木晃子訳），小峰書店，2009.
『パーシーとアラビアの王子さま』（菱木晃子訳），小峰書店，2009.
『パーシーと魔法の運動ぐつ』（菱木晃子訳），小峰書店，2009.
『ガイコツになりたかったぼく』（菱木晃子訳），小峰書店，2005.
『二回目のキス』（菱木晃子訳），小峰書店，2004.
『おばかさんに乾杯』（石井登志子訳），偕成社，2003.
『ぼくたち，ロンリーハート・クラブ』（菱木晃子訳），小峰書店，2001.
『キングの最高の日』（遠藤美紀訳），偕成社，2000.
『ゴールデンハート』（オスターグレン晴子訳），偕成社，1999.
『恋のダンスステップ』（菱木晃子訳），小峰書店，1999.
『夜行バスにのって』（遠藤美紀訳），偕成社，1998.
『シロクマたちのダンス』（菱木晃子訳），偕成社，1996.
『うそつきの天才』（菱木晃子訳），小峰書店，1996.

【アニカ・トール】
『わたしの中の遠い夏』(菱木晃子訳)，新宿書房，2011.
『大海の光　ステフィとネッリの物語』(菱木晃子訳)，新宿書房，2009.
『海の深み　ステフィとネッリの物語』(菱木晃子訳)，新宿書房，2009.
『睡蓮の池　ステフィとネッリの物語』(菱木晃子訳)，新宿書房，2008.
『海の島　ステフィとネッリの物語』(菱木晃子訳)，新宿書房，2006.
『ノーラ，12歳の秋』(菱木晃子訳)，小峰書店，2002.

【ヘニング・マンケル】
『炎の謎』(オスターグレン晴子訳)，講談社，2005.
『炎の秘密』(オスターグレン晴子訳)，講談社，2001.
『少年のはるかな海』(菱木晃子訳)，偕成社，1996.

【アストリッド・リンドグレーン】
『ピッピ南の島へ』(菱木晃子訳)，岩波書店，2019.
『ピッピ船にのる』(菱木晃子訳)，岩波書店，2018.
『長くつ下のピッピ』(菱木晃子訳)，岩波書店，2018.
『カイサとおばあちゃん』(石井登志子訳)，岩波書店，2008.
『長くつ下のピッピ』(菱木晃子訳，ローレン・チャイルド絵)，岩波書店，2007.
『サクランボたちの幸せの丘』(石井登志子訳)，徳間書店，2007.
『遊んで，遊んで，遊びました　リンドグレーンからの贈り物』シャスティーン・
　　ユンググレーン（うらたあつこ訳)，ラトルズ，2005.
『ブリット‐マリはただいま幸せ』(石井登志子訳)，徳間書店，2003.
『やねの上のカールソンだいかつやく』(石井登志子訳)，岩波書店，2007.
『川のほとりのおもしろ荘』(石井登志子訳)，岩波書店，1988.
『おもしろ荘の子どもたち』(石井登志子訳)，岩波書店，1987.
『山賊のむすめ　ローニャ』(大塚勇三訳)，岩波書店，1982.
『はるかな国の兄弟』(大塚勇三訳)，岩波書店，1976.
『やねの上のカールソンとびまわる』(大塚勇三訳)，岩波書店，1975.
『親指こぞうニルス・カールソン』(大塚勇三訳)，岩波書店，1974.
『わたしたちの島で』(尾崎義訳)，岩波書店，1970.
『小さいきょうだい』(大塚勇三訳)，岩波書店，1969.
『ミオよ　わたしのミオ』(大塚勇三訳)，岩波書店，1967.
『ラスムスくん英雄になる』(尾崎義訳)，岩波書店，1965.
『さすらいの孤児ラスムス』(尾崎義訳)，岩波書店，1965.
『名探偵カッレとスパイ団』(尾崎義訳)，岩波書店，1965.
『カッレくんの冒険』(尾崎義訳)，岩波書店，1965.
『名探偵カッレくん』(尾崎義訳)，岩波書店，1965.
『やねの上のカールソン』(大塚勇三訳)，岩波書店，1965.
『やかまし村はいつもにぎやか』(大塚勇三訳)，岩波書店，1965.
『やかまし村の春・夏・秋・冬』(大塚勇三訳)，岩波書店，1965.
『やかまし村の子どもたち』(大塚勇三訳)，岩波書店，1965.
『ピッピ南の島へ』(大塚勇三訳)，岩波書店，1965.

『ピッピ船にのる』（大塚勇三訳），岩波書店，1965.
『長くつしたのピッピ』（大塚勇三訳），岩波書店，1964.
『エーミルのクリスマスパーティー』（さんべいけいこ訳），岩波書店，1994.
『エーミルのいたずら325番』（さんべいけいこ訳），岩波書店，1994.
『エーミルと小さなイーダ』（さんべいけいこ訳），岩波書店，1994.
『ロッタちゃんのひっこし』（山室静訳），偕成社，1985.
『ちいさいロッタちゃん』（山室静訳），偕成社，1985.
『エーミールと大どろぼう』（尾崎義訳），講談社，1982.
『エーミールと60ぴきのざりがに』（小野寺百合子訳），講談社，1979.

【バルブロ・リンドグレーン】
『ハンスぼうやの国』（木村由利子訳），あすなろ書房，2009.
『ばらの名前を持つ子犬』（今井冬美訳），筑摩書房，1998.

・ノルウェー
『地球から子どもたちが消える。』シモン・ストランゲル（枇谷玲子／朝田千惠訳），
　　　汐文社，2015.
『ドコカ行き難民ボート。』シモン・ストランゲル（枇谷玲子訳），汐文社，2015.
『このＴシャツは児童労働で作られました。』シモン・ストランゲル（枇谷玲子訳），
　　　汐文社，2013.
『モッテン11才，死の床からの手紙』シーモン・フレム・デーヴォル（山内清子
　　　訳），青山出版社，2000.
『金曜日のアンナ』ヘレーネ・ウーリ（福井信子訳），大修館書店，1999.
『月の精』シャスティ・シェーン（中村圭子訳），文渓堂，1997.
『スクルッル谷のニッセ』オーヴェ・ロスバック（山内清子訳），金の星社，1996.
『うちへ帰れなくなったパパ』ラグンヒルド・ニルスツン（山内清子訳），徳間書
　　　店，1995.
『ゆかいなどろぼうたち』トールビョールン・エグネール（鈴木武樹訳），学習研
　　　究社，1991.

【ヨースタイン・ゴルデル】
『ピレネーの城』（畑澤裕子訳），NHK出版，2013.
『マヤ』（池田香代子訳），日本放送出版協会，2005.
『サーカス団長の娘』（猪苗代英徳訳），日本放送出版協会，2005.
『オレンジガール』（猪苗代英徳訳），日本放送出版協会，2003.
『ビッビ・ボッケンのふしぎ図書館』ヨースタイン・ゴルデル／クラウス・ハー
　　　ゲルップ（猪苗代英徳訳），日本放送出版協会，2002.
『カエルの城』（猪苗代英徳訳），日本放送出版協会，1998.
『フローリアの「告白」』（池田香代子訳），日本放送出版協会，1998.
『鏡の中，神秘の国へ』（池田香代子訳），日本放送出版協会，1997.
『ハロー？』（池田香代子訳），日本放送出版協会，1997.
『カードミステリー』（山内清子訳），徳間書店，1996.
『アドヴェント・カレンダー』（池田香代子訳），日本放送出版協会，1996.

『ソフィーの世界』（池田香代子訳），日本放送出版協会，1995.

【トールモー・ハウゲン】
『夜の鳥』（山口卓文訳），河出書房新社，2003.
『ヨアキム　夜の鳥2』（山口卓文訳），河出書房新社，2003.
『トロルとばらの城の寓話』（木村由利子訳），ポプラ社，2002.
『月の石』（細井直子訳），WAVE 出版，1999.

【アルフ・プリョイセン】
『しあわせのテントウムシ』（大塚勇三訳），岩波書店，1992.
『スプーンおばさんのゆかいな旅』（大塚勇三訳），学習研究社，1970.
『スプーンおばさんのぼうけん』（大塚勇三訳），学習研究社，1968.
『小さなスプーンおばさん』（大塚勇三訳），学習研究社，1966.

・フィンランド
『ふしぎの花園　シスターランド』サラ・シムッカ（古市真由美訳），西村書店，
　　2018.
『ルミッキ1　血のように赤く』『ルミッキ2　雪のように白く』『ルミッキ3
　　黒檀のように黒く』サラ・シムッカ（古市真由美訳），西村書店，2015.
『レベッカと夏の王子さま』トゥイヤ・レヘティンデン（末延弘子訳），講談社青
　　い鳥文庫，2009.
『魔術師のたいこ』レーナ・ラウラヤイネン（荒牧和子訳），春風社，2006.
『羽根の鎖』ハンネレ・フオヴィ（末延弘子訳），小峰書店，2006.
『星のひとみ』トペリウス（渡部翠／箕田美子訳），集英社，1993.
『ペリカンの冒険』レーナ・クルーン（篠原敏武訳），新樹社，1988.

【マルヤッタ・クレンニエミ】
『オンネリとアンネリのふゆ』（渡部翠訳），福音館書店，2016.
『オンネリとアンネリのおうち』（渡部翠訳），福音館書店，2015.
『オンネリとアンネリ』マイヤ・カルマ絵（渡部翠訳），プチグラパブリッシング，
　　2005.
『サンタと小人の国のお話集』（いながきみはる訳），偕成社，1988.

【アンニ・スワン】
『トッティサルミ館の跡継ぎ』（鈴木其美子訳），図書刊行会，1998.
『アンニ・スワンのお伽話』（鈴木其美子訳），グロリヤ出版，1990.

【シニッカ・ノポラ／ティーナ・ノポラ】
『ラウハおばさん，先生になる』（末延弘子訳），小峰書店，2009.
『こまったニキビで大事件』（末延弘子訳），小峰書店，2009.
『恋のライバルあらわる』（末延弘子訳），小峰書店，2009.
『ヘンテコおばさんやってきた』（末延弘子訳），小峰書店，2008.
『はじめてのラブレター？』（末延弘子訳），小峰書店，2008.

『ぶつぶつソーセージ』（末延弘子訳），小峰書店，2008.
『謎のきょうはくじょうの巻』（末延弘子訳），小峰書店，2008.
『ヒラメ釣り漂流記』（末延弘子訳），講談社青い鳥文庫，2008.
『大きいエルサと大事件』（末延弘子訳），講談社青い鳥文庫，2007.
『トルスティは名探偵』（末延弘子訳），講談社青い鳥文庫，2006.
『なぞのいたずら犯人』（末延弘子訳），講談社青い鳥文庫，2005.

【ハンヌ・マケラ】
『フーさん引越しをする』（上山美保子訳），国書刊行会，2008.
『フーさんにお隣さんがやってきた』（上山美保子訳），国書刊行会，2007.
『フーさん』（上山美保子訳），国書刊行会，2007.

【ムーミン関連（トーベ・ヤンソン）】
『ムーミン画集　ふたつの家族』（冨原眞弓訳），講談社，2009.
『ようこそ！　ムーミン谷へ――ムーミン谷博物館コレクション』ミルヤ・キヴィ
　　（末延弘子訳），講談社，2005.
『ムーミン谷の名言集　パンケーキにすわりこんでもいいの？』トーベ・ヤンソ
　　ン／ユッカ・パルッキネン（渡部翠訳），講談社，2001.
『ムーミン・コミックス』第1巻～第14巻，トーベ・ヤンソン／ラルス・ヤンソ
　　ン（冨原眞弓訳），筑摩書房，2000-2001.
『小さなトロールと大きな洪水』（冨原眞弓訳），講談社青い鳥文庫，1992.
『ムーミンパパ海へいく』（小野寺百合子訳），講談社青い鳥文庫，1985.
『ムーミン谷の十一月』（鈴木徹郎訳），講談社青い鳥文庫，1984.
『ムーミン谷の仲間たち』（山室静訳），講談社青い鳥文庫，1983.
『ムーミン谷の冬』（山室静訳），講談社青い鳥文庫，1982.
『ムーミンパパの思い出』（小野寺百合子訳），講談社青い鳥文庫，1982.
『ムーミン谷の夏まつり』（下村隆一訳），講談社青い鳥文庫，1981.
『ムーミン谷の彗星』（下村隆一訳），講談社青い鳥文庫，1981.
『たのしいムーミン一家』（山室静訳），講談社青い鳥文庫，1980.

● 日本語に翻訳された絵本
・デンマーク
『おじいちゃんがおばけになったわけ』キム・フォップス・オーカソン作／エヴ
　　ァ・エリクソン絵（菱木晃子訳），あすなろ書房，2005.

【イプ・スパング・オルセン】
『ぼくのあかいボール』（ひしきあきらこ訳），BL出版，2017.
『あめ』（ひだにれいこ訳）亜紀書房，2017.
『かぜ』（ひだにれいこ訳）亜紀書房，2016.
『5ひきのトロル』ハルフダン・ラスムッセン文（木村由利子訳），ほるぷ出版，
　　1984.
『はしれちいさいきかんしゃ』（山内清子訳），福音館書店，1979.
『つきのぼうや』（やまのうちきよこ訳），福音館書店，1975.

334

【エゴン・マチーセン】
『あおい目のこねこ』(せたていじ訳)，福音館書店，2000.
『さるのオズワルド』(松岡享子訳)，こぐま社，1998.
『ひとりぼっちのこねずみ』(大塚勇三訳)，福音館書店，1986.

・スウェーデン
『トーラとパパの夏休み』リーサ・モローニ作／エヴァ・エリクソン絵（菱木晃
　　子訳)，あすなろ書房，2014.
『ペトラ』マリア・ニルソン・トーレ作（ヘレンハルメ美穂訳)，クレヨンハウス，
　　2013.
『だれのズボン？』『だれのちがでた？』『だれがきめるの？』『だれのおばあちゃ
　　ん？』『だれがおこりんぼう？』『だれがいなくなったの？』スティーナ・ヴ
　　ィルセン作（ヘレンハルメ美穂訳)，クレヨンハウス，2011-2013.
『まじょにはクッキー　おとうとうさぎ！』ヨンナ・ビョルンシェーナ作（菱木
　　晃子訳)，クレヨンハウス，2009.
『フローラのにわ』クリスティーナ・ディーグマン（ひしきあきらこ訳)，福音館
　　書店，2009.
『遊んで遊んで　リンドグレーンの子ども時代』クリスティーナ・ビョルク作／
　　エヴァ・エリクソン絵（石井登志子訳)，岩波書店，2007.
『聖なる夜』セルマ・ラーゲルレーヴ作／イロン・ヴィークランド絵（うらたあ
　　つこ訳)，ラトルズ，2007.
『アストンの石』ロッタ・ゲッフェンブラード（菱木晃子訳)，小峰書店，2006.
『たっぷどこへいく』アンナ・ベングトソン（オスターグレン晴子訳)，福音館書
　　店，2005.
『パパはジョニーっていうんだ』ボー・R・ホルムベルイ作／エヴァ・エリクソン
　　絵（ひしきあきらこ訳)，BL出版，2004.
『さっぱりペレとめちゃめちゃ村の子どもたち』オッティリア・アーデルボリ（オ
　　スターグレン晴子訳)，ブック・グローブ社，1997.

【レーナ・アンデション】
『マーヤのやさいばたけ』(やまのうちきよこ訳)，冨山房，1996.
『マーヤの植物だより』(ひしきあきらこ訳)，小峰書店，1995.
『マーヤの春・夏・秋・冬』ウルフ・スヴェドベリ文（藤田千枝訳)，冨山房，
　　1995.
『リネア　モネの庭で』クリスティーナ・ビョルク文（福井美津子訳)，世界文化
　　社，1993.

【カタリーナ・クルースヴァル】
『アンナのあたらしいじてんしゃ』(菱木晃子訳)，光村教育図書，2010.

【インゲル・サンドベリ／ラッセ・サンドベリ】
『アンナちゃん，なにがみえた？』(きむらゆりこ訳)，ポプラ社，2006.
『ラーバンとラボリーナの「はぁい，いますぐ」』(きむらゆりこ訳)，ポプラ社，

　　2006.
『ラーバンとラボリーナのクリスマス』（きむらゆりこ訳），ポプラ社，2006.

【ウルフ・スタルク】
『ミラクル・ボーイ』マルクス・マヤルオマ絵（菱木晃子訳），ほるぷ出版，2008.
『聖ヨーランの伝説』アンナ・ヘグルンド絵（菱木晃子訳），あすなろ書房，2005.
『黒いバイオリン』アンナ・ヘグルンド絵（菱木晃子訳），あすなろ書房，2001.
『パパが宇宙を見せてくれた』エヴァ・エリクソン絵（菱木晃子訳），ブックロー
　　ン出版，2000.
『地獄の悪魔アスモデウス』アンナ・ヘグルンド絵（菱木晃子訳），あすなろ書房，
　　2000.
『ちいさくなったパパ』はたこうしろう絵（菱木晃子訳），小峰書店，1999.
『おねえちゃんは天使』アンナ・ヘグルンド絵（菱木晃子訳），ほるぷ出版，1997.
『青い馬と天使』アンナ・ヘグルンド絵（菱木晃子訳），ほるぷ出版，1997.
『おじいちゃんの口笛』アンナ・ヘグルンド絵（菱木晃子訳），ほるぷ出版，1995.
『ぼくはジャガーだ』アンナ・ヘグルンド絵（いしいとしこ訳），佑学社，1990.

【トーマス・ティードホルム／アンナ‐クララ・ティードホルム】
『おじいちゃんをさがしに』（とやままり訳），ほるぷ出版，1995.
『むかし，森のなかで』（菱木晃子訳），ほるぷ出版，1995.

【ウルフ・ニルソン】
『おにいちゃんがいるからね』エヴァ・エリクソン絵（ひしきあきらこ訳），徳間
　　書店，2011.
『さよならマフィンさん』アンナ＝クララ・ティードホルム絵（水野綾子訳），主
　　婦の友インフォス情報社，2004.
『ママときかんぼぼうや』エヴァ・エリクソン絵（小野寺百合子訳），佑学社，
　　1981.

【エルサ・ベスコフ】
『きみどこへゆくの？　スウェーデンのこどものうた』アリス・テグネール作詞
　　作曲（ゆもとかずみ訳詩），徳間書店，2005.
『おひさまがおかのこどもたち』（石井登志子訳）徳間書店，2003.
『花のうた』シャンナ・オーテルダール文（石井登志子訳），文化出版局，2002.
『なきむしぼうや』（石井登志子訳），徳間書店，2002.
『ペーテルおじさん』（石井登志子訳），フェリシモ出版，2002.
『おうじょさまのぼうけん』（石井登志子訳），フェリシモ出版，2002.
『ウッレのスキーのたび』（石井登志子訳），フェリシモ出版，2002.
『ちゃいろおばさんのたんじょうび』（ひしきあきらこ訳），福音館書店，2002.
『いちねんのうた』（石井登志子訳），フェリシモ出版，2002.
『あおおじさんのあたらしいボート』（ひしきあきらこ訳），福音館書店，2002.
『ペッテルとロッタのクリスマス』（ひしきあきらこ訳），福音館書店，2001.
『ペッテルとロッタのぼうけん』（ひしきあきらこ訳），福音館書店，2001.

『みどりおばさん，ちゃいろおばさん，むらさきおばさん』（ひしきあきらこ訳），福音館書店，2001.
『ロサリンドとこじか』（石井登志子訳），フェリシモ出版，2002.
『ちいさなちいさなおばあちゃん』（石井登志子訳），偕成社，2001.
『リーサの庭のはなまつり』エルサ・ベスコフ（石井登志子訳），童話館出版，2001.
『ラッセのにわで』（石井登志子訳），徳間書店，2001.
『おひさまのたまご』（石井登志子訳），徳間書店，2001.
『ブルーベリーもりでのプッテのぼうけん』（小野寺百合子訳），福音館書店，1992.
『もりのこびとたち』（大塚勇三訳），福音館書店，1981.
『ペレのあたらしいふく』（おのでらゆりこ訳），福音館書店，1976.

【レンナート・ヘルシング】
『にぎやかな音楽バス』スティグ・リンドベリ絵（いしいとしこ訳），プチグラパブリッシング，2004.
『ちゃっかりクラーケルのおたんじょうび』スティグ・リンドベリ絵（いしいとしこ訳），プチグラパブリッシング，2003.
『かぼちゃひこうせんぷっくらこ』スベン・オットー絵（奥田継夫／木村由利子訳），アリス館，2000.

【オロフ・ランドストローム／レーナ・ランドストローム】
『ムーやんメーやんのけったいなおそうじ』（オスターグレン晴子訳），文化出版局，1998.
『ニッセのあたらしいぼうし』（とやままり訳），偕成社，1993.

【アストリッド・リンドグレーン】
『決定版　長くつ下のピッピの本』イングリッド・ヴァン・ニイマン絵（石井登志子訳），徳間書店，2018.
『赤い鳥の国へ』マリット・テルンクヴィスト絵（石井登志子訳），徳間書店，2005.
『夕あかりの国』マリット・テルンクヴィスト絵（石井登志子訳），徳間書店，1999.

【バルブロ・リンドグレーン】
『ベニーはおにいちゃん』オーロフ・ランドストローム絵（うらたあつこ訳），ラトルズ，2009.
『わたしはわたし』エヴァ・エリクソンほか絵（木村由利子訳），文化出版局，2001.
『ベニーいえでする』オーロフ・ランドストローム絵（長下日々訳），徳間書店，2001.
『ママときかんぼほうや』エヴァ・エリクソン絵（おのでらゆりこ訳），佑学社，1981.

・ノルウェー

『アンナの空』スティアン・ホーレ作（小柳隆之訳），三元社，2018.

『ガルマンの夏』スティアン・ホーレ作（小柳隆之訳），三元社，2017.

『うちってやっぱりなんかへん？』トーリル・コーヴェ作（青木順子訳），偕成社，
　　2017.

『なぜイヌの鼻はぬれているの？』ケネス・スティーブン作／オイヴィン・トー
　　ルシェーテル絵（ひだにれいこ訳），西村書店，2014.

『キュッパのはくぶつかん』オーシル・カンスタ・ヨンセン（ひだにれいこ訳），
　　福音館書店，2012.

『パパと怒り鬼』グロー・ダーレ作／スヴァイン・ニーフース絵（大島かおり／
　　青木順子訳），ひさかたチャイルド，2011.

・フィンランド

『タールの妖精　トイボ』バイビ・ホンカコスキ作／ルディ・ワン絵（竹迫理恵
　　／竹迫仁則訳），海鳥社，2018.

『タトゥとパトゥのへんてこドリーム』アイノ・ハブカイネン／サミ・トイボネ
　　ン（いながきみはる訳），猫の言葉社，2016.

『タトゥとパトゥのへんてこアルバイト』アイノ・ハブカイネン／サミ・トイボ
　　ネン（いながきみはる訳），猫の言葉社，2015.

『オーロラの雪』リーッタ・ヤロネン文／クリスティーナ・ロウヒ絵（稲垣美晴
　　訳），猫の言葉社，2013.

『木の音をきく』リーッタ・ヤロネン文／クリスティーナ・ロウヒ絵（稲垣美晴
　　訳），猫の言葉社，2012.

『地平線のかなたまで』ヘルヤ・リウッコ＝スンドストロム（稲垣美晴訳），猫の
　　言葉社，2011.

『なかなおり』ヘルヤ・リウッコ＝スンドストロム（稲垣美晴訳），猫の言葉社，
　　2011.

『ふしぎなボタン』ミルヤ・オルヴォラ文／サッラ・サヴォライネン絵（稲垣美
　　晴訳），猫の言葉社，2010.

『タトゥとパトゥのへんてこマシン』アイノ・ハブカイネン／サミ・トイボネン
　　（いながきみはる訳），偕成社，2007.

『シーソー』ティモ・パルヴェラ作／ヴィルピ・タルヴィティエ絵（古市真由美
　　訳），ランダムハウス講談社，2007.

【ペッカ・ヴオリ】

『ラップランドのサンタクロース図鑑〜北欧コルヴァトゥントゥリからのおくり
　　もの』（迫村裕子訳），文渓堂，2004.

【ユリア・ヴオリ】

『ぶた　すきなこといろいろ』（迫村裕子訳），文渓堂，2008.

『ぶた　いろいろないろ』（迫村裕子訳），文渓堂，2006.

『ぶた　いろいろなきもち』（迫村裕子訳），文渓堂，2006.

『ぶた　ふたたび』（森下圭子訳），文渓堂，2004.

『ぶた』（森下圭子訳），文渓堂，2001.

【マウリ・クンナス】
『ぐっすりメーメさんの世界旅行』（稲垣美晴訳），猫の言葉社，2011.
『ぐっすりメーメさん夜のおさんぽ』（いながきみはる訳），猫の言葉社，2009.
『フィンランドのこびとたち　トントゥ』（稲垣美晴訳），文化出版局，1982.
『サンタクロースと小人たち』（稲垣美晴訳），偕成社，1982.

【オイリ・タンニネン】
『ヌンヌ』（稲垣美晴訳），あすなろ書房，2009.

【トーベ・ヤンソン】
『［新版］それからどうなるの？』（渡部翠訳），講談社，2019.
『［新版］さびしがりやのクニット』（渡部翠訳），講談社，2019.
『［新版］ムーミン谷へのふしぎな旅』（渡部翠訳），講談社，2019.

【クリスティーナ・ロウヒ】
『ぼくはちびパンダ』ハンヌ・マケラ作（坂井玲子訳），徳間書店，1997.
『げんきかなトンパちゃん』（坂井玲子訳），徳間書店，1996.
『うちのあかちゃんトンパちゃん』（坂井玲子訳），徳間書店，1996.

・アイスランド
『青い惑星のはなし』アンドリ・スナイル・マグナソン作／アウスロイグ・ヨーンスドッテイル絵（土師明子訳），学習研究社，2007.
『ディンマリンのおはなし』グズムンドゥル・トルステインソン（はじあきこ訳），瑞雲舎，2006.
『やねの上にさいた花』インギビョルグ・シーグルザルドッティル作／ブライアン・ピルキントン絵（はじあきこ訳），さえら書房，2006.

●日本語に翻訳されたミステリー小説
・デンマーク
『アルファベット・ハウス（上・下）』ユッシ・エーズラ・オールスン（鈴木恵訳），早川書房，2017.
『樹脂』エーネ・リール（枇谷玲子訳），早川書房，2017.
『赤ん坊は川を流れる』エルスベツ・イーホルム（木村由利子訳），創元推理文庫，2015.
『スーツケースの中の少年』レナ・コバブール／アニタ・フリース（土屋京子訳），講談社文庫，2013.
『特捜部Q　檻の中の女』『キジ殺し』『Pからのメッセージ』『カルテ番号64』『吊された少女』『知りすぎたマルコ』『自撮りする女たち』ユッシ・エーズラ・オールスン（吉田奈保子／吉田薫訳），早川書房，2011-2018.

・スウェーデン

『1793』ニクラス・ナット・オ・ダーグ（ヘレンハルメ美穂訳），小学館，2019.

『呼び出された男　スウェーデン・ミステリ傑作集』ヨン＝ヘンリホルムベリ編（ヘレンハルメ美穂ほか訳），早川書房，2017.

『黄昏に眠る秋』『冬の灯台が語るとき』『赤く微笑む春』『夏に凍える舟』ヨハン・テオリン（三角和代訳），早川書房，2013-2017.

『消えた少年』『死を歌う孤島』アンナ・ヤンソン（久山葉子訳），創元推理文庫，2014-2015.

『冬の生贄』『天使の死んだ夏』『秋の城に死す』モンス・カッレントフト（久山葉子訳），創元推理文庫，2013-2015.

『お菓子の家』カーリン・イェルハルドセン（木村由利子訳），創元推理文庫，2013.

『氷姫―エリカ＆パトリック事件簿』『説教師』『悪童』『死を哭く鳥』『踊る骸』『人魚姫』『霊の棲む島』『死神遊び』『獣使い』カミラ・レックバリ（原邦史郎訳，富山クラーソン陽子訳），集英社文庫，2009-2017.

『刑事ザック　夜の顎』モンス・カッレントフト／マルクス・ルッテマン（荷見明子訳），早川書房，2018.

『流砂』『ピラミッド』ヘニング・マンケル（柳沢由美子訳），創元推理文庫，2016-2018.

『刑事マルティン・ベック　ロセアンナ』『煙に消えた男』『バルコニーの男』『笑う警官』『消えた消防車』マイ・シューヴァール／ペール・ヴァールー（柳沢由美子訳），角川文庫，2013-2018.

『許されざる者』レイフ・GW・ペーション（久山葉子訳），創元推理文庫，2018.

『白骨　犯罪心理捜査官セバスチャン』『少女』M・ヨート／H・ローセンフェルト（ヘレンハルメ美穂訳），創元推理文庫，2017.

『犯罪は老人のたしなみ』『老人犯罪団の逆襲』カタリーナ・インゲルマン＝スンドベリ（木村由利子訳），創元推理文庫，2016-2017.

『海岸の女たち』トーヴェ・アルステダール（久山葉子訳），創元推理文庫，2017.

『満潮』シッラ・ボリリンド／ロルフ・ボリリンド（久山葉子訳），創元推理文庫，2016.

『満開の栗の木』カーリン・アルヴテーゲン（柳沢由美子訳），小学館文庫，2013.

・ノルウェー

『真夜中の太陽』ジョー・ネスボ（鈴木恵訳），早川書房，2018.

『その雪と血を』『真夜中の太陽』ジョー・ネスボ（鈴木恵訳），早川書房，2018.

『悪魔の星』『ザ・サン　罪の息子』『ネメシス　復讐の女神』『ザ・バット　神話の殺人』ジョー・ネスボ（戸田裕之訳），集英社文庫，2014-2017.

『コマドリの賭け（上）（下）』ジョー・ネスボ（井野上悦子訳），集英社文庫，2018.

『晴れた日の森に死す』カーリン・フォッスム（成川裕子訳），創元推理文庫，2016.

・フィンランド

『処刑の丘』ティモ・サンドベリ（古市真由美訳），創元推理文庫，2017.

『極夜　カーモス』『白の迷路』『凍氷』『血の極点』ジェイムズ・トンプソン（高
　　里ひろ訳），集英社文庫，2013-2016.

『殺人者の顔をした男』マッティ・ロンカ（古市真由美訳），集英社文庫，2014.

『雪の女』『氷の娘』『要塞島の死』レーナ・レヘトライネン（古市真由美訳），創
　　元推理文庫，2013-2014.

・アイスランド

『湿地』『緑衣の女』『湖の男』『声』アーナルデュル・インドリダソン（柳沢由美
　　子訳），創元推理文庫，2012-2018.

『フラティの暗号』ヴィクトル・アルナル・インゴウルフソン（北川和代訳），創
　　元推理文庫，2013.

『魔女遊戯』イルサ・シグルザルドッティル（戸田裕之訳），集英社文庫，2011.

索引

人名索引

【ア】

アールト（アルバル・アールト：Alvar
　Aalto）　20, 203, 231-237, 240
アスビョルンセン（ペーター・クリス
　テン・アスビョルンセン：Peter
　Christen Asbjørnsen）　119, 171, 189
アスプルンド（グンナール・アスプルン
　ド：Gunnar Asplund）　231-237,
　240
アナセン・ネクセー　「ネクセー」を参照
アハティサーリ（マルッティ・アハティサ
　ーリ：Martti Ahtisaari）　17, 84, 123
アンデルセン（ハンス・クリスチャ
　ン・アンデルセン：Hans Christian
　Andersen）　8, 170, 185, 186, 188,
　189, 199, 250, 268, 271, 275

【イ】

イェイイェル（イェーリック・グスタヴ・
　イェイイェル：Erik Gustaf Geijer）
　36, 171
イェンセン（ヨハネス・イェンセン：
　Johannes Jensen）　177
イプセン（ヘンリク・イプセン：Henrik
　Ibsen）　174, 175, 198

【ウ】

ウンセット（シグリ・ウンセット：Sigrid
　Undset）　179

【エ】

エーレンスレーヤ（アダム・エーレンスレ
　ーヤ：Adam Oehlenschläger）　170
エンゲルブレクトソン（エンゲルブレ
　クト・エンゲルブレクトソン：
　Engelbrekt Engelbrektsson）　44

【カ】

カール10世（Karl X）　40, 50, 51
――11世（Karl XI）　51, 52
――12世（Karl XII）　53
カールフェルト（エーリク・アクセル・
　カールフェルト：Erik Axel Karlfeldt）
　179

【キ】

キヴィ（アレクシス・キヴィ：Aleksis
　Kivi）　176
キルケゴール（セーレン・キルケゴール：
　Søren Kierkegaard）　171

【ク】

クヴィスリング（ヴィドクン・クヴィスリ
　ング：Vidkun Quisling）　65
グスタヴ2世（Gustav II Adolf）　49, 50
――3世（Gustav III）　54, 170, 250
グスタヴ・ヴァーサ（Gustav Vasa）　40,
　44, 45, 47
グラマティクス　「サクソ」を参照
グリーグ（エドバルド・グリーグ：
　Edvard Grieg）　19
クリスチャン3世（Christian III）　46,
　47
――4世（Christian IV）　48-51, 229
グルントヴィ（ニコライ・グルントヴィ：
　Nikolaj Grundtvig）　20, 26, 27, 148,
　149, 170

【コ】

コレット（カミラ・コレット：Camilla
　Collett）　176

【サ】

サーリコスキ（ペンッティ・サーリコス

キ：Pentti Saarikoski） 18
サーリネン（エーロ・サーリネン：Eero
　Saarinen） 270
サクソ（サクソ・グラマティクス：Saxo
　Grammaticus） 169, 187

【シ】
シッランパー（フランス・エミル・シッラ
　ンパー：Frans Emil Sillanpää） 179
シベリウス（ジャン・シベリウス：Jean
　Sibelius） 19, 85-87, 270

【ス】
スクラーム（アマーリエ・スクラーム：
　Amalie Skram） 176
ストリンドベリ（アウグスト・ストリン
　ドベリ：August Strindberg） 175,
　176, 198

【タ】
ダーウィン（チャールズ・ダーウィン：
　Charles Darwin） 172

【テ】
ディーネセン（イーサク・ディーネセン：
　Isak Dienesen） 179
テグネール（アリス・テグネール：Alice
　Tegnér） 183
テグネール（エサイアス・テグネール：
　Esaias Tegnér） 171

【ト】
トーバルズ（リーヌス・トーバルズ：
　Linus Torvalds） 85
トペリウス（ザカリアス・トペリウス：
　Zacharias Topelius） 171, 173, 185,
　189
トランストロンメル（トマス・トランス
　トロンメル：Tomas Tranströmer）
　180

【ナ】
ナンセン（フリチョフ・ナンセン：
　Fridtjof Nansen） 242, 243

【ネ】
ネクセー（マーティン・アナセン・ネクセ
　ー：Martin Andersen Nexø） 177

【ノ】
ノーベル（アルフレッド・ノーベル：
　Alfred Nobel） 9
ノルマンディー公ウィリアム（hertig
　Vilhelm av Normandie） 36

【ハ】
ハトルドゥル・ラクスネス 「ラクスネ
　ス」を参照
ハマーショルド（ダグ・ハマーショルド：
　Dag Hammarskjöld） 123
ハムスン（クヌート・ハムスン：Knut
　Hamsun） 177
パルメ（オーロフ・パルメ：Olof Palme）
　123
ハロネン（タルヤ・ハロネン：Tarja
　Halonen） 83
バンク - ミケルセン（ニルス・バンク - ミ
　ケルセン：Niels Bank-Mikkelsen）
　100

【ヒ】
ピグー（アーサー・セシル・ピグー：
　Arthur Cecil Pigou） 91-93
ヒトラー（アドルフ・ヒトラー：Adolf
　Hitler） 62
ビョルンソン（ビョルンスチャーネ・ビ
　ョルンソン：Bjørnstjerne Bjørnson）
　174, 185, 218

【フ】
ブランデス（ゲオウ・ブランデス：Georg
　Brandes） 172, 174
ブリクセン（カーレン・ブリクセン：
　Karen Blixen） 179
ブルントラント（グロー・ハーレム・ブル
　ントラント：Gro Harlem Brundtland）
　107, 123
ブレーメル（フレードリカ・ブレーメル：
　Fredrika Bremer） 176
フレデリック 3 世（Frederik III） 51

【ヘ】
ヘイデンスタム（ヴェルネル・フォン・ヘイデンスタム：Verner von Heidenstam）　177
ベスコフ（エルサ・ベスコフ：Elsa Beskow）　185, 190, 191, 193, 199

【ホ】
ホルベア（ルズヴィ・ホルベア：Ludvig Holberg）　170, 187

【マ】
マーティンソン（ハリー・マーティンソン：Harry Martinson）　180
松前重義　viii-x, 20, 27
マルガレータ（Margareta）　40-42
マルグレーテ（Margrete）　「マルガレータ」を参照

【モ】
モー（ヨルゲン・モー：Jørgen Moe）　119, 171, 189

【ヤ】
ヤコブセン（アルネ・ヤコブセン：Arne Jacobsen）　231, 232
ヤコブセン（イェンス・ペーター・ヤコブセン：Jens Peter Jacobsen）　174
山室静　192, 223-225
ヤンソン（トーベ・ヤンソン：Tove Jansson）　12, 19, 21, 84, 185, 192

【ユ】
ユーンソン（エイヴィンド・ユーンソン：Eyvind Johnson）　180

【ラ】
ラーゲルクヴィスト（パール・ラーゲルクヴィスト：Pär Lagerkvist）　180
ラーゲルレーヴ（セルマ・ラーゲルレーヴ：Selma Lagerlöf）　177, 178, 185, 190
ラクスネス（ハトルドゥル・ラクスネス：Halldór Laxness）　180

【リ】
リー（トリュグヴェ・リー：Trygve Lie）　123
リョンルート（エリアス・リョンルート：Elias Lönnrot）　172, 269, 270
リンドグレーン（アストリッド・リンドグレーン：Astrid Lindgren）　185, 191, 199

【ル】
ルーネベリ（ヨーハン・ルードヴィ・ルーネベリ：Johan Ludvig Runeberg）　19, 171-173

【レ】
レーニン（Lenin）　12, 61, 62

事項索引

【欧文】
【E】
EU（欧州連合）　83, 104, 113, 114, 116, 117, 120, 122, 162

【N】
NATO（北大西洋条約機構）　11, 67-69, 126

【O】
OECD（経済協力開発機構）　83, 111, 127, 136, 138, 139, 151

【P】
PISA（生徒の学習到達度調査）　83, 136, 138, 146

【Q】
QOL（Quality of Life：生活の質）　149

【S】
sisu　86, 87

【あ】
アイスランド語　16, 154, 169, 248, 249, 251-253, 255, 256, 260, 293-295
アルソング（allsång）　182-184

【い】
生きるための知識と技能（knowledge and Skills for Life）　136, 146
医療保険　91-93, 104, 122
医療モデル　141, 144
インクルージョン（inclusion）　140
インド・ヨーロッパ語族　214, 247, 260, 267

【う】
ヴェーゼル作戦　64
ウラル語系　169
ウラル語族　247, 260, 261, 267

【え】
エイッツヴォル憲法　57
エッダ（Edda）　169, 214-217, 251, 252

【お】
欧州審議会　23
オージン　186, 216-222
オーデンセ　xiii, 8, 170
オーフス　xiii, 8, 203
オーランド諸島　xiii, 4, 24, 79, 121, 250
オーロラ　7
オスロ　xiii, 5-7, 11, 41, 49, 60, 242, 285
──合意　123
オリンピック　82
温室効果ガス　114-116

【か】
外交政策　83
開発援助委員会（DAC）　127
学力　83, 135, 136
カルマル　xiii, 40
──戦争　49
──連合王国　31, 40, 44, 45, 49, 53, 59, 71
カレリア　xiii, 63, 172
カレワラ　16, 172, 185, 186, 269, 270
環境政策　19, 25, 84, 104, 110, 158

【き】
基礎年金　96, 98
既知形　258, 274-276
機能主義　231, 233
給付建制　96, 98
共性　253, 254, 274, 279
──名詞　257, 274, 279
協同　20-22, 108, 135-139, 150
京都議定書　110, 114, 117
極夜　7
近代主義　230

【く】
クベン語　154
グリーンランド　xii, 4, 24, 56, 121, 153, 160, 242, 249
──語　153, 160
クリスマス　188, 196, 197

【け】
ゲイシール（間欠泉）　13
継続戦争　63, 81
啓蒙主義　170, 187
ゲルマン　214, 215, 248, 252, 253, 255
──語　169, 214, 247, 248, 252, 262
原発　110-112

【こ】
高緯度地域　5, 7
公共放送　208
厚生経済学　91-93
幸福度　132
コーヒー　133, 134
国王法　51
国語　47, 79, 154
国際競争力ランキング　132
国際主義　231
国際連合　82, 152, 162
国際連盟　80, 243
国民高等学校（フォルケホイスコーレ：folkehøjskole）　ix, 148, 170
国民負担率　93
国連平和維持活動（PKO）　120, 124-126
語族　260
子どもの権利条約　139-143, 145, 209,

210
コペンハーゲン　　xiii, 5, 6, 8, 10, 27, 43,
　52, 117, 118, 170, 187, 232, 258

【さ】
サーミ　　164, 266
——語　　154, 260, 264, 267
——諸語　　154
——人　　24, 156, 158, 160, 161, 163-165
再生可能エネルギー　　112, 114
サウナ　　86, 292
サガ　　35, 169, 215, 251
サスティナビリティ（持続性）　　105
サンタ　　196, 197

【し】
シェラン島　　xxx, 8, 222
ジェンダー　　199
——ギャップ指数　　133
自然主義　　177, 179
持続可能性　　113
持続可能な開発（Sustainable
　Development）　　107, 109
自治　　24, 76, 78, 80
——大公国　　12
シティズンシップ教育　　149
詩的写実主義　　172
市民性教育　　135, 146, 149, 150
氏名法　　103
社会保障費　　93, 94, 98
社会モデル　　141
写実主義　　177, 179
宗教改革　　45, 170
自由主義　　57
自由の時代　　54
手話　　24, 144-146, 153, 154, 160
障害　　99, 100, 140-143
障害者の権利条約　　139, 140, 142-145
生涯所得比例型年金制　　98
少数言語　　208
職業教育　　147
進化論　　172
人工内耳　　145, 146

【す】
スヴァールバル諸島　　242

スオミ（Suomi）　　75, 77, 82, 87, 266, 287
スカンジナビア　　16, 104, 248
——主義　　57
——山脈　　9
スコーネ地方　　8, 9, 41, 50, 52
スターヴ教会　　227
ストックホルム　　xiii, 5, 7, 9, 34, 39, 44,
　71, 107, 113, 118, 182
——の血浴　　44, 73
スレースヴィ・ホルシュタイン　　8

【せ】
生活の質　　135, 146, 149, 150
成人教育　　148
製造者責任制度　　113
政体法　　79
性的マイノリティ　　199, 211
生徒の学習到達度調査（PISA）　　83,
　136
政府開発援助（ODA）　　120
世界技術革新力ランキング　　24
世界幸福度ランキング　　133
絶対王制　　51
全体防衛　　69

【そ】
ソビエト連邦（ソ連）　　78, 81-83
ソフト・パワー　　5

【た】
第一次世界大戦　　77
大公　　76
大北方戦争　　53
多国間援助　　127
多文化化　　211
タンペレ　　xiii, 12, 20

【ち】
地域主義　　231
地熱エネルギー　　13
中性　　253, 254, 279
——名詞　　257, 274, 279
中立　　55
中立政策　　54, 82

346

【つ】
積立金　99
積立方式　98

【て】
デンマーク人の事績　170, 187, 215

【と】
同性婚　103
透明度調査　22
トゥルク　xiii, 13
トール　186, 217-221
トシュテンソン戦争　49
ドロットニングホルム宮殿　229, 230
トロンハイム　xiii, 11, 46, 51

【な】
ナチズム　62
ナポレオン戦争　32, 53, 56, 118, 170

【に】
二階建年金制　96, 98
二言語教育　144, 145
二国間援助　127
二酸化炭素税　110, 111
虹家族　103
日照時間　7
日本建築　235, 236
ニューノシュク（nynorsk）　153, 154, 251, 253, 254, 282, 286

【ね】
ネアンデルタール人　76
年金　91, 93, 96-98

【の】
ノーマライゼーション　100
ノールカップ　xiii, 5, 6
ノルウェー海　xiii, 6, 10
ノルウェー独立　59
ノルデン　16
ノルド語　16, 248, 249, 252

【は】
パーシキビ・ケッコネン路線　70
バイキング　31, 169, 171, 187, 227, 248,
249, 251
バイリンガル教育　144
ハメ　77
ハリネズミ防衛　69
バルト海　xiii, 9, 12, 32, 42, 45, 53, 73
──帝国　50
バレンツ海　6, 10
ハンザ都市　41
汎スカンジナビア主義　57

【ひ】
白夜　7
氷河期　76
ビルカ　38, 39

【ふ】
フィヨルド　10, 227
ブークモール（bokmål）　153, 154, 251
風力発電　8
フェーロー語　153, 160, 248, 249, 252, 253, 255, 256
フェーロー諸島　xii, 4, 24, 45, 56, 121, 153, 195, 252, 253, 255
フォルケホイスコーレ（folkehøjskole）　148-150, 170
付加年金　96, 98
賦課方式　96-98
フサルク　216, 248
腐敗認識指数　132
フューン島　xiii, 8
冬戦争　63, 66, 81, 179
ブルーラグーン　13
フレキシキュリティ　147
プレミアム年金　99
プロレタリア文学　177
分権　136, 137

【へ】
平和維持活動（PKO）　124
ペタヤヴェシ　227
ベルゲン　xiii, 11, 42, 118
ヘルシンキ　xiii, 5-7, 12
──協定　23

【ほ】
報酬比例方式　96, 97

包摂　　135, 139-141, 143, 145, 150
報道の自由度　　22, 132
ボーンホルム島　　xiii, 257
北欧会議　　23, 33, 121, 122
北欧閣僚会議　　23, 122, 211
北欧協力　　120-123, 125
北欧言語協定　　25
北欧国連待機軍　　125
北欧社会サービス協定　　25
北欧社会保障協定　　24
北欧神話　　16, 119, 186, 195, 213-218,
　　220, 221, 223, 224, 252
北欧文化協力協定　　23
北欧防衛同盟構想　　121
北欧モデル　　5
ボスニア湾　　xiii, 12
北海　　6
北極圏　　7
北極ライン　　7
北方七年戦争　　48
ポルタヴァの戦い　　53

【ま】
マルメ　　xiii, 9, 60

【み】
ミステリー要素　　199
緑の福祉国家　　107, 112, 114, 116

【む】
ムーミン　　19, 21, 84, 185, 192, 194, 198,
　　199, 223, 268, 289, 290
無償資金協力　　127
ムルマンスク　　11

【め】
メアンキエリ語　　153
メキシコ暖流　　6

【も】
モダニズム　　230-236, 240, 241

【ゆ】
友好協力相互援助条約（FCMA）　　70
有償資金協力　　127

ユグドラシル　　216-218
ユネスコ　　119, 162, 227, 231
ユラン半島　　xiii, 8, 257
「ゆりかごから墓場まで」　　93

【よ】
ヨイク　　163-165
ヨーテボリ　　xiii, 9
予防外交　　82
予防原則　　113

【ら】
ラグナロク　　217, 219-222
ランスモール　　171

【り】
リクスモール　　171

【る】
ルーテル派　　17, 45-47, 102
ルーン石碑　　34, 37
ルーン碑文　　34
ルーン文字　　38, 215, 216, 248, 251

【れ】
レイキャビク　　xii, 13, 205
冷戦　　33, 67, 70, 120, 122, 124, 126
レジスタンス運動　　65

【ろ】
ろう児　　145
ろう者　　144
ロキ　　188, 217, 218, 220
ロシア革命　　77
ロシア化政策　　77, 78
ロシア帝国　　76
ロスキレの大聖堂　　229
ロマ　　154
ロマニ　　154
――語　　154
――人　　24
ロマン主義　　170
ロマン派　　118, 171, 172, 179
ロンネビー　　48
――の血浴　　48, 73

執筆者一覧

上倉　あゆ子（あげくら　あゆこ）
東海大学文化社会学部北欧学科准教授
専攻分野：スウェーデン語・スウェーデン文学
主要論文・著書・訳書など：
「女性を描くスウェーデン女性作家たち」（村井誠人編著『スウェーデンを知るための60章』明石書店，2009）
『カール・フォン・リンネ』（東海大学出版会，2011：翻訳）
「スウェーデンにおける児童文化事情」「絵本作家ピーア・リンデンバウム」（北欧文化協会／バルト＝スカンディナヴィア研究会／北欧建築・デザイン協会編『北欧文化事典』丸善出版，2017）

池上　佳助（いけがみ　けいすけ）
元東海大学文化社会学部北欧学科教授
専攻分野：ホロコースト史・北欧現代史
主要論文・著書・訳書など：
『ノルウェーと第二次世界大戦』（東海大学出版会，2003：翻訳）
「スヴァールバル危機―戦後の新たな暗い影」（村井／奥島編『ノルウェーの社会』早稲田大学出版会，2004）
「ノルウェーにおけるホロコーストの記憶」（『東海大学紀要文学部』第105輯，2016）
「テレージエンシュタット強制収容所のデンマーク・ユダヤ人」（『北欧史研究』バルト＝スカンディナヴィア研究会，2018）
2023年逝去

伊藤　大介（いとう　だいすけ）
東海大学国際文化学部国際コミュニケーション学科教授
専攻分野：北欧建築史・都市形成史・近代建築論
主要論文・著書・訳書など：
『アールトとフィンランド―北の風土と近代建築』（丸善株式会社，1990）
「ヘルシンキ―都市と建築の系譜」（日本フィンランド都市セミナー編『ヘルシンキ・森と生きる都市』，市ヶ谷出版社，1997）
『図説年表・西洋建築の様式』（彰国社，1998，共著）
「北欧近代建築―ナショナル・ロマンティシズムとモダニズムが築いた未来像」（『北欧インテリア・デザイン』，平凡社，2004）
「ヨーロッパ周辺文化圏と近代－フィンランドのナショナル・ロマンティシズム建築を中心として」（鈴木／石山／伊藤／山岸編『シリーズ都市・建築・歴史8―近代化の波及』，東京大学出版会，2006）
『図説・北欧の建築遺産―都市と自然に育まれた文化』（河出書房新社，2010）
2020年逝去

大沼　郁子（おおぬま　いくこ）
東海大学文化社会学部北欧学科非常勤講師・宮城学院女子大学／玉川大学非常勤講師
専攻分野：児童文学・児童文化，創作
主要論文・著書・訳書など：
日本女子大学児童文学研究誌『日月』「山室静―仙台で過ごした7年間―」（2012），「山室静の童話観」（2013），「山室静と『ムーミン』―山室静が求めたユートピア－」（2015）
日本女子大学家政学研究科紀要「山室

静と北欧文学」(2014)，「山室静とタ
ゴール」(2018)
『キリスト教文学研究』「ナルニアに響
く二つの歌声」(2017)
著書：
『キッチンくまかか』(国土社，2012)
『スノードームで　さ・し・す・せ・そ』
(国土社，2013)
「〈医療現場と手作り絵本〉病児の不安
を解消する絵本形式の手作り入院パン
フレット」『手作り絵本 SMILE』(朝
倉書店，2017：共著)

荻島　崇（おぎしま　たかし）
元東海大学文学部北欧文学科教授
専攻分野：フィンランド語
主要論文・著書・訳書など：
『トペリウス童話集』(暁教育図書株式
会社，1978：翻訳)
『平凡社大百科事典全16巻』(平凡社，
1985：フィンランド及びラップランド
の地理と歴史に関連した22項目の執
筆)
『フィンランド語辞典』(大学書林，
1997)
『日本語フィンランド語辞典』(大学書
林，2005)
2018年逝去

奥田　ライヤ（おくだ　らいや）
元東海大学文化社会学部北欧学科非常勤
講師・お茶の水女子大学非常勤講師・
大学書林国際語学アカデミー講師・朝
日カルチャーセンター講師
専攻分野：フィンランド語・ロシア語・
外国語教育・翻訳・通訳
主要論文・著書・訳書など：
『フィンランド語会話文例集』(東京外
国語大学アジア・アフリカ言語文化研
究所，1983，共著)

Buddhan opetukset（仏教伝道協会，
1984，翻訳)
Japani, pienoishakuteos Japanista
(Takeshi Yoro ／ Taku Miki ／ Genjiro
Ito, Shogakukan Square Inc., 2006, 共訳)

小澤　徳太郎（おざわ　とくたろう）
1973〜1995　スウェーデン大使館科学技
術部　環境保護オブザーバーとして環
境・エネルギー問題，労働環境問題を
担当
1995　環境問題スペシャリストとして独
立
2001〜2011　東海大学文学部北欧学科非
常勤講師
専攻分野：環境論（自然科学と社会科学
の統合・持続可能な社会・サステナビ
リティ）
主要論文・著書・訳書など：
『いま，環境・エネルギー問題を考え
る―現実主義の国スウェーデンをとお
して』(ダイヤモンド社，1992)
『21世紀も人間は動物である　持続可
能な社会への挑戦　日本 vs スウェー
デン』(新評論，1996)
『文科系のための環境論入門』(有斐閣，
1998：共著)
『スウェーデンに学ぶ「持続可能な社
会」安心と安全の国づくりとは何か』
(朝日新聞社，2006)
『小澤徳太郎の公式 WEB』(2007〜)
http://www.maroon.dti.ne.jp/backcast
『環境問題スペシャリスト・小澤徳太
郎のブログ』(2007〜) http://blog.
goo.ne.jp/backcast2007

清原　瑞彦（きよはら　みずひこ）
東海大学名誉教授・スウェーデン国立歴
史博物館客員教授
専攻分野：北欧史・ルーン碑文によるヴ

ァイキング史・スウェーデン中世史ほか

論文・著書・訳書など：

『スウェーデン神話現代版』(亜紀書房, 1972)

『鳥の死滅・魚の恐怖』(潮出版, 1972：翻訳)

『蝕まれる人間』(サイマル出版, 1973：翻訳)

『北欧を知る』(サイマル出版, 1977：共著)

『日本大百科全書』(小学館, 1985：項目執筆)

『スウェーデンの中世地方法について』(北海道東海大学紀要, 第13号, 2000)

『ルーン碑文によるヴァイキング時代——スウェーデンを中心に』(北海道東海大学紀要第16号, 2003) 他多数

佐保　吉一 (さほ　よしかず)

東海大学文化社会学部北欧学科教授

専攻分野：北欧史

主要論文・著書・訳書など：

「デンマーク絶対王制の確立過程——フレデリック3世の治世 (1660-1670年) を中心に——」(『北海道東海大学人文社会科学系紀要』, 第9号, 1997)

『デンマークの歴史』(創元社, 1999, 共著)

「デンマーク領西インド諸島における奴隷解放 (1848年) について」(『IDUN (大阪外国語大学)』, 第15号, 2002)

「デンマーク絶対王制の成立」(村井・熊野・百瀬編『北欧史』山川出版社, 2004)

「デンマークにおける土地緊縛制廃止 (1788年) について」(飯田収治編『西洋世界の歴史像を求めて』, 関西学院大学出版会, 2006)

スコウ　リセ (Lise Schou)

東海大学文化社会学部北欧学科非常勤講師・外務省研修所講師

専攻分野：日本語, デンマーク語

主要論文・著書・訳書など：

『あるノルウェーの大工の日記』(エクスナレッジ, 2017：共訳)

『地獄の家』(北星堂出版, 2007：共訳)

内藤　英二 (ないとう　えいじ)

宇都宮共和大学シティライフ学部教授

専攻分野：社会福祉・マーケティング

主要論文・著書・訳書など：

「企業の町：リースの再生に消費者サービスが果たした役割」(コリン・C.ウィリアムズ著, 梅沢昌太郎監訳『消費者サービスと地元経済——イギリス経済再生の実証』白桃書房, 1999：共訳)

『スウェーデンの消費経済と消費者政策』(文眞堂, 2001)

「北ヨーロッパにおける協同組合流通の新展開」(『日本グローバル・マーケティング学会誌第2号』, 日本グローバル・マーケティング学会, 2006)

中村　衣代 (なかむら　きぬよ)

東海大学文化社会学部北欧学科非常勤講師

専攻分野：ノルウェー語

橋本　ライヤ (はしもと　らいや)

元東海大学文化社会学部北欧学科非常勤講師・外務省研修所講師

専攻分野：言語学・政治学

主要論文・著書・訳書など：

『エクセレントフィンランド・シス』1〜4号, 6号 (フィンランド大使館発行2000〜2005：投稿)

「フィンランドの食文化」「日本でフィンランドを語る」（百瀬宏／石野裕子編著『フィンランドを知るための44章』明石書店，2008）

「光のことば」（小泉隆『フィンランド 光の旅』プチグラパブリッシング，2009）

The elderly and institution in Japan - the case of institutional care in Tokyo (Briitta Koskiaho ed., *Women, the Elderly and Social Policy in Finland and Japan*, Avebury, 1995)

Japani, pienoishakuteos Japanista (Takeshi Yoro ／ Taku Miki ／ Genjiro Ito, Shogakukan Square Inc., 2006, 共訳)

福井　信子 （ふくい　のぶこ）
元東海大学文学部北欧学科教授
専攻分野：デンマーク語・北欧の児童文学
主要論文・著書・訳書など：
『子どもに語る北欧の昔話』（こぐま社，2001：共訳）
『本当に読みたかったアンデルセン童話』（NTT出版，2005：共訳）
『現代デンマーク語辞典』（大学書林，2011：共編著）
『生者の国』（新評論，2011：監訳）

宮城　学 （みやぎ　まなぶ）
神奈川工科大学基礎教育講師
専攻分野：ゲルマン語・アイスランド語
主要論文・著書・訳書など：
「古典語習得と近代語の語源的理解のための聖書翻訳—新高ドイツ語への変換の場合（その一）—」（早稲田大学理工学部複合領域人文社会科学研究会『人文社会科学研究』No.38，1998：共著）

『携帯ドイツ語』（第三書房，2002：共著）

森　信嘉 （もり　のぶよし）
元東海大学文学部北欧学科教授
専攻分野：西ノルド語圏の言語・文化
主要論文・著書・訳書など：
『ノルウェー語文法入門—ブークモール』（大学書林，1990）
『アイスランド語基礎1500語』（大学書林，1996）
『北ヨーロッパの文字とことば』（小峰書店，2005）
『スカルド詩人のサガ』（東海大学出版会，2005：翻訳）
「ノルウェー国歌に辿ることばの変遷」（岡澤憲芙／村井誠人編『北欧世界のことばと文化』成文堂，2007）

山川　亜古 （やまかわ　あこ）
東海大学文化社会学部北欧学科／大阪大学外国語学部非常勤講師・朝日カルチャーセンター新宿教室講師
専攻分野：フィンランド語・サーミ言語文化・少数言語教育
主要論文・著書・訳書など：
「多文化社会の言語的人権を保障する学校教育—先住民族サーミの人々と母語教育・文化継承」（庄井／中嶋編著『フィンランドに学ぶ教育と学力』明石書店，2005）
「先住民・サーミの人々」（百瀬／石野編著『フィンランドを知るための44章』明石書店，2008）
『ニューエクスプレスフィンランド語』（白水社，2013）
「先住民サーミ」（北欧文化協会／バルト＝スカンディナヴィア研究会／北欧建築・デザイン協会編『北欧文化事典』丸善出版，2017）
『ニューエクスプレスプラスフィンラ

ンド語』(白水社, 2018)
「サーミの血」「受け継ぐ人々」(村井／大島／佐藤／吉武編『映画のなかの「北欧」』小鳥遊書房, 2019)

山崎　陽子(やまざき　ようこ)
元東海大学文学部北欧学科非常勤講師
専攻分野：スウェーデン文学
主要論文・著書・訳書など：
『読んで旅する世界の歴史と文化　北欧』(新潮社, 1996, 共著)
『世界各国史　北欧』(山川出版社, 1998, 共著)
「反抗と矛盾―ストリンドバリ」(村井誠人編著『スウェーデンを知るための60章』明石書店, 2009)
『ニルスの旅―スウェーデン初等地理読本』(Selma Lagerlöf 著, プレスポート・北欧文化通信社, 2011：翻訳)

吉田　欣吾(よしだ　きんご)
元東海大学文化社会学部北欧学科教授
専攻分野：言語政策・フィンランド語・サーミ語
主要論文・著書・訳書など：
『サーミ語の基礎』(大学書林, 1996)
『サーミ人についての話』(ヨハン・トゥリ著, 東海大学出版会, 2002：翻訳)
『フィンランド語のしくみ』(白水社, 2007)
『「言の葉」のフィンランド―言語地域研究序論』(東海大学出版会, 2008)
『フィンランド語文法ハンドブック』(白水社, 2010)
『フィンランド語トレーニングブック』(白水社, 2013)
『日本語フィンランド辞典』(日本フィンランド協会, 2017：共編)
『パスポート初級フィンランド語辞典』

(白水社, 2019)

ヨンソン　カール・アーネ
(Karl Arne Jonsson)
東海大学文化社会学部北欧学科非常勤講師・DILA 国際言語アカデミー講師・ビネバル出版／北欧留学情報センター講師・外務省研修所講師・翻訳・校閲
専攻分野：スウェーデン語
主要論文・著書・訳書など：
Katolsk pastoral praxis under tidigmodern tid (John W. O'Malley, *Doften av rykande vekar*, Artos & Norma Bokförlag, 2016：翻訳)
Paradoxernas Gud, Dionysios Areopagita (Artos & Norma Bokförlag, 2017：校閲)
Din egen Anne-Margrethe (Bertil Murray & Margareta Murray-Nyman, Skara Stiftshistoriska Sällskap 2018：校閲)

しんぱん ほくおうがく
新版 北欧学のすすめ

2010年 2 月20日	第 1 版第 1 刷発行
2014年 7 月20日	第 1 版第 2 刷発行
2020年 3 月20日	第 2 版第 1 刷発行
2023年12月20日	第 2 版第 4 刷発行

編著者　東海大学文化社会学部北欧学科

発行者　村田信一

発行所　東海大学出版部
〒259-1292　神奈川県平塚市北金目4-1-1
TEL 0463-58-7811　振替　00100-5-46614
URL https://www.u-tokai.ac.jp/network/publishing-
　　department/

印刷所　港北メディアサービス株式会社

製本所　港北メディアサービス株式会社